多语种外宣译本海外认知度及翻译有效性研究

侯 旭 等著

前　言

中国对外文化交流与传播指中国与其他国家和地区之间的跨文化交流和沟通。中国对外文化传播的实践古已有之，可以追溯到公元前三世纪的"南方陆上丝绸之路"的开通，随后，"海上丝绸之路"也极大地促进了自九世纪以来直至近现代中国对外文化交往的发展。到了二十一世纪，中国对外文化交往与传播因为"一带一路"倡议的提出得到迅速发展，受到广泛关注，相关研究也成为热点。在取得显著成绩的同时也提出了一些问题有待进一步思考，比如研究较多从自我对外宣传的需求出发，缺乏对目标国受众接受情况的深入考察。2021年5月31日，中共中央总书记习近平在主持中共中央政治局第三十次集体学习时强调，讲好中国故事，传播好中国声音，展示真实、立体、全面的中国，是加强我国国际传播能力建设的重要任务。习近平指出要着力提高国际传播影响力、中华文化感召力、中国形象亲和力、中国话语说服力、国际舆论引导力，要采用贴近不同区域、不同国家、不同群体受众的精准传播方式，推进中国故事和中国声音的全球化表达、区域化表达、分众化表达，增强国际传播的亲和力和实效性。因此，从受众视角了解中国对外文化传播的实效，及时发现问题、解决问题，研究其规律并进一步做理论探索，以便更好地阐释、指导中国对外文化传播与交流的实践十分必要和重要。

外宣翻译，尤其是国家层面上的外宣翻译，代表的是国家意志，在建构国家形象、增强国家话语权、提升国际影响力方面具有重要的作用，因此，外宣翻译不仅仅是单纯意义的翻译实践活动，更是一种注重宣传效果的对外交流形式，具有翻译学与传播学的双重特征。而关于外宣翻译的有效性问题，已有研究的关注点更多侧重于外宣翻译的方法、原则、策略、存在的相关问题以及在翻译理论指导下的实践探索。本研究认为，围绕外宣翻译问题，有效性是根本，实现从译者、文本到读者的转向是突破，而从读者再回归翻译本体则是实现螺旋式上升的关键。对于外宣翻译有效性实现途径的探讨不能局限于已有翻译学领域，还需要拓展思路，从传播学视角展开。对外文化传播的对象是人，应该以人为核心。因此，在探讨外宣翻译有效性实现途径时也应该关注人的主体性和主体间性，关注人的交往本质。

本研究基于已有外宣翻译研究的成果，运用实证方法，在话语分析框架下探究英语、阿拉伯语、德语、俄语、法语多语种母语者对外宣译本的接受情况，所得结论较为直观地反映出我国外宣翻译的有效性，同时从多语种母语者视角为提升外宣翻译有效性提供了具体、可信的意见和建议。对于阿拉伯语、德语、俄语、法语译本的研究在一定程度上填补了各自语种在外宣翻译研究领域的空白。同时，汉语源语与各个语种译语的对比也为今后不同语种外宣翻译对比研究提供了实证研究的基础和进一步拓展的空间。基于实证结果，本研究进一步从理论层面论述了中国对外文化传播与交往思想的契合性，指出外宣翻译实践应该体现翻译的本质特征，即翻译等同于人类的交流、交往，从学理上抓住对外文化传播的交往本质，论证了交往思想是解决中国对外文化传播单向度问题的学理依据，并从文化传播中人的主体性和主体间性两个方面论述交往思想对于构建中国对外文化传播实践中"他信力"的贡献以及如何正确处理"他者"和"自我"之间关系的问题，为提升外宣翻译的有效性奠定一定的理论基础。

本书涉及英、阿、德、俄、法五个语种，其中的实证研究任务复杂，难度较大，从收集、处理语料到确定实验对象并实施实验、从统计分析数据到撰写研究成果，每一个环节都得到了研究小组成员的全力支持和通力合作。研究小组成员分别承担的任务如下(第一作者侯旭,其他成员以姓氏笔画为序):侯旭(全书统筹,绪论、第八章、第十一章、第十二章、第十三章)、尤江城(绪论部分内容)、刘艺(第五章、第六章、绪论部分内容、第十一章部分内容、第十二章部分内容)、刘明(第一章)、向珍飚(第三章、第四章、第十一章部分内容、第十二章部分内容)、吴梦(第八章部分内容)、李宁玥(第九章、第十章、第十一章部分内容、第十二章部分内容)、张豫(第二章、第十二章部分内容)、张蕾(第七章、第十一章部分内容)、周领顺(第十三章部分内容)、秦小青(数据处理与分析)。同时,本研究也得到了东南大学外国语学院欧洲语言文学教学研究部宋秀梅老师、南京大学外国语学院孙飞燕老师、东南大学外国语学院英语系本科生顾嘉玥同学和段惟恒同学的大力帮助。在本书的出版过程中,复旦大学出版社的责任编辑方尚芩老师认真审稿,精心编辑,为提高书稿质量尽心尽力。笔者在此向所有提供过帮助的人士一并致以最真诚的感谢!

限于作者水平,加上时间仓促,书中存在不足之处在所难免,祈盼本书读者不吝赐教。

侯　旭

2022 年 12 月 1 日

于东南大学九龙湖校区

目 录

绪论 ·· 1
  第一节　中国外宣翻译研究现状 ·· 1
  第二节　创新之处及研究意义 ·· 6
  第三节　总体思路、研究方法及篇章结构 ···························· 8
  第四节　理论框架 ··· 27

第一部分　英语译本海外受众接受情况研究

第一章　汉语文化负载词英语译本接受情况 ······················· 51
  第一节　汉语文化负载词及英译研究 ································ 51
  第二节　分析框架 ··· 58
  第三节　研究方法 ··· 62
  第四节　结果与讨论 ··· 65
  第五节　结束语 ·· 77

第二章　汉语语篇英译本接受情况 ···································· 80
  第一节　语篇翻译研究 ·· 80
  第二节　研究方法 ··· 80
  第三节　英语母语者汉语语篇英译本接受情况 ··················· 84
  第四节　结束语 ·· 103

— 1 —

第二部分　阿拉伯语译本海外受众接受情况研究

第三章　汉语文化负载词阿拉伯语译本接受情况 ……… 107
　第一节　外宣翻译汉译阿语研究 ………………………… 107
　第二节　研究方法 ………………………………………… 109
　第三节　文化负载词阿拉伯语译本接受情况 …………… 112
　第四节　分析与讨论 ……………………………………… 116
　第五节　结束语 …………………………………………… 121

第四章　汉语语篇阿拉伯语译本接受情况 ……………… 122
　第一节　研究方法 ………………………………………… 122
　第二节　汉语源语及阿拉伯语译文语篇静态分析及对比 … 124
　第三节　汉语语篇阿拉伯语译本接受情况 ……………… 133
　第四节　结束语 …………………………………………… 140

第三部分　德语译本海外受众接受情况研究

第五章　汉语文化负载词德语译本接受情况 …………… 143
　第一节　汉语文化负载词外宣德译研究 ………………… 143
　第二节　研究方法 ………………………………………… 144
　第三节　汉语文化负载词德语译本接受情况及对翻译的修改
　　　　　建议 ……………………………………………… 149
　第四节　结束语 …………………………………………… 156

第六章　汉语语篇德语译本接受情况 …………………… 158
　第一节　研究方法 ………………………………………… 158
　第二节　汉语源语及德语译文语篇静态分析及对比 …… 160
　第三节　汉语语篇德语译本接受情况 …………………… 172
　第四节　结束语 …………………………………………… 181

第四部分　俄语译本海外受众接受情况研究

第七章　汉语文化负载词俄语译本接受情况 ················ 185
- 第一节　外宣汉译俄研究 ················ 185
- 第二节　汉语文化负载词俄语译本接受情况 ················ 190
- 第三节　结束语 ················ 200

第八章　汉语语篇俄语译本接受情况 ················ 202
- 第一节　研究方法 ················ 202
- 第二节　汉语源语及俄语译文语篇静态分析与对比 ················ 204
- 第三节　汉语语篇俄语译本接受情况 ················ 216
- 第四节　结束语 ················ 224

第五部分　法语译本海外受众接受情况研究

第九章　汉语文化负载词法语译本接受情况 ················ 229
- 第一节　汉语文化负载词外宣法译研究 ················ 229
- 第二节　研究方法 ················ 230
- 第三节　汉语文化负载词法语译本的接受情况及对翻译的修改建议 ················ 234
- 第四节　结束语 ················ 240

第十章　汉语语篇法语译本接受情况 ················ 245
- 第一节　研究方法 ················ 245
- 第二节　汉语源语语篇及法语译文语篇静态分析与对比 ················ 247
- 第三节　汉语语篇法语译本接受情况 ················ 260
- 第四节　结束语 ················ 268

第六部分　多语种外宣译本海外受众接受情况与翻译有效性探究

第十一章　汉语文化负载词多语种译本接受情况与翻译有效性比较研究 ⋯⋯ 275
　第一节　研究语料 ⋯⋯ 275
　第二节　一词一译文化负载词接受情况及翻译有效性 ⋯⋯ 277
　第三节　一词多译汉语文化负载词接受情况及翻译有效性 ⋯⋯ 280
　第四节　结束语 ⋯⋯ 286

第十二章　汉语语篇多语种译本接受情况与翻译有效性比较 ⋯⋯ 288
　第一节　"青花瓷"阿俄译文语篇比较 ⋯⋯ 288
　第二节　"中国美食"德俄译文语篇、"围棋"英阿法译文语篇比较 ⋯⋯ 291
　第三节　结束语 ⋯⋯ 297

第十三章　外宣翻译有效性的宏观探究 ⋯⋯ 300
　第一节　从翻译的本质到翻译"暴力" ⋯⋯ 300
　第二节　从外宣翻译的特质到中国对外文化交流与传播 ⋯⋯ 305
　第三节　中国对外文化传播与交流研究的主体间性视角——交往思想 ⋯⋯ 310
　第四节　交往思想视角下的外宣翻译有效性探究 ⋯⋯ 318
　第五节　结束语 ⋯⋯ 328

参考文献 ⋯⋯ 329

绪 论

第一节 中国外宣翻译研究现状

一、对外宣传及外宣翻译

随着中国的飞速发展,如何快速、有效地将中国政治、经济、社会、文化各个领域的最新成就准确地传播到国际社会变得越来越重要,而这一任务在很大程度上取决于中国的对外宣传①。"对外宣传"(publicity)原本是市场营销学的概念,指通过一系列有计划的活动影响和构建顾客对某一对象,包括各种人物、商品、服务、组织、艺术作品、娱乐活动的认知。在中国,"外宣"被赋予了特殊的意义,指"中国向国际社会介绍中国的政治、经济、社会生活以及中国关于国际事务的立场的活动"②。外宣的基本任务就是向世界呈现和维护一个国家的国际形象③。外宣的有效性指对外宣传的内容和形式能够为海外受众理解和接受④。有效的对外宣传有助于国外受众更好地了解中国的发展和成

---

① 黄友义:《坚持"外宣三贴近"原则,处理好外宣翻译中的难点问题》,《中国翻译》,2004年第6期。
② 刘建明主编:《宣传舆论学大辞典》,经济日报出版社,1992年,第227页。
③ 参见黄友义:《坚持"外宣三贴近"原则,处理好外宣翻译中的难点问题》。陈小慰:《对外宣传翻译中的文化自觉与受众意识》,《中国翻译》,2013年第2期。
④ 陈小慰:《对外宣传翻译中的文化自觉与受众意识》,《中国翻译》,2013年第2期。

就,更好地认知中国文化。近年来,我国虽然在对外宣传方面投入了大量的人力和物力,结果却有时不尽如人意,甚至事与愿违①。究其原因,还是在于外宣翻译的有效性。

外宣翻译是一种特殊的翻译行为,源文本是汉语,目标语则是各种外国语言,翻译受众是使用这些不同目标语言的读者,翻译的目的是运用各种媒介作为传播渠道,在全球化的语境下让世界了解中国②。张健教授认为可以从广义和狭义两个视角来理解外宣翻译③。广义的外宣翻译即"大外宣"的翻译概念,包括各行各业、各个部门与对外宣传有关的翻译活动,而狭义的外宣翻译包括各种媒体报道、政府文件公告、政府及企事业单位的介绍、公示语、信息资料等实用文体的翻译。外宣翻译作为外宣的媒介和桥梁,其意义是显而易见的④。英国翻译理论家彼得·纽马克(Peter Newmark)提出的文本类型理论从语言功能与翻译的相互关系视角将翻译源文本划分为表达型文本(expressive text,包括严肃文学作品、权威性言论、科学、哲学及其他学术著作)、信息型文本(informative text,包括非文学作品、教科书、学术论文、报刊文字等)和呼唤型文本(vocative text,包括告示、产品、宣传手册、广告等)⑤。纽马克认为,不同类型的文本语言功能不同:表达型文本侧重于表明作者的态度、情感、价值观等;信息型文本的核心是内容的真实性,不带个人色彩;呼唤型文本则强调以读者为中心,目的是促使读者通过阅读文本感受、思考、并付诸行动。因此,根据不同的文本类型和功能,翻译要采取不同的翻译策略和方法。外宣翻译的源文本属于呼唤型文本,目的是使读者理解和接受文本信息,并在此基础上唤起读者的共鸣。因此,外宣翻译在很大程度上不是以译者为唯一中心的"独白

---

① 刘亚猛:《追求象征的力量:关于西方修辞思想的思考》,生活·读书·新知三联书店,2004年,第13页。
② 丁衡祁:《对外宣传中的英语质量亟待提高》,《中国翻译》,2002年第4期。
③ 胡兴文、张健:《外宣翻译的名与实——张健教授访谈录》,《中国外语》,2013年第3期。
④ 袁晓宁:《外宣英译的策略及其理据》,《中国翻译》,2005年第1期。
⑤ Newmark, P., *A Textbook of Translation*, Shanghai Foreign Language Education Press, 2001, pp.39-40.

式"行为,不能仅从译者角度出发考虑如何翻译得更好,而是"复调式"的、译者与译文以及受众之间"交往式"的行为,读者能否理解和接受译文在某种程度上更为重要。外宣翻译最显著的特点,同时也是其最大的难点就在于其目标受众是"生活在不同国家、不同政治和社会制度下、有着不同的文化背景、用不同语言的人民"①。胡芳毅指出,"外宣翻译就是为了对外宣传,而对外宣传要取得实效,必须贴近海外受众对中国信息的需求,贴近他们的思维习惯"②。一方面要将中国特色社会文化要素有效转换成目标语以实现外宣目的,另一方面要考虑受众文化背景和思维方式的差异性,如何在二者之间寻求平衡点对外宣翻译提出了挑战。

近年来,中国政府高度重视对外宣传工作,取得了一定的成就,也遇到了一些问题和困难。就外宣翻译而言,由于目标受众是不熟悉中国社会文化的外国人或海外侨胞,外宣翻译中出现了望文生义、译名不一、中式英语等问题,使得外宣翻译虽然数量大幅增加,但是翻译质量却不尽如人意③。以文化负载词来说,经常会出现一词多译的情况,这种情况对于不同的版本目标语受众是否会感到困惑?哪一种译法更容易理解和接受?对于其中能够理解和接受的,受众的实际理解情况如何?对于不能很好被理解和接受的,原因是什么,如何改进翻译?这些都为外宣翻译及其研究提出了新的问题。

二、中国外宣翻译研究现状

自二十世纪初以来,外宣翻译成为中国翻译领域的一个新热点④。研究重点主要涉及以下两个方面:首先,学者概括和总结了外宣翻译中存在的问题与对策。就问题而言,外宣翻译存在"内外不分"的问题,在

---

① 沈苏儒:《对外传播的理论与实践》,五洲传播出版社,2004年,第163页。
② 胡芳毅:《操纵理论视角下的外宣翻译——政治文本翻译的改写》,《中国科技翻译》,2014年第5期。
③ 胡兴文、张健:《外宣翻译的名与实——张健教授访谈录》,《中国外语》,2013年第3期。
④ 崔建周:《外宣翻译研究述评》,《语文学刊(外语教育教学)》,2012年第10期。

宣传内容或语言形式上生硬照搬，产生了不符合受众接受心理或语言规范的翻译①。根据存在的问题，学界从功能翻译理论、翻译目的论、交际翻译观、文艺批评理论、接受理论等多个视角对外宣翻译原则进行了探讨。如文化适应观认为，外宣翻译应以受众为归依，贴近国外受众对中国信息的需求，贴近国外受众的思维习惯。黄友义等学者强调外宣译本应符合海外受众的接受心理，注重汉语与目标语的差异性以及受众对文化信息的解构和重构问题②；肖姝提出受众中心化与译者主体性和谐统一的观点，指出译者的主体性应以海外受众可接受度为前提③。语言改造观从语言层面强调译文在词汇、语篇、句法、修辞与语体等方面都应符合海外受众的习惯，使其明白无误地获取译本信息，确保翻译有效性④。李飞武、邓琳超则强调体裁知识是新成员融入话语群体的必要条件，外宣翻译应关注体裁分析、匹配与重构问题⑤。由于外宣翻译极具中国特色，国外研究较少，但近年呈现出中国学者在国外发表成果有所增长的新趋势。汪宝荣选取浙江省绍兴市名士文化英译宣传文本作为研究对象，分析了译本在语用、文化、语言、文本四个方面的错误，以翻译目的论为框架，指出译者、受众、宣传机构应共同努力提高翻译质量⑥。Xu 和 Zhou 以官方口号及政府官方网站外宣译本为

---

① 丁衡祁：《对外宣传中的英语质量亟待提高》，《中国翻译》，2002 年第 4 期。
② 黄友义、陈小慰等学者从受众接受心理的角度研究了外宣翻译的重要性问题，见第 1 页注③。
③ 肖姝：《译者主体性与对外传播中标语、口号翻译》，《外国语文》，2011 年第(S1)期。
④ 参见袁晓宁和袁卓喜的相关研究。袁晓宁：《外宣英译的策略及其理据》，《中国翻译》，2005 年第 1 期。袁卓喜：《西方传统劝说机制与外宣翻译的相融性研究》，中国人民大学出版社，2022 年。前者指出外宣翻译应采取"以目的语读者为归依"和"以我为准"的二元并存策略；后者以西方劝说机制理论为指导，强调了译文的内容与形式都应该立足海外受众，以达到劝说的效果。张健则从外宣翻译的特点出发，指出外宣翻译要采取变通策略，以更好地实现外宣效果。见张健：《全球化语境下的外宣翻译"变通"策略刍议》，《外国语言文学》，2013 年第 1 期。
⑤ 李飞武、邓琳超：《体裁视阈下的外宣语篇汉英翻译研究》，《语文学刊(外语教育教学)》，2013 年第 3 期。
⑥ Wang, B. R., "Translating Publicity Texts in the Light of the Skopos Theory: Problems and Suggestions", *Translation Journal*, 2009, 13(1).

个案,指出译本翻译错误及对宣传效果的负面影响,进而提出改进措施①。

其次,外宣翻译研究立足传播与效果展开。外宣翻译也属于传播学范畴,其终极目标是促进宣传效果。外宣翻译实践的问题也集中表现在翻译有效性方面。在理论层面,陈清华认为应该重视海外受众主体差异性,结合族群、性别、年龄等自变量,深入研究其历史传统、文化心理和行为习惯,进而采取不同的传播方式和传播策略②。赖祎华从宣传者主体性与宣传对象主体性的矛盾出发,指出宣传效果在很大程度上取决于宣传对象对传播内容的接受程度,必须重视译入语文化语境对源文本的重构,促进海外受众的接受③。在翻译实践研究方面,窦卫霖和祝平运用问卷调查和访谈法考察英语读者对官方口号译文理解的正误偏差情况,探讨口号翻译有效性问题④。范勇以《纽约时报》涉华报道中体现中国文化的英译词汇为研究样本,通过定量分析证实了以异化为主的翻译策略,并分析了该报在处理中国文化特色词汇时的种种"显异"手法⑤。

由于外宣翻译是以实现对外宣传为最终目标的实用型翻译活动,有别于文学翻译,衡量翻译有效性的核心是译文受众能否如我们所期望的那样理解译文,从而实现对外宣传的目标。聚焦翻译接受性问题的研究日显重要。

---

① Xu, X. M. & Zhou, X. X., "An Analysis of External Publicity Text Translation from the Perspective of Eco-translatology—A Case Study of Huai'an External Publicity Translation", *Theory and Practice in Language Studies*. 2015, 5(5).
② 陈清华:《关于海外受众接受心理的外宣策略》,《江苏社会科学》,2010 年第 4 期。
③ 赖祎华:《文化全球化背景下中国国际话语权的提升——以 CCTV-NEWS 外宣语言及策略为例》,《江西社会科学》,2011 年第 10 期。
④ 窦卫霖、祝平:《对官方口号翻译有效性的实证研究》,《中国翻译》,2009 年第 30 卷第 5 期。
⑤ 范勇:《〈纽约时报〉涉华报道对中国特色词汇翻译策略之研究》,《解放军外国语学院学报》,2010 年第 5 期。

第二节　创新之处及研究意义

首先,研究视角具有创新性。近几十年来,外宣翻译的研究大多集中在译者视角,分析翻译中的错误和问题,提出改进的方法,探讨更有效的翻译策略,而翻译实践的另一重要主体,即目标语读者却没有得到足够的重视。翻译实践不是译者的"单声"行为,而是"多声"语境中文本、译者、读者之间的对话,成功的翻译实践依赖于三者的共生。我们知道,对任何语篇,包括译文的理解都离不开语境,而翻译中译文受众也构成了语境①。因此,翻译研究不仅要关注文本和译者,也要关注读者。读者也是主体,也具有主体性,即"运用自身本质力量,能动地作用于客体的特性"②。正如巴赫金的对话主义哲学思想所强调的,"对他人来说,人是一种通过他人成为自己的人……在观察自己内心的同时,他通过他人的眼光去看自己。我不能没有他人,没有他人,我就不能成为自己"③。翻译实践中,自我(译者)的独立存在是以他者(读者)的存在为条件的,没有读者就没有译者的意识,译者与读者是相互依存、相互依赖的对话交往关系。因此,翻译实践的核心就是译者、文本、读者之间的对话,译者既要具有独立意识,也要正确处理他者与自我的交往对话关系。孙艺风指出,"翻译的有效性不仅仅来自对所译信息内容的合理解读,还取决于目标语读者的能力,在于他们通过获取对异质他者在其文化政治语境中的必要了解而将该信息同相关文化情景联系起来的能力"④。由此可见目标语读者在整个翻译活动中的作用,从受众认知度与翻译有效性视角探讨外宣翻译问题,能够进一步丰富和拓展已

---

① Nida, E., *Language and Culture: Contexts in Translating*, Shanghai Foreign Language Education Press, 2002, p.168.
② 张耀灿等:《思想政治教育学前沿》,人民出版社,2006年,第348页。
③ 托多罗夫:《巴赫金、对话理论及其他》,蒋子华、张萍译,百花文艺出版社,2001年,第173页。
④ 孙艺风:《文化翻译》,北京大学出版社,2016年,第3页。

有研究。因此,本研究立足目标语受众,基于多语种实证研究数据,从词汇、语篇多个层面研究外宣翻译中受众对译文的实际接受情况,并进一步做理论层面的探讨,以更好地提升宣传效果,为国家外宣战略服务。

其次,研究对象具有新颖性。纵观各个层面的外宣翻译研究,目标语的语种主要集中在英语,这与英语作为世界通用语的地位密切相关。从当前世界全球化的大背景和中国"一带一路"倡议已经取得了一定成果的情况出发,本研究认为,中国的对外文化传播与交流不仅仅要考虑那些以英语为母语或者官方语言的国家,还要考虑其他语种在中国对外宣传中日渐增强的作用,因此研究增加了阿拉伯语、德语、俄语、法语目标语。之所以增加这四个语种,一方面是因为这些语种为"一带一路"参与共建国家的主要语种,另一方面,从这些语言自身的地位和重要性来看也具有较大的研究价值。俄语、阿拉伯语、法语与英语、汉语一样,均为联合国工作语言,它们在世界范围内的地位和影响力不言而喻,而德语近年来的吸引力也得到不断提升,以德语为母语的人数所有语种中排在第十名左右,以德语为外语的学习者人数仅次于英语、法语和汉语①;其次,考察这些之前研究成果比较缺乏的语种受众对于外宣翻译译文的接受情况,可以丰富现有成果,同时在各个语种研究基础上进行比较研究,希望在翻译实践和理论层面进一步丰富这些语种在外宣翻译、文化传播领域的研究,同时促进不同语种之间的对比研究。

第三,研究方法具有融合性。研究将语料库、认知实验、平行类比、抽象思维多法并用,定量与定性有机融合,以实现研究目标。本研究将《孔子学院》期刊各个语种自创刊以来的汉语源文本及译本作为研究语料,根据各个语种译文的实际情况,同时考虑到各国语种语料的均衡性以便于对比研究,锁定英、阿、德、俄、法语的文化负载词以及五个语种语篇的译文。词汇方面,根据英、法、德、俄、阿各个语种语料和被试的

---

① 李媛、李心驰:《德国努力提升德语地位》,国家语言文字工作委员会组编,《语言生活皮书——世界语言生活状况报告(2019)》,第105页。

具体情况,或运用认知实验问卷的定量方法考察译文的总体接受情况,以及不同词频、不同类型词语翻译的具体接受情况,或者运用有声思维实验定性方法,以被试话语为研究对象,运用话语分析框架以定性分析和定量统计相结合的方法具体揭示和阐释各个语种母语者对译文的态度、理解和接受情况;语篇方面,根据各个语种的已有研究基础和现有研究条件,分别采用了认知实验、定量统计、语篇质性分析的方法。

第三节 总体思路、研究方法及篇章结构

一、总体思路

基于对外宣翻译研究成果的综述,本研究的总体目标是考察多语种受众对于外宣译本的接受理解情况,并在此基础上对翻译实践提出一些建设性意见,做一些理论层面的探讨。为了实现该总体目标,研究分为三步。

第一,确定外宣翻译译本。外宣翻译涉及的材料包罗万象,上至政府部门的各类文件、公告,下至企事业单位的介绍,如何在大量的译文中进行选择以确保研究语料的代表性、可操作性以及如何对语料进行科学合理的分类将直接影响到研究结果。本研究在综述已有文献的基础上,认同已有研究成果对于"外宣翻译"概念内涵的界定,并进一步将"外宣翻译"界定为"一种以汉语为源文本、以各种不同外国语言为目标语的翻译行为。该翻译行为的目的是通过将汉语转换为各种不同目标语把反映中国政治、经济、社会、文化等各个方面的方针政策以及反映中国人民生活实际的鲜活事例传递到国际社会,是构建中国国家形象的重要途径。该翻译行为以目标语受众理解、接受译本并引发受众共鸣为最终目的,更加关注受众对于翻译有效性的反馈"。同时,本研究结合课题的目标和任务,进一步明确和细化了"外宣翻译"概念在本研究中的外延。为了更有效地考察不同语种母语受众对外宣翻译效果的反馈,课题组决定突出研究语料的大众化和亲民性,因此选择比较容易

引发目标语受众兴趣的、与中国社会生活、文化传统相关的外宣翻译。基于此项认知,课题组在经过大量文献阅读和广泛调研后最终确定以《孔子学院》系列期刊作为外宣翻译的代表性语料。原因有三:首先是《孔子学院》期刊的权威性和影响力。孔子学院是世界认识中国的一个重要平台,而《孔子学院》多语种系列期刊是孔子学院总部以及国家汉办主办的系列出版物,自 2009 年 3 月中英文对照版率先创刊,十余年以来已拥有国际统一刊号(ISSN)和国内统一连续出版物号(CN)共达十一个独立刊号,语种多达十一种,实现了本土编辑、出版,并面向一百多个国家和地区发行,每期全球发行量 20 万册左右,成为 160 多个国家 500 多所孔子学院和 1000 多个孔子课堂及当地中文学习者和爱好者阅读、学习的期刊①。该期刊致力于中国对外文化传播与交流,成为中国人民与各国喜爱汉语和中国文化的人民之间的重要桥梁②。其次是《孔子学院》系列期刊多语种译本之间的可比性。该期刊各个语种的栏目布局具有共性,其中反映中国历史、当代社会及文化的栏目十分丰富,为研究提供了可操作和可靠的研究语料。第三是《孔子学院》多语种系列期刊翻译的质量保证。该期刊各个语种编辑部均由中文编辑及目标语编辑共同合作,以确保译文从内容和形式上符合目标语国家主流社会需求。因此,本研究选择《孔子学院》期刊作为研究对象,能够较好地保证研究对象的权威性、代表性、可操作性以及可靠性。同时,课题组在仔细阅读和研究了各个语种的栏目后,最终决定选取期刊中集中体现中国社会与文化的二十多个栏目,如"印象九州""中国风尚""文化博览""说古论今""本期人物""汉语课堂""漫步中国""万花筒""专题报道""封面故事""论坛集萃""总部新闻"等作为语料,考察英、阿、德、俄、法五个语种的译文的接受情况。这些栏目在不同语种系列期刊中都是主体栏目,能够较好地为传播中国文化服务,同时也确保了本研究不同语种语料之间的可比性。

---

① 吴瑛:《对孔子学院中国文化传播战略的反思》,《学术论坛》,2009 年第 7 期。
② 《孔子学院多语种系列期刊创刊十周年》,《孔子学院》,2020 年第 1 期。

第二,确定具体研究语料。《孔子学院》期刊文化栏目的内容十分丰富,篇幅极大,如何从中梳理出研究外宣译本的框架是后续研究的另一个关键。本研究将"外宣译本"界定为一个比较宽泛的表述方式,包含了词汇、段落和语篇。同时,在比较了五个语种所有期刊汉语源文本和译文的素材后,考虑到各个语种之间的均衡性以便于后期对比研究,研究依据从词汇到语篇的原则,将"外宣译本"语料具体划分为词汇层面的文化负载词以及集中反映中国社会文化特色的语篇译文[①]。其理由有二。首先,"语言是一个以人类交流为目的的任意的有声符号系统"[②],而语言中的词汇是该交流中各种社会、文化信息的载体,能够很好地反映社会文化的内涵和发展、变化。目标语受众对于外宣译文的理解和接受情况在很大程度上取决于他们对于译本中具体词汇的理解和接受情况。其中,文化负载词作为词汇中记载并集中体现独特文化特征的类型,毫无疑问是研究外宣翻译效果的最佳选择,文化负载词译本的进一步研究,包括不同类型、不同词频文化负载词以及其接受情况的研究将有助于丰富已有研究成果。其次,语篇翻译的接受情况也十分重要,涉及语篇结构与语篇特征,考察译本语篇规范性如何有助于译文达意得体性,受众对于译文的理解最终要落实到对这个语篇翻译的理解上。但是,课题组在后续研究展开以后发现,语篇的研究重复性较大,因此各个语种均选择了具有代表性的、能够较好反映中国独特文化的语篇。其中,英语有"围棋""水墨画"和"水乡古镇",阿拉伯语有"青花瓷""围棋""中国园林",德语有"中国服装时尚史""篆刻""粤菜",俄语有"青花瓷""太极拳""中国美食",法语有"家宴""神话动物""围棋",以考查不同语种目标语受众对于语篇的理解和接受情况,并进行对比。需要说明的是,课题组对阿、德、俄、法四个语种的研究因受到研究对象资源的限制,目前仅在有限的国家进行了人数有限的质性研究,希望本

---

① 这些研究包括袁晓宁的《论外宣英译策略的二元共存》、袁卓喜的《现代修辞视角下的外宣翻译——基于西方劝说机制理论的思考》和张健的《全球化语境下的外宣翻译"变通"策略刍议》,见第4页注④。

② 胡壮麟、刘润清、李延福主编:《语言学教程》,北京大学出版社,1988年,第3页。

研究能够促使课题组成员以及其他更多的多语种研究者进一步从广度和深度展开研究。

第三,确定研究步骤。各个语种首先分工合作,收集、整理并阅读关于文化负载词、语篇以及与翻译相结合的有关文献,进行文献综述,梳理出相关概念界定、分类、特征等内容,经过课题组多次研讨,最终确定词汇和语篇在原始语料中的筛选标准,并就某些有争议的词语进行多次研讨和确认,随后分组阅读锁定的各个文化栏目中汉语源文本的所有文章,依据筛选标准锁定语料,创建各个语种、各类研究语料的小型语料库。在词汇方面,基于各语种分别建立小型语料库,根据语料库语料进行统计,确定了高频词和低频词作为最终研究语料的目标,以便更为完整的描述词语接受情况。但是,在统计过程中课题组发现,词语出现的频次不能完全代表该词语在原始语料中的真实情况,词频还可能受话题出现频率的影响。同时,根据语料库统计软件只能得到明显属于高频或是低频的词语,对于中间模糊地带的词语难以判断。为了解决这一问题,以便更全面地考察文化负载词的情况,本研究运用BP(Back Propagation)神经网络模型,排除词汇高低频率受话题出现频繁度的影响,同时结合语篇与词频的相关性,有效区分中间地段的高频和低频词语。模型具体说明见本章研究方法。最终入选的词语根据原始语料中译文的实际情况分为一词一译和一词多译两种情况。随后,将最后入选的各类词语设计成认知问卷题目或者有声思维实验的题目,实施问卷调查或有声思维实验,收集数据。最后,分别采用定量和定性方法对数据进行处理和分析,得出结果并进行讨论。在语篇方面,各个语种分别锁定体现中国文化特色、长度均衡且文本类型相同[1]、符合语篇特征的语篇作为研究语料[2]。运用有声思维实验获取被试对语篇理解情况的话语信息,并与语篇静态分析相结合,形

---

[1] 张美芳:《文本类型理论及其对翻译研究的启示》,《中国翻译》,2009年第5期。
[2] 王文斌和何清强详尽论述了语篇的特征。见王文斌、何清强:《汉英篇章结构的时空性差异——基于对汉语话题链的回指及其英译的分析》,《外语教学与研究》,2016年第5期;王文斌、何清强:《论汉英篇章构建的时空性差异》,《山东外语教学》,2017年第2期。

成动态的语篇分析①。最后,研究将在各个语种所有实证研究的基础上进行接受情况对比研究,并在实践和理论两个层面就外宣翻译有效性问题进行讨论和探索。

二、研究方法

本小节着重介绍课题研究中涉及的共性内容。首先,研究对象均为母语者,其次,研究工具包括有声思维实验、格式塔认知问卷以及基于 BP 神经网络的高低词频词汇分类方法。研究对象的具体情况、各个语种研究语料,以及数据收集和处理等见各个章节内容。

(一)有声思维实验

关于如何评估翻译文本,奈达指出,理想的方法就是由母语者对译文进行评价②。就评价形式而言,最有效的方法之一就是由不同的母语者朗读译文,如果在朗读过程中出现犹豫、误读、纠错、重复和语气的不确定,尤其是不止一个人在同一处出现以上情况,则说明译文可能存在词汇、句法、语篇以及标点符号等方面的问题。就评价内容而言,可以让母语者朗读或默读译文,然后复述译文的内容。同样,如果不止一人在同一处出现阅读理解问题,则说明译文存在潜在的问题。

本研究采用了类似的方法,在有声思维实验中被试首先阅读语境说明和译文,随后对译文内容或目标词语进行反馈。有声思维实验最初用于心理学实验,是通过实验方法要求被试一边完成事先设计好的任务,一边将整个完成任务的思维过程用语言表述出来。与回顾式研究,如访谈相比,有声思维实验要求被试在完成某一特点任务的同时用语言自由表达整个思维的过程,因此更有利于记录真实的思想③。亚

---

① 朱长河、朱永生:《认知语篇学》,《外语学刊》,2011 年第 2 期。
② Nida, E. A., *Language, Culture and Translating*, Shanghai Foreign Language Education Press, 1993, pp.148-149.
③ Veenman, M. V. J. & M. A. Spaans., "Relation between Intellectual and Metacognitive Skills: Age and Task Differences", *Learning & Individual Differences*, 2005, 15 (2), pp.159-176.

斯克莱宁(Jääskeläinen)指出,有声思维实验的人数一般在 1 到 12 人之间①。但是,有声思维实验依赖于被试的语言表达,要求被试积极参与实验过程,尽可能用语言将完成任务的思维过程完整、准确地加以表述②。因此,本研究在实施各个有声思维实验前先进行了简短的访谈,目的是事先了解参加有声思维实验被试的基本情况,便于研究者判断被试是否适合参加有声思维实验,同时使被试了解和熟悉有声思维实验的要求和过程。访谈内容包括:(1)简单的自我介绍;(2)了解被试对中国的熟悉情况;(3)介绍有声思维实验的要求和大致任务、过程,询问被试是否愿意参加实验。研究者在实验过程中尽可能不干扰被试,同时完整记录实验全过程。实验结束以后,研究者首先进行转写工作。转写过程中,所有细节都如实记录,包括口误、重复、停顿和沉默。其中,短于三秒的停顿标记为逗号,3 秒到 5 秒之间的停顿或沉默标记为省略号…,长于 5 秒的停顿或沉默标记为省略号……,并分别在括号里标记秒数。例如,6 秒的停顿或沉默标记为"……(6′)",以确保如实、完整地保留被试话语的所有细节,不论是内容还是语言都不做任何修改。然后依据话语分析理论框架进行话语分析,得出结论。

(二)格式塔认知问卷

本研究所采用的研究方法之一是问卷调查法,但是在设计问卷时既没有采用"是"与"否"的二分法,也没有采用等级法或是兰伯特(Lambert)所采用的含糊形容词描述法来测量被试的接受情况,理由是接受情况在很大程度上是被试的心理感受或心理活动,用显性的测量工具很难准确测量。为了尽可能在被试不知情或无意识的情况下了解他们内心的真实想法,本研究采用格式塔图形来测量被试对译文的接受情况。由于研究被试很可能不熟悉这些词汇,他们阅读含有这些词汇的句子时只能运用他们所具备的整体式的背景知识做出反应,而

---

① Jääskeläinen, R., "Investigating Translation Strategies", *Recent Trends on Empirical Translation Research*, 1993, pp.99 - 120.
② Ericsson, K. & H. Simon, *Protocol Analysis: Verbal Reports as Data*, A Bradford Book, The MIT Press, 1993.

这种隐性的感知能力只能用同样隐性的测量工具来测量。

兰盖克(Langacker)指出,"人类基本的认知能力和受经验驱动的认知模式在语言方面有直接和广泛的体现"①。其中最重要的体现方式就是参比点(reference point)。关于参比点,贡多拉斯(Groudelaers)、吉雷厄茨(Geeraerts)和斯皮尔曼(Speelman)做了如下的说明:"参比点是各种千差万别的语言现象背后的认知原动力:正是建立在参比点格式塔感知和概念的基础上,认知语言学家才能够阐释所属格结构、主题以及邻接—原始表象句子等不同语言现象背后的句法、语义和语用特征。"②由此可见,语言的使用以及人们对语言现象的认知与格式塔相关。什么是格式塔?格式塔指物体的形状或与该形状相关的特征、方式、实质。斯皮尔曼称格式塔心理学为"形的心理学"。格式塔心理学二十世纪初在德国诞生,1912年卡夫卡(Kaffka)和韦特海默(Wertheimer)等正式提出并加以发展,后来在美国得到流传与进一步发展。该心理学批判美国结构主义心理学派,反对将意识、心理分解成为单个元素,主张人是以整体知觉的方式感知现象的,整体大于部分(之和)③。佩尔斯(Perls)基于格式塔心理学,进一步指出,"所有经过充分同化和整合的经验和学习成果构成了人或组织机构的背景知识,该知识赋予格式塔意义"④。格式塔试图通过强调整体观寻求人类获取和维持对世界感知的规律来揭示主体的感觉过程。主体面对一个物体时,形成对该物体的整体感觉,这是一个由各种不同刺激相互交错作用的复杂过程的产物。而通过整体感觉这一环节,外界的物质世界与主体的心理世界相互联系,感觉使物体的形状与主体的心理活动产生了联系。联系、关系、交往是格式塔整体观的关键。如前所述,格式塔意即图形,

---

① Langacker, R. W., "Reference point in construction", *Cognitive Linguistics*, 1993, 4, p.1.
② Groudelaers, S., D. Speelman & D. Geeraerts., "National Variation in the Use of 'There'", In G. Kristiansen & R. Dirven, *Cognitive Sociolingistics—Language Variation, Cultural Models, Social Systems*, Mouton de Gruyter, 2008, p.154.
③ 刘开会:《"格式塔"——一个哲学的再思考》,《社会科学》,1988年第3期。
④ Perls, F. S., *Gestalt Therapy Verbatim*, The Gestalt Journal Press, 1992, p.54.

而图形是人类感知世界的重要途径,感知是主体实时、潜意识的反应。格式塔图形成为连接主体对事物的感知和内心活动的桥梁,具有隐性反应主体认知的特征。

格式塔心理学认为,世界是心理和物理层面的同构(isomorphism)①。主体对事物的感觉最初是物理层面的意识,必须经过进一步反思加工,而这一过程涉及格式塔转换。科茨(Coates)认为,格式塔转换通过四种途径实现:物化(reification)、多面稳定性(multistability)、不变性(invriance)和涌现(emergence)。所谓物化就是通过"幻觉轮廓",主体把感觉发展成感受,并补充成一个完形的意识活动。如图 1a、1b 所示,图 1a 是三个缺口的圆形图案,图 1b 是十二个大小不同的圆锥体,但是通过幻觉轮廓,人们可能感知到一个三角形和一个长出了十二个圆锥体的圆球。在这个过程中,认知主体以自己的经验和记忆为基础,进行联想和想象,通过心智中的幻觉轮廓,实现由一个物感知到另一个物。多面稳定性指主体意识通过感觉物体不同的部分信息而产生的不同的感受,如图 1c 所示,感受的侧重点不同可能会看到不同的图形:一个瓶子或两个侧面人像。远近高低各不同,观察视角不同会产生完全不同的感受。不变性指从感觉到感受的过程中,尽管上面的多面稳定性会导致感受到不同的结果,但某些基本特性还是不变的,如图 1a,虽然我们可以感受到中间白色三角形的存在,但同时三个带缺口的黑

图 1 格式塔转换示意图②

---

① Koffka, K., *Principles of Gestalt Psychology*, Routledge and Kegan Paul Ltd., 1935, pp.5-24.
② 徐盛桓:《隐喻的起因、发生和建构》,《外语教学与研究》,2014 年第 3 期。

色圆形并没有变。涌现指主体对事物的感受是在大脑中以意象或图像（picturing）的形式出现的，即对事物的认知从感觉发展为感受，这一变化的结果在心智中以意象或图象形式出现，即美国认知神经科学家达马西奥（Damasio）所说的"脑海中的电影"（movie-in-the brain）①。总之，主体对事物从感觉到感受的发展经历了这四种途径，其中，物化、多面稳定性和不变性体现的是认知中的不变性，涌现则是认知在大脑中最终呈现的形式。

格式塔图形与语言使用的关系启发了语言学家的研究，被用于语言学中语言态度的研究。伯塞莱（Berthele）运用"气泡任务"来"考察大众群体对瑞士德语方言的态度"②。研究者将一组格式塔图形呈现给被试，同时要求被试将自己对不同方言的态度与这些图形进行匹配，做出选择。研究显示，绝大多数被试选择图形2、3和6来对应他们对波恩方言（Bern Dialect）的态度，这些图形的共同特点是"圆润、有规律、带有花的图案"，反映了被试对波恩方言"柔和""有活力"和"独立"的态度；而绝大多数被试选择图形1、4和5来对应他们对标准语体（Standard language）的态度。图形1、4和5的共同特点是"有棱角、尖锐"，反映了被试对标准语体"累赘""复杂"和"无特色"的态度（见图2）③。结合前期伯豪夫（Buhofer）的研究成果，可以发现，运用格式塔图形所得到的结论与之前对相同方言研究所得的态度结论一致。由此可以推论，带尖锐棱角的图形往往与消极、负面的态度有关，而圆润、有规律、带有花式图案的图形与正面、积极的态度有关④。

本研究在设计认知问卷时将这些格式塔图形作为选项，要求被试在阅读了语境说明以及含有目标词语或语篇的译文以后迅速做出选

---

① 徐盛桓：《隐喻的起因、发生和建构》，《外语教学与研究》，2014年第3期。
② Berthele, R., "Investigations into the Folk's Mental Models of Linguistic Varieties", In D. Geeraerts, G. Kristiansen & Y. Peirsman（eds.）, *Cognitive Linguistics Research: Advances in Cognitive Sociolinguistics*, Walter de Gruyter, 2010, p.265.
③ Ibid., p.272.
④ Ibid.

择,然后将两类表示正负不同态度的图形加以赋值,以便后续进行数据处理和统计。如果被试在阅读完某题后选择的图形代码分别是 2、3 或 6,则被赋值为 1,表示正面、积极态度,即被试对该译文接受情况较好,如果被试选择了图形 1、4 或 5,则被赋值 2,表示负面、消极态度,即被试对该译文接受情况不好。如果被试所选的图形正面、负面数量相等,则该题答案赋值为 0,并被剔除。

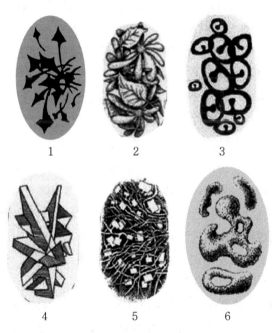

图 2 格式塔图形①

(三)基于 BP 神经网络的高低词频词汇分类方法

课题组在收集语料时发现,如果完全依据语料库统计软件计算词的频率,则有可能忽略了词频受话题出现频率影响的因素,如文化负载

---

① Berthele, R., "Investigations into the Folk's Mental Models of Linguistic Varieties", In D. Geeraerts, G. Kristiansen & Y. Peirsman(eds.), *Cognitive Linguistics Research*: *Advances in Cognitive Sociolinguistics*, Walter de Gruyter, 2010, p.271.

词"春节"一词出现频率很高,是因为许多文章都涉及中国传统节日,关于春节习俗的文章较多,导致该词出现频率较高。同时,根据语料库统计软件只能得到明显属于高频或是低频的词语,对于中间模糊地带的词语难以判断。为了解决这一问题,以便更全面地考察对象词语的情况,本研究运用 BP(Back Propagation)神经网络模型,排除词汇高低频率受话题出现频繁度的影响,同时结合语篇与词频的相关性,有效区分中间地段的高频和低频词语。BP 神经网络是多层级正反馈神经网络模型,基于误差反向传播算法,被广泛运用于神经网络模型构建,可大大提高软件可靠性[1]。该模型不仅计算词频的绝对值,同时兼顾话题出现频率对某一词语频率的影响。

在给定词汇样本的情形下如何将其分成高频词汇以及低频词汇,针对这一问题已经有很多词频统计计算公式的结果[2]。尽管计算公式越来越准确,考虑的因素也越来越齐全,还是难免陷入一种麻烦:当分类指标构成较为复杂以及总体样本中包括多篇文章时,最终结果一定程度上会有误差。为此,本研究设计了一种基于 BP 神经网络的词汇分类模型,考察词汇两项指标:词频以及出现篇目数,并以德语译文中文化负载词数据集为例进行分类与分析。

1. 基于神经网络的词汇分类模型

(1) 人工神经网络简介

人工神经网络(Artificial Neural Network,ANN),亦称为神经网络(Neural Network,NN)是在现代神经科学的基础上提出和发展起来的一种反映人脑结构与功能的抽象数学模型。自从 1943 年美国心理学家麦卡洛克(W. McCulloch)和数学家皮茨(W. Pitts)提出形式神

---

[1] 朱磊:《基于 BP 神经网络的软件可靠性模型选择研究》,重庆大学计算机软件与理论专业硕士学位论文,2006 年,第 25—29 页。

[2] 见 Zipf,George K., *The Psycho-Biology of Language:An Introduction to Dynamic Philology*,The MIT Press,1965;孙清兰:《齐夫定律若干理论问题探讨与发展》,《情报学报》,1992 年第 11 期;王崇德:《关于齐夫第二定律的研究》,《情报学报》,1995 年第 1 期。

经元的抽象数学模型——MP 模型——以来,人工神经网络理论与技术历经半个多世纪的曲折发展。二十世纪八十年代,人工神经网络的研究取得了重大进展,相关理论与方法已经发展成为一门数学、物理学、神经生物学、计算机科学之间的交叉学科。其在模式识别、图像处理、智能控制、组合优化、金融预测与管理、通信、机器人以及专家系统等领域得到广泛应用,提出了四十多种神经网络模型,其中比较著名的有感知机、霍普菲尔德模型(Hopfield model)、玻尔兹曼机(Boltzman machine)、自适应共振理论及反向传播网络等①。

(2) 多层前馈网络构建

下面主要介绍针对高低频词汇分类问题的神经网络模型的建立,包括多层前馈网络的搭建与神经元权值的调整。考虑一个结构如图 3 的人工神经网络:

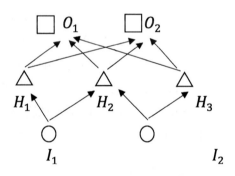

图 3　人工神经网络结构示意图

激活函数(activation function)由

$$\varphi(\nu) = \frac{1}{1+\exp(-a\nu)}$$

来决定②。图 3 中最下面的一层单元称为输入层,用以输入已知测量

---

① 朱心飚、丁洪、杨叔子:《人工神经网络简介》,《机床》,1993 年第 9 期。
② 司守奎、孙玺菁:《数学建模算法与应用》,国防工业出版社,2011 年,第 353 页。

值。在本模型中仅包括两个单位,即总词频与出现的文章篇目数。最上面一层单元称为输出层,用以输出与每一组输入数据相对应的分类信息。在本模型中包含两个单元。中间一层称为隐单元层,单元数目需选取适当。一般地,隐单元层单元数目(记为 n_2)与输入层单元数目(记为 n_1)、输出层单元数目(记为 n_3)之间的关系为:

$$n_2 = \sqrt{n_1 + n_3} + a$$

其中 a 为 1 至 10 之间的常数。在本模型中取隐单元层单元数目 $n_2 = 3$ 便足够。任意一个隐单元层单元接受所有输入单元传来的信号,并将处理后的结果传向每一个输出单元,供输出层再次加工。注意到同层的神经元之间彼此不相联接,输入与输出单元之间也没有直接联接。这样,我们便给出了网络结构的具体描述。

为了叙述方便,引入如下符号约定:令 k 表示一个确定的已知样品编号,对应着一个学习样品;当第 t 个样品的原始数据被输入网络中时,相应输出单元状态记作 $O_r^k(r=1,2)$,隐单元状态记作 $H_s^k(s=1,2,3)$,输入单元取值记作 $I_t^k(t=1,2)$。在这一约定下,将从隐单元层到输出层的权记作 α_{rs},从输入层到隐单元层的权记作 β_{st}。若所有的 α_{rs} 与 β_{st} 均已给定,则对应于任意一组确定的输入 (I_1^k, I_2^k),网络中所有单元的取值可以确定。事实上,对隐单元层单元 H_s^k 与输出层单元 O_r^k 成立①。

$$H_s^k = \varphi\Big(\sum_{t=1}^{2}\beta_{st}I_t^k\Big) \quad (s=1,2,3)$$

$$O_r^k = \varphi\Big(\sum_{s=1}^{3}\alpha_{rs}\varphi\Big(\sum_{t=1}^{2}\beta_{st}I_t^k\Big)\Big) \quad (r=1,2)$$

此外,已知对于任意一组确定的输入 (I_1^k, I_2^k),输出是所有的权 $\{\alpha_{rs}, \beta_{st}\}$ 的函数。

若我们能够选取一组适当的权值 $\{\alpha_{rs}, \beta_{st}\}$,使得对应于任意一组学习样品数据 (I_1^k, I_2^k) 的输入,输出为 $(1,0)$ 或 $(0,1)$,则可以完成词

---

① 司守奎、孙玺菁:《数学建模算法与应用》,国防工业出版社,2011年,第354页。

汇分类问题。这是因为对任意的未知类别样品,只要将其词频数据与出现篇目数据输入网络模型,考察其输出结果靠近(1,0)还是(0,1),便可以判断其所属类别。当然,也有可能出现介于中间无法判断的情形。下面考虑网络模型中如何找到一组适当的权值,以实现如上所设想的功能。

(3) 神经元权值修正

对于以上建立的多层网络,为求得一组恰当的权值,使其具有特定的功能,我们利用反向传播算法(Back-Propagation algorithm)进行处理[1]。具体步骤见表1。

表1 确定权值的具体步骤

1	输入信号经过输入层输入,通过隐含层内部的计算,由输出层输出,输出信号与期望输出值相比较,计算其误差
2	将误差信号反向由输出层通过隐含层处理后向输入层传播。在这个过程中,通过误差梯度下降的办法,调整神经元权值
3	输入信号再次输入,神经网络重复上述过程,直到神经网络的输出误差降低到可接受的范围内,或训练到程序预先设定的学习次数为止

梯度下降算法对权值$\{\alpha_{rs}, \beta_{st}\}$给出的修正量为:

$$\Delta\alpha_{rs} = \eta \sum_{k}(E_r^k - O_r^k)\dot{\varphi}(\sum_{s=1}^{3}\alpha_{rs}\varphi(\sum_{t=1}^{2}\beta_{st}I_t^k))H_s^k$$

$$\Delta\beta_{st} = \eta \sum_{k,r}(E_r^k - O_r^k)\dot{\varphi}(\sum_{s=1}^{3}\alpha_{rs}\varphi(\sum_{t=1}^{2}\beta_{st}I_t^k))\alpha_{rs}\dot{\varphi}(\sum_{s=1}^{3}\alpha_{ss}\varphi(\sum_{t=1}^{2}\beta_{st}I_t^k))I_s^k$$

其中 $E_r^k(r=1,2)$ 为样品 k 的理想输出,低频词汇对应于(0,1),高频词汇对应于(1,0),参数 η 充分小[2]。

(4) 学习样本的确定

本小节主要确定学习样本,即哪些词汇可以认为是高频词汇,哪些

---

[1] Li, J., Cheng, J. H., Shi, J. Y. et al., *Brief Introduction of Back Propagation(BP) Neural Network Algorithm and Its Improvement*, Springer Berlin Heidelberg, 2012, pp.275-304.

[2] 司守奎、孙玺菁:《数学建模算法与应用》,国防工业出版社,2011年,第220页。

词汇可以认为是低频词汇,使得神经网络模型可在此基础上进行训练。首先根据所有词汇两项指标数据的特征,可以选取学习样本中的低频词汇满足如下条件:

$$(I_1^k, I_2^k) \in \{(I_1^k, I_2^k): I_1^k \leqslant 3; I_2^k \leqslant 3\}$$

其中 I_1^k, I_2^k 表示编号为 k 的词汇样品对应的两项指标。再考虑学习样本中的高频词汇。德诺修(Donohue)提出了如下界分低频词汇临界值 m 的计算公式①:

$$m = \frac{-1 + \sqrt{1 + 8I_1}}{2}$$

其中 I_1 为仅出现一次的词汇个数。根据上式计算得 $m = 18.4275$,结合相关词汇出现篇目数的数据对 m 取值分别为 17, 18, 19, 21 的考察,选取最为合理的情形即 $m = 18$ 作为高频词的词频下界。最终得到学习样本中高频词汇应满足的条件:

$$(I_1^k, I_2^k) \in \{(I_1^k, I_2^k): I_1^k \geqslant 29\} \cup \{(I_1^k, I_2^k): 18 \leqslant I_1^k < 29; I_2^k \geqslant 5\}$$

其中 I_1^k, I_2^k 表示编号为 k 的词汇样品对应的两项指标。

2. 结果分析

基于以上判断以及所建立的神经网络模型,利用 MATLAB 编程实现对英语译本中部分文化负载词样本的分类,得到如下结果(仅展示部分需要模型来判断的词汇分类结果)(见表2):

表 2 英语译文词汇分类部分结果

词汇	词频	出现篇目数	分类结果
美猴王	15	4	高频词汇
少数民族	14	6	高频词汇
旗袍	13	1	低频词汇

① 转引自孙清兰:《高频词与低频词的界分及词频估算法》,《中国图书馆学报》,1992年第2期。

续表

词汇	词频	出现篇目数	分类结果
中医	13	6	高频词汇
客家人	12	2	低频词汇
饺子	12	5	高频词汇
黄河	11	8	高频词汇
明朝	10	7	高频词汇
客家土楼	9	2	低频词汇
年画	9	3	低频词汇
白族	9	3	低频词汇
农历	9	5	低频词汇

根据表 2 可知,部分词频相对较高的词汇由于出现篇目数过小而被分类到低频词汇中,比如"旗袍""客家人"等;相反,部分词频相对较低但出现篇目数较高的词汇被分类到高频词汇中,比如"黄河""明朝"等。若仅仅根据词频判断词汇属于高频词汇还是低频词汇则无法做到这些,所以针对词汇分类问题,神经网络分类模型具备一定的优越性。

此外,神经网络模型的训练状态如图 4 所示。

梯度 = 3.6886e - 08,在第 8 个迭代轮次

均值偏移参数 = 1e - 11,在第 8 个迭代轮次

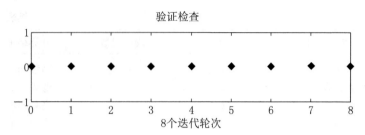

图 4　神经网络模型训练过程相关参数

3. 误差分析与模型改进

(1) 神经网络模型误差

根据图 5 可知,最终模型训练结果的均方误差(MSE)达到 1.316×10^{-8},这是较为理想的结果。

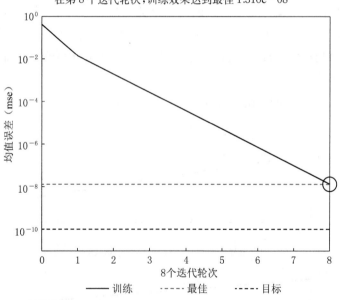

图 5　神经网络训练均方误差

(2) 学习样本选取导致的误差

本研究建立的神经网络模型的学习样本基于德诺修的理论以及一

些主观判断产生,存在一定的误差。一方面,德诺修的计算公式目前有了一些更好的改进结果;另一方面,学习样本的选取存在主观性,这也会导致误差的存在。针对前一方面,可以考虑更为准确的结果例如王崇德的研究,而针对后一方面,由于总体中的大部分词汇样品构成了学习样本,所以因主观选择而产生的误差也较为有限,但是模型的学习样本选取对词汇出现篇目数考虑不够充分,这会导致误差的存在。

(3) 针对BP算法的改进

本模型使用了BP算法对神经元权值做出修正,然而BP算法有一些缺点会对模型产生影响[1]。首先,由于BP算法收敛速度较慢,对于一个大的网络系统,模型运算效果会受到影响;其次,本模型中讨论的是非线性函数的优化,存在一个问题,即利用BP算法所求得的解只能保证是依赖于初值选取的局部极小点。针对BP算法收敛速度较慢的问题,考虑到一种可能存在的情况,即包括随机最速下降法在内的其他算法可能在某些区间内震荡较多,导致收敛速度变慢,所以我们引进动量,采用动量梯度下降算法进行神经网络的训练,动量梯度下降算法可以有效地解决收敛速度过慢的问题[2]。针对BP算法对非线性函数优化问题得到的解仅是局部极小点这一缺陷,可以考虑从多个随机的初值点出发进行多次计算,或者利用模拟退火算法。

本研究构建的基于BP神经网络的分类模型有效地解决了对包括多篇文章的样本中词汇进行词频分类的问题。使用该方法同时兼顾了词汇词频与出现篇目数两项指标,这是仅依靠词频统计经验公式无法做到的。若样本的构成更为复杂,则本研究建立的神经网络结构可以做适当的修改便可以继续使用。仿真实验表明,神经网络模型可以降低分类错误率,对数据量较大样本或多项指标的复杂分类问题依然

---

[1] Li, J., Cheng, J. H., Shi, J. Y. et al., *Brief Introduction of Back Propagation(BP) Neural Network Algorithm and Its Improvement*, Springer Berlin Heidelberg, 2012, pp.275-304.

[2] 李智、赵子先、郑君:《动量梯度下降法训练BP网络》,《内蒙古科技与经济》,2006年第12期。

适用。

此外需要注意的是,传统的词频统计经验公式在一些情形下依然具有不可替代性,将本书建立的神经网络模型与词频统计经验公式相结合无疑是解决词汇分类问题最好的方式。

三、篇章结构

在以上研究总体思路的指导下,为了清晰、有效地呈现各个语种以及各种不同类型语言材料的研究结果并加以分析、讨论和对比,本书除了绪论以外,共分为六大部分。绪论介绍了中国外宣翻译研究现状、本研究的创新之处及研究意义、研究总体思路、研究方法及篇章结构、理论框架。绪论后的六个部分中的第一到第五部分以语种为单位,分别呈现英语、阿拉伯语、德语、法语和俄语的所有研究成果,第六部分是基于前面各个部分研究成果的各个语种之间的比较研究以及宏观理论探讨。这六大部分具体包括:第一部分英语译本海外受众接受情况研究,包括第一章汉语文化负载词英语译本接受情况、第二章汉语语篇英译本接受情况;第二部分阿拉伯语译本海外受众接受情况研究,包括第三章汉语文化负载词阿拉伯语译本接受情况、第四章汉语语篇阿拉伯语译本接受情况;第三部分德语译本海外受众接受情况研究,包括第五章汉语文化负载词德语译本接受情况、第六章汉语语篇德语译本接受情况;第四部分俄语译本海外受众接受情况研究,包括第七章汉语文化负载词俄语译本接受情况、第八章汉语语篇俄语译本接受情况;第五部分法语译本海外受众接受情况研究,包括第九章汉语文化负载词法语译本接受情况、第十章汉语语篇法语译本接受情况;第六部分多语种外宣译本海外受众接受情况与翻译有效性探究,包括第十一章汉语文化负载词多语种译本接受情况及翻译有效性比较、第十二章汉语语篇多语种译本接受情况与翻译有效性比较、第十三章外宣翻译有效性的宏观探究。

各个章节结构既有共性,如相关外宣翻译综述、研究方法、对各个不同研究问题结果的呈现与讨论,又有差异,如个别章节因语种或语料的特殊性,结构布局略有调整。

第四节 理论框架

如第三节总体研究思路及研究方法所述,本研究在聚焦英、法、德、俄、阿五个语种外宣翻译语料中的文化负载词以及语篇探究各个语种受众对译文的接受情况时,视各个语种语料种类、被试情况,采用定量和定性方法收集和分析数据。其中,定量研究在认知社会语言学框架下通过格式塔认知问卷揭示被试对译文的接受情况以及被试社会属性与接受情况的相关性,定性研究则分别运用批判话语分析理论和语篇连贯性分析作为框架,揭示母语者受众对译文的接受情况。本章分别梳理所运用的理论框架。

一、话语分析理论

（一）理据

本研究将运用人际功能语气系统和评价理论作为理论框架,分析研究被试话语背后的态度和立场。何为"话语"？语气系统和评价理论为何能够揭示话语背后的态度和立场？"话语"一直以来被认为是一个棘手和最为混乱的概念,不同的理论和学科从各自的立场上对话语加以界定,形成了有较大分歧,甚至是相互冲突的定义[①]。对"话语"一词的了解大致可以遵循语言学—哲学的路径,由此看出,作为术语,"话语"实现了对语言学的超越,成为人们探讨哲学、社会学、政治学等问题的范畴。在哲学领域,人们对"话语"的理解也不尽相同。其中,巴赫金(Bakhtin)对"话语"的阐释极具启发意义。总的来说,巴赫金的语言观是建立在对索绪尔语言观的批判的基础上。他首先肯定了索绪尔的普通语言学关于语言普遍内在逻辑的研究成果,认为,"这是语言学本身的认知和应用客体所决定的。没有它,人们不可能建立语言的系统。

---

① 费尔克拉夫:《话语与社会变迁》,殷晓蓉译,华夏出版社,2003年。

作为语言学特定客体的语言产生于言语具体现象的抽象化,这种抽象化是合理的、必须的"。同时,巴赫金指出,在运用这些研究成果的基础上,还要超出语言学范围,研究语言之外的言语,认为"语言学从活的语言中排除掉的这些方面,……恰好具有头等的意义"。这"头等的意义"在巴赫金看来就是语言的社会及意识形态功能,是语言与语言使用的环境紧密联系起来的结果。他将这种相互影响的产物命名为"话语","话就是整个活的、具体的言语;话语则是言语的整个具体现象,话语就是陈述文"。在巴赫金看来,话语是可以研究的,这一点显然与索绪尔(Saussure)的言语是不可研究的观点相对立。他认为,话语揭示的不是话语的个体性,因而不是"乱七八糟的一堆离奇古怪、彼此毫无联系的东西"(索绪尔语),而是揭示具有主体性的话语背后的社会性的作用规则。他认为,话语既指具体的语言符号(语言、文字等),也指思想、体验、反映等,其全部特征可以概括为"纯符号性、意识形态的普遍适应性、生活交际的参与性、成为内部话语的功能性,以及最终作为任何一种意识形态行为的伴随现象的必然现存性"①。

本研究将话语视为基于语言学同时又超越语言学的对象,以被试口头话语作为研究语料,运用人际功能语气系统和评价理论,分析和揭示他们话语中隐含的、对译本的态度和立场。

(二)人际功能语气系统

人际功能主要通过语言要素实现,具体通过语气系统(Mood System)来实现,包括主语和限定成分。主语为名词性词组;限定成分为动词性词组,其中的情态系统(Modality System)、归一度系统(Polarity System)是核心②。本研究通过有声思维实验收集各个语种被试对于外宣翻译语料中文化负载词译文接受情况的话语,以韩礼德(Halliday)的语气系统各个要素为分析框架,通过定性方法分析被试话语中的各个

---

① 巴赫金:《马克思主义与艺术话语》,《巴赫金全集》第 2 卷,河北教育出版社,1998 年,第 357 页。
② Halliday, M. A. K.,《功能语法导论》,胡壮麟导读,外语教学与研究出版社,2000 年,第 75 页。

要素的使用情况,运用定量方法加以统计和计算,以揭示话语背后所传递的真实想法。

1. 语气系统

语气系统是系统功能语言学人际功能的基础和核心,表明说话人在言语交际中的作用以及说话人对听众施加的影响。语气系统属于语法系统,但不仅仅局限于语法系统①。语气系统还关注言语交际的语境,即说话人和听众之间的交往互动、人际关系以及观点、信息的交换和改变。语气系统首先关注的是说话人话语的作用,并将话语的作用与功能(speech role & speech function)分为两种:给予(giving)和需求(demanding)。语气依据给予和需求的功能也可以分为两类,即直陈语气(indicative)和命令语气(imperative)。直陈语气用于信息交流,包括陈述语气(declarative)和疑问语气(interrogative);命令语气既可能涉及一般疑问句形式(yes/no),受话人被要求给予明确的是与否的回答,即实现话语的归一功能,也可能涉及对特殊疑问句(wh-)的回答,以便获取更多信息。其中,构成直陈语气的要素(mood element)有主语(subject)和限定成分(definite)。主语为名词性词语,是命题的重要组成部分,表示对命题的肯定或否定判断负责的依据,主要指人称代词,是对某一断言有效性负责的存在②。总体而言,人称代词有三种语法形式,即第一人称(I, we)、第二人称(you)和第三人称(he, she, they, it)。人称代词的使用可以直接表明说话人与他者的关系,也由此使受话人更容易参与言语交际,了解彼此的立场、态度、兴趣等。限定成分为动词性词组,通过时态和情态体系具体呈现。

2. 语气系统的核心——限定成分中的时态和归一度

语气系统中的直陈式语气用来交换信息,而其中的限定成分是一个值得关注的重点。限定成分为动词性词语,具有限定命题的作

---

① Halliday, M. A. K.,《功能语法导论》,第68页。
② Halliday, M. A. K. & C. Mathiessen,《功能语法导论》,外语教学与研究出版社,2008年,第117—120页。

用,使命题成为可议论的、真实存在的概念,同时使命题与语境相关联。如英语中的限定成分可以是时间,通过现在时、过去时和将来时三种时态来区分,表示命题发生的时间线索,以说明说话人命题与当下语境的关系,同时使受话人通过时态了解命题与当下语境的关系。现在时表示当下发生的行为,或者陈述事实,过去时描述过去发生的事情,将来时表述说话人未来的计划,通常与表示将来的时间副词一起出现。

除了时间,归一度也可以做限定成分。归一度用于表明说话人的直观的肯定或者否定的态度。英语中每一个作为限定成分的动词性词组都有两个形式,即肯定形式和否定形式①。本研究在分析有声思维实验被试话语时,运用归一度系统中的肯定或否定来初步判断被试对译文的接受情况。

归一度系统除了态度明确的肯定(yes, so)和否定(not, no)的判断,还有中间模糊地带,即情态(modality),表明的是说话人对其所言的主观态度,即说话人对自己所发表的命题的有效性和成功几率的主观判断,是实现人际功能的核心要素②。情态通过情态动词表达出是否可能、是否必须等不同的判断,从而引发言语交际的继续。韩礼德认为,情态是人际功能等重要组成部分,用以揭示说话人对命题的态度,起到协调关系、展示姿态、表达立场等作用。情态系统包括情态助动词(finite modal operator)、表示情态的附加语(modal adjunct)和情态隐喻(metaphors of modality)。

由于情态系统表明的是"是"和"否"两端之间的模糊地带,韩礼德将情态系统分为高、中、低三个级别,称为情态量值。情态助动词是情态系统里最重要的组成部分,用来表达说话人的态度、证明命题的真伪,包括 may、can、must、shall、will、could、might、should、would、

---

① Halliday, M. A. K.,《功能语法导论》,第88页。
② Halliday, M. A. K. & C. Mathiessen,《功能语法导论》,第143页。

need、dare、ought to 等①。情态助动词也可以分为三个不同的情态量值②。高量值情态动词包括 must、ought to、need、has to、is to,中量值包括 will、would、shall、should,低量值包括 may、might、can、could。一般而言,情态量值越低,情态意义越弱、越委婉③。本研究依据以上不同情态助动词的情态量值可以分析有声思维实验被试表示接受的话语中所使用的所有情态助动词,并由此揭示他们对译文的真实态度。除了情态动词,表示情态的附加语也可以用来表达说话人命题的可能性和时效性,包括语气附加词(mood adjunct)和评注性附加词(comment adjunct)。表示情态的附加语将有助于本研究分析有声思维实验被试话语中表达情态的各类副词的使用情况,从而得出说话人对译文的判断、态度和理解情况。

最后,情态还包括情态隐喻。情态隐喻是语义映射中最为典型的人际隐喻④。说话人凭借投射小句(projecting clause),通过显性或隐性方式表达对命题可能性的态度和立场,即采用一些情态隐喻表达突显或隐藏情态的来源⑤。这些投射小句称为情态隐喻,如 I believe、I think、it seems that ... 等,可以将单向的思维过程通过情态意义转化成投射小句⑥。通过分析有声思维实验被试话语中的情态隐喻,区分情态隐喻的主观性及客观性。如果情态隐喻投射小句表达的是一种主观意向(比如 in my opinion, I think, I guess),说明说话者表述的内容是偏向主观的,是一种推测或给予主观的想象,可能没有客观事实支撑;如果情态隐喻投射句表述是客观的,比如"It is believed that"和"It

---

① Halliday, M. A. K.,《功能语法导论》,第 358 页。
② Halliday, M. A. K., *An Introduction to Functional Grammar*, Arnold, 1994, p.362.
③ 刘慧丹、胡开宝:《基于语料库的莎士比亚戏剧中情态隐喻汉译研究》,《当代外语研究》,2015 年第 3 期。
④ Halliday, M. A. K.,《功能语法导论》,第 354 页。
⑤ 张征、刘世铸:《情态及情态隐喻与学术话语对话空间建构》,《语言学研究》,2016 年第 2 期。
⑥ Eggins, S., *An Introduction to Systemic Functional Linguistics*, Pinter Publishers Ltd., 1994, p.116.

seems that",说明说话人的表述是基于客观事实的,是大众认可的,是普遍接受的,因此客观一些。

3. 小结

本课题组在梳理韩礼德以及其他学者关于人际功能的论述时发现,研究者在介绍系统功能语法的人际功能时并没有对语气、情态和归一度的相互关系给出特别明确、直观的介绍和说明。本研究认为,人际功能考察的是语气系统,而语气系统从语气的作用与功能来看,主要考察直陈式语气和命令式语气;其中,直陈式语气又可以从主语和限定成分两个要素加以分析,主语指名词性词组,限定成分指动词性词组,分为时态和归一度,其中归一度包括断言和否定两个归向极以及中间度即情态(见图6)。

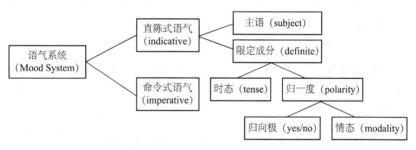

图6 人际功能语气系统各组成要素相关关系

根据图6,人际功能主要通过语气系统体现,而语气就其作用、功能而言可以划分为直陈式和命令式两种语气。其中直陈式语气可以进一步考察主语(名词性词组)和限定成分(动词词组)两个要素。其中限定成分又由时态和归一度来体现:时态有过去时、现在时和将来时;归一度既指态度、立场明确的断言(肯定)和否定,是态度的两极(归向极),又指态度、立场模糊的中间度,即情态,由各种表情态的成分实现。因此,系统功能语言学框架下的人际功能研究侧重的是小句(clause)层面,以语气系统(直陈式/命令式语气)为基础,具体考察的是名词主语、归一度(即小句的断言和否定)、时态、情态动词、情态隐喻(即投射小句)和表示情态的语气附加语和时间附加语。本研究将根据此框架对有声思维实验被试话语加以具体分析,锁定以上各个参数,深层次考察被试话语是如何映射出其对译文的接受情况的。

(三) 评价理论

评价理论,又称评价系统,由詹姆斯·R.马丁(James R. Martin)及其他学者于二十世纪九十年代初提出,用以分析各种话语的实践性和灵活性,该理论的最终确立以马丁和怀特(White)于2005年出版的《语言中的评估——英语评价》为标志。评价理论是"话语语义层面的人际系统"[1],具有阐释功能,是一个全新的词汇-语法分析框架,分析功能语法中的人际意义,聚焦话语中的可协商意识形态以及交际个体如何通过言语使用对事物做出评价,从而研究赋值语义(semantics of evaluation),即研究说(对)话者通过语言赋予语言对象的价值意义[2]。评价理论的核心是"系统",焦点是"评价"。语言被视为分析工具,反映的是语言使用者的态度、观点和立场。因此,通过分析说话人话语中的评价性词汇,可以探知话语背后的意识形态。马丁和罗斯(Rose)指出,评价理论关注话语中各种可以协商的态度,揭示作者或说话人运用语言资源确定自己在言语交际中的地位,构建自己的角色,并且由此协商产生各种不同的关系,从而与持相同见解的读者或听者建立同盟关系,将持不同意见的读者或听者排除在外,以达成交际目的[3]。

1. 评价系统的构成

评价系统包括三个次系统,即态度(attidude)、介入(engagement)和级差(graduation)。其中态度系统是核心,态度系统即语言使用者在心理受到影响后作出的判断和鉴赏;介入系统体现语言使用者是否

---

[1] Martin, J. R. & P. R. R. White, *The Language of Evaluation: Appraisal in English*, Palgrave Macmillan, 2005, p.33.
[2] 王振华:《评价系统及其运作——系统功能语言学的新发展》,《外国语(上海外国语大学学报)》,2001年第6期。
[3] Martin, J. R. & D. Rose, *Working with Discourse: Through Context, Beyond the Clause*, Continuum, 2002, p.48.

承担话语责任，即声音来源；级差系统则是语言使用者态度、介入程度的分级系统。这三个次系统又分别被细化成不同的子系统。

态度次系统在评价语言资源中表达说话人情感、判断以及对人的行为、事物、自然现象的鉴赏，它"不仅揭示话语者的情感、价值观，也与他们话语所阐释的立场、观点相关，主体运用话语构建话语主体与实际或可能交流对象的同盟与友好关系，是感情表现、加强和反应（affect），道德判断（jugment）和美学评价（appreciation）"的选择资源[1]。态度次系统又包含三个子系统，分别是情感、判断和鉴赏。其中，情感表达的是对人的情感，判断是人的性格和行为的评价，而鉴赏评价的是事物的价值[2]。

介入次系统是对对话性语言学的发展。马丁和怀特认为，介入系统是用来描述那些把某一话语或是语篇建构为一个多声的场所的意义类型[3]。这一多声的话语场所混杂了对先前话语、不同观点的话语以及（作者）期待产生的话语。介入次系统关注意见与观点，即与不同意见和观点的不同处理有密切联系[4]。说话者或作者通过介入手段表达对其话语所承担的责任和义务。介入次系统又可分为自言/单声（monogloss）和借言/多声（heterogloss）两个子系统。自言/单声排除对话性，只有单声，没有投射，即语篇只有说话人或作者的声音，无其他不同观点的介入，表达的是语言使用者的主观性。借言/多声指说话人或作者意识到言语交际中不同声音存在的情形，由投射（直接投射、间接投射、话外投射和领域投射）来实现[5]。借言/多声是对自言/单声的继承和发展，又被细分为收缩（contract）和扩展（expand）两种策略，即在多声的话语场所中，评价语言使用者可以采取话语收缩和话语扩展的不

---

[1] Martin, J. R. & P. White, *The Language of Evaluation: Appraisal in English*, Foreign Language Teaching and Research Press, 2008, p.2.
[2] 李战子:《评价理论：在话语分析中的应用和问题》,《外语研究》,2004年第5期。
[3] Martin, J. R. & P. R. R. White, *The Language of Evaluation: Appraisal in English*, Palgrave Macmillan, 2005, p.97.
[4][5] Ibid.

同策略,它们处于一个对话意义连续体的两个极点。其中话语收缩即自言/单声,语言使用者通过反对或者压制某种话语声音的存在而产生单声的话语,它包含两个子系统:否认(disclaim)和宣称(proclaim)。否认指某些话语立场或声音被直接拒绝、替换或被认为"不合适"①。宣称指说话者或作者明确地提出某一观点,进而排除其他的选择和立场。通过分析话语收缩中否认和宣称的具体情况可以较为直接地反映受试者对于译文的整体接受情况,即否认词汇越多,表明受试者们对译文的接受情况较差,宣称词汇越多则接受情况较好。与收缩不同,话语的扩展是指说话者或作者包容、照顾他者的声音,给与他者话语空间,而不是对他者声音压制或排斥,是一种关注主体间性的、复调的话语,因此是多声的。扩展又可以分为引发(entertain)(表明对不同意见的不确定性和主观判断)和摘引(attribute)(表示对不同意见来源的认定)两种不同的策略。引发可以帮助作者或说话人避免因自身的不确定性而产生过于绝对肯定的表述,摘引则可以有助于说话人或作者免责②。说话人或作者运用引发越多,越表明其对话语的不确定性,摘引越多则表明其对不同观点的认可。

当感受被夸大,导致以上各类子系统或更小的类型之间界限模糊时,级差次系统就可以用来对模糊的语义进行分级③。级差次系统是用于补充分析态度和介入两个次系统的,是对它们的分级工具。级差次系统包括两个附加子系统:语势(force)和聚焦(focus)。语势是对态度或介入次系统程度强弱或数量多少情况的描述,包括强势(raise)和弱势(lower)的程度,如"**很**美""**极**小的保障";聚焦指对不能有程度强弱区分的态度资源的分级,通过明显(sharpen)或模糊(soften)手段实现,如"**真**汉子""**伪**君子"。换言之,级差反映的是评价的强弱程度。值得注意的是,级差次系统本身并不能直接反映出说话人或作者的态度,

---

① 刘立华:《评价理论研究》,外语教学与研究出版社,2010年,第59页。
② 张德禄、刘世铸:《形式与意义的范畴化——兼评〈评价语言——英语的评价系统〉》,《外语教学与研究》,2006年第6期。
③ 同上。

必须在考察了态度和介入两个次系统的基础上,进一步考察级差,从而确定态度和介入的强弱程度。

如前所述,本研究将被试有声思维实验中的口头话语语篇作为研究语料,运用评价理论中的态度、介入和级差次系统作为框架,分析被试口头语篇中的评价词汇的运用情况,揭示他们话语中隐含的、对译本的接受情况。

二、认知社会语言学

认知社会语言学研究兴起于二十一世纪初,国内外研究方兴未艾,是本研究的理论依据之一。认知社会语言学最早的研究成果发表于2008年的《语言与语言学》期刊,是一门基于认知语言学与社会语言学的交叉学科。该学科不仅探讨意义与社会属性的关系,同时也试图为语言的社会属性寻求认知领域的解释框架,不论在认知语言学还是社会语言学,都"为解决旧的问题提供了一个新的视角"[1]。其核心目的是在语言使用(usage-based)的层面促进语言的社会-认知维度发展。认知社会语言学强调两点:从社会文化视角研究认知和语言;运用实证研究方法,在社会语境中分析语言材料,考察语言与认知问题。因此,该学科注重将认知语言学理论与方法,如原型理论、概念转隐喻的研究成果与社会语言学理论和方法相结合,将社会、个体、机构的相互关系有机结合在一起。

克里斯蒂安森(Kristiansen)和德温(Dirven)认为,认知社会语言研究主要涉及四个方向:1)构建该领域基本理论框架,包括语义及社会变异两个要素;2)文化认知模式研究;3)基于语言使用和语料库的语言变异认知模式研究;4)语言与社会文化、社会经济及意识形态研究[2]。正如克里斯蒂安森和德温所指出的,认知社会语言学是一门"新兴但仍缺乏系统

---

[1] Kristiansen, G. & R. Dirven(eds.), *Cognitive Sociolinguistics: Language Variation Cultural Models, Social Systems*, Mouton de Gruyter, 2008, p.4.

[2] Ibid.

性"的研究领域,需要更多的学者进行尝试,展开研究,以奠定更系统、扎实的理论基础。本研究对外宣翻译接受情况进行考察时,以认知社会语言学作为研究框架,以具体的语言使用为研究对象,运用格式塔认知问卷,通过实证方法,获取母语者被试对中国对外宣传语料中各类反映中国特色的词语翻译的认知接受情况,并在此基础上进行翻译有效性探讨。

三、语篇分析

(一) 语篇动态分析

本研究从语篇层面研究海外受众对译本的接受情况时,关注语篇读者对语篇的认知情况,并且主张将语篇的动态分析纳入语篇认知的研究中。

对语篇的认知研究是认知语篇学的关注点,其主要目标在于"将语篇的生成与理解纳入人类的一般认知模式,在人类的一般认知模式中寻找语篇的生成与理解的心智表征的对应物"[①]。认知语篇学认为:第一,语篇的组织方式不是任意的,是语篇生成者认知活动的结果,体现了语篇生成者的认知模式;第二,语篇的意义"不是先定的、等待语篇接受者去发现的客观存在,而是语篇接受者的认知与语篇之间互动的结果"[②]。语篇生成者首先发出一系列心智层面的操作指令,随后,希望语篇接受者能够建立起相应的心智表征,即激活接受者的心智,包括语言语境、物理环境、文化语境、百科知识、认知模式、推理能力[③]。认知语篇学的观点对于探究语篇翻译在受众群体中的认知度具有十分重要的指导意义。外宣翻译中的汉语源文本语篇旨在向海外读者介绍和传播中国的文化、历史和社会面貌,语篇在生成过程中体现了语篇生成者的认知特点。而语篇翻译过程是从源语语篇向译语语篇转换、生成新的语篇的过程,在这个转换过程中需要考虑如何将语篇作者的认知模式通过译文转换成译文读者能够理解和接受的语篇。但是这一过程十

---

① 朱长河、朱永生:《认知语篇学》,《外语学刊》,2011年第2期。
②③ 同上。

分复杂,不仅包含符合转换,还包含逻辑转换和连贯结构重构①,就会发生由源语语篇常量到译语语篇变量的变化,深层次剖析这一变化有助于探究语篇翻译接受情况及翻译有效性问题。

认知语篇学的研究问题就是聚焦这一个复杂的转换过程,探究语篇的内在结构是如何在读者心智中得以表征的②。本研究认为,这里的内在结构是对语篇的静态分析,包括主位-述位推进程序以及实现该推进程序的各种手段,具体框架见下一小节"语篇静态分析"。而内在结构在读者心智中的表征则需要借助于动态分析,即通过研究译文语篇读者对语篇的实际理解反馈来实现。具体步骤包括:第一,分别分析汉语源语篇和译文语篇的语篇情况,分析框架见下一小节图9。第二,在多语种母语者中进行有声思维实验质性研究,被试在阅读完语篇后完成三个任务:(1)概述语篇大意;(2)指出能够理解的句子,并对句子进行释义;(3)指出不能理解的句子,指出不理解的地方并说明原因。第三,通过分析被试对第一个问题的回答可以了解译文语篇整体理解情况,因为对于语篇语义的理解首先必须是对于语篇整体大意的理解③。而对于第二和第三个问题的回答有助于锁定语篇中接受情况好和不好的部分,再结合第一步对于译文语篇的静态分析结果,探讨译文语篇处理方法的长处及不同,同时通过与汉语源语篇静态分析的对比,从语篇生成者和语篇接受者两个视角进行对比分析,从而实现了译者和读者的交往互动,并进而探讨翻译有效性问题。需要强调的是,针对译语语篇接受情况质性研究的三个任务分别具有不同的作用:第一个任务侧重大致了解被试对语篇主题的理解,不作为判断语篇接受情况的直接依据;第二和第三个任务分别针对被试对语篇中可以理解和理解有障碍的具体语义的反馈,再结合语篇静态分析的结果,逐个对语篇接受情况进行动态与静态相结合的分析和讨论。

---

① 张磊、宋起慧:《语篇分析对译者视角的导向作用》,《现代语文(语言研究版)》,2015年第11期。
② 朱长河、朱永生:《认知语篇学》,《外语学刊》,2011年第2期。
③ 张德禄:《语篇连贯的宏观原则研究》,《外语与外语教学》,2006年第10期。

语篇从形式上看是由一组相互联系的句群组成①,从功能上看,一个语篇就是一个交际事件(communicative event)。因此,对语篇形式的分析是静态的,而对语篇交际过程的分析则必须是动态的,因为一个语篇本身并没有什么意义,只有当语篇生成者语码中保存的认知信息被语篇接受者成功激活,并与其头脑中存储的知识的相互作用才能实现语篇的意图性,语篇才是可接受的②。依据此观点,语篇翻译是源语语篇、译者、译文语篇和译文读者之间共同构成的交际事件。海姆斯(Hymes)认为,言语交际事件涉及八个要素,可以用英文缩略词 SPEAKING 表示,即场所/场面(Settings/Scenes)、参与者(Participants)、交际目的(Ends)、行为序列(Act Sequence)、基调(Key)、媒介/手段(Instrumentalities)、交往及解释规约(Norms of Interaction and Interpretation)、体裁(Genre)。其中,场所/场面以及交往及解释规约涉及交际的物理语境和文化心理语境③。由此可见,语篇翻译是一个十分复杂的交际过程,在这个交际事件中,语篇生成者由源语语篇作者和译者共同组成,译者既是源语语篇的接受者,又是译语语篇的生成者,他在语篇转换过程中要同时兼顾该交际事件中的八个影响要素,尤其要预判源语语篇生成者与译文语篇接受者彼此互动以产生语篇意义过程中可能出现的语言形式,尤其是语义连贯方面的问题,以促成语篇意义的生成,确保实现翻译有效性。图7概括了语篇翻译交际事件各个要素的相互关系。

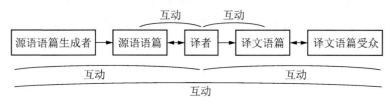

图7 语篇翻译交往互动模型

---

① 张德禄:《语篇连贯与语篇的非结构性组织形式》,《外国语(上海外国语大学学报)》,1993年第3期。
② Beaugrande, R. D. & W. Dressler, *Introduction to Text Linguistics*, Longman Group Ltd. 1981, p.6.
③ 参见侯旭:《社会语言学》,东南大学出版社,2010年,第69页。

(二) 语篇静态分析

1. 语篇连贯与主位结构

语篇指的是实际使用的语言单位,是交流过程中的一系列连续的语段或句子所构成的语言整体。从功能上来说,它相当于一种交际行为。语篇与非语篇之间的区别在于语篇具有连贯性[①],语义连贯是构成语篇的关键。

韩礼德和哈桑(Hasan)指出,语篇连贯表现在语境和语篇语义两个方面[②]。语境的连贯由语域一致性(Register Consistencey)体现,其影响因素包括语场(Field)、语旨(Tenor)和语式(Mode)[③]。本研究在选择语篇语料时首先在语境连贯性方面进行了筛选,以确保语篇在语域上的一致性,即均为书面语,说明文,其目的都是向海外读者介绍中国文化。而语义的连贯由概念意义(及物性结构)、人际意义(语气结构)和谋篇意义(主位结构、信息结构和非结构性衔接)实现。其中,谋篇意义的各个组成成分如主位、信息和衔接又可以通过表示人际意义、概念意义的成分体现[④]。因此,本课题从语篇层面研究译文的接受情况与翻译有效性问题时,选择谋篇意义这一最大的分析层面,对译文语篇逐一进行分析。

谋篇意义中的主位结构由主位(Theme)和述位(Rheme)构成。主位是传递表达信息的起点,是话题,用确定语篇的结构框架;述位是对主位的展开[⑤]。而主位又是一个非常复杂的概念,因其在句子中所处的位置、所具有的功能不同又可以分成不同的类型。朱永生用以下例句呈现了主位的各种类型及标记主位和无标记主位[⑥]。

---

① 张德禄:《语篇连贯与语篇的信息结构——论语篇连贯的条件》,《外语研究》,1992年第3期。
② Halliday, M. A. K. & R. Hasan, *Chesion in English*. Longman, 1976, p.23.
③ Halliday, M. A. K., *Language as Social Semiotic: Social Interpretation of Language and Meaning*, Edward Arnold, 1978, p.145.
④ 张德禄:《主位结构与语篇连贯》,《外语研究》,1994年第3期。
⑤ 同上。
⑥ 朱永生:《主位与信息分布》,《外语教学与研究》,1990年第4期。

(1) Well but then/Ann surely would't/be the best idea/to join the group.
   语篇主位(标记)人际主位(标记)   话题主位   述位
(2) This watch John's aunt left him.
   主位(标记)   主语(述位)

可以发现,例句(1)中,主位占据了该句子的大部分结构,有三种不同类型。第一个 well but then 是衔接手段,虽然位于句子的开头,却没有传递话题信息,叫语篇主位;第二个表示态度和情态的人际意义,也没有涉及话题信息,叫人际主位;只有第三个才真正传递话题信息,叫话题主位。由于句子主位的这种复杂性,学者称位于句首的、传递句子被谈论对象的主位为无标记主位(unmarked Theme),而那些虽然位于句首,却没有传递话题信息的为标记主位(marked Theme)。也就是说,主位结构由于其居于句首的位置上的优先条件,可能同时具有话题、衔接、人际的功能,并且这些不同的主位拥有一个共同的述位。同时,当我们把句子的主述位与句法结构对比时可以发现,一般情况下,句子的主语应该同时也是句子的主位,此时主语就是无标记主位,但是位于句首的成分也很有可能不是主语,而是其他成分,语篇生成者为了强调这个信息把它放在了句首。如例句(2),从该句的句法结构来看,该句子的主语 John's aunt 反而成为了述位,而位于句首的话题主位 this watch 实际上是句子的宾语。

语篇主位对语篇连贯的贡献在于:首先,主位的选择从局部上将不同的小句从语义上连接起来;其次,主位的选择从整体上将新旧信息形成有机整体;第三,主位将语篇与情景联系起来,使语篇更适合于情景[1]。在进行语篇连贯性分析时,主位的推进程序(thematic progression)分析将成为重点,主位推进程序是指语篇主位结构间的这种复杂的关系,它预示着语篇是如何通过主位选择将语篇生成者的意图呈现给读者的。学界对于主位推进程序的结论不仅相同,表3列举了不同

---

[1] 张德禄:《主位结构与语篇连贯》,《外语研究》,1994 年第 3 期。

学者的划分方法①。

表 3　主位推进程序

划分方法	具体类型	类型说明
Г. Я. Солганик/van Dijk 二分法	平行结构	思维平行特点
	链式结构	思维链式发展特点
Danes 五分法	简单线性主位	前一句的述位是后一句的主位
	连续主位	一组小句的主位相同,述位变化
	派生主位	由一个"超主位"或上义主位派生出一组"下义"主位
	分裂述位	一个较高层次的小句的述位的分裂成为以下几个小句的主位
	跳跃主位	主位推进程序中省略了一节或多节主位链环
徐盛桓四分法	平行性	第一句的主位为出发点,以后各句均以此句主位为主位,分别引出不同的述位
	延续性	前一句述位作为后一句的主位,述位是新信息
	集中性	第一句主述位出现以后,后面出现新主位,但述位同第一个述位
	交叉性	前一句主位成为后一句的述位,以此类推
黄衍七分法	模式一	一组小句的主位相同,述位变化
	模式二	第一小句的述位是第二小句的主位,第二句主位引出新的述位,该述位又引出下一句的主位
	模式三	各句述位相同,各句不同主位都归结为同一个述位

---

① 徐盛桓和黄衍在论述主位和述位问题时介绍了国外学者的相关研究,并提出了自己的见解。具体见徐盛桓:《主位和述位》,《外语教学与研究》,1982 年第 1 期;黄衍:《试论英语主位和述位》,《外国语(上海外国语学院学报)》,1985 年第 5 期。

续表

划分方法	具体类型	类型说明
黄衍七分法	模式四	上一小句的主位成为下一小句的述位,以后各句以此类推
	模式五	奇数、偶数句子主位分别相同
	模式六	第一句述位成为以后各句的主位
	模式七	各句主位、述位无明显联系

本研究在分析主位推进程序时,根据各个语种语篇的特点,采用但奈什(Danes)的划分方法。同时,由于语言的概念、人际、谋篇功能彼此交错融合,在分析译文语篇推进模式时,需要一一还原①。结合被试话语反馈中对于语篇整体大意以及对各个小句的理解情况,具体分析主位中不同类型如话题主位、语篇主位、人际主位的理解情况,以及述位的情况②,同时结合衔接手段的理解情况。在这个分析过程中,信息变化将穿插其中,即在分析主位、述位、衔接时都同时关注新旧信息在其中的保留、变化以及传递信息的概念与文化认知的关系,已判断信息是如何实现从已知信息到新信息的发展的,从而如何实现和确保语篇的连贯性。分析框架见图8。

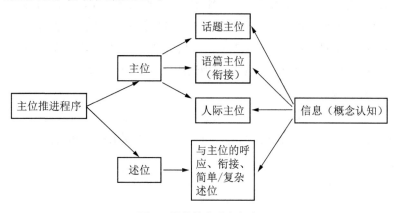

图8 语篇静态分析框架

---

① 周晓康:《韩礼德的〈语篇与语境〉简介》,《国外语言学》,1988年第2期。
② 程琪龙:《复杂述位》,《汕头大学学报》,1994年第2期。

2. 语篇衔接手段

语篇由一个以上的语段或句子组成,其中各成分之间,在形式上是衔接(Cohesion)的,在语义上是连贯的(Coherence)。连贯性是区分语篇与非语篇的关键,而衔接有助于实现语篇的连贯。语篇中的句子能够相互联系、形成一个有机整体主要有三个条件:(1)句子与句子之间必须要相互连接,相互照应;(2)整个语篇从内部讲能够形成一个有机整体,各成分之间以各种不同的形式相互连接;(3)从外部讲与情景相联系,根据情景的需要发挥其适当的作用[1]。

韩礼德把英语中实现句子与句子间的衔接手段分成五大类[2]:照应(reference)、省略(ellipsis)、替代(substitution)、连接词语(conjunction)和词义衔接(lexical cohesion)。前三种属于语法衔接(grammatical chohesion)。词义衔接包括词义复现(reiteation)和搭配(collocation),前者包括重复(repetition)、同义词近义词(synonym/near-synonym)、上下义词(superordinate/hyponym)和概括词(general-word),后者包括词义同现,指属于同一语义场(semantic field)的词,统称为共下属词(co-hyponyms)[3]和具有结伴共现关系的词汇。语法和词汇衔接手段具有明显的形式特征,是显性的衔接手段。同时,语篇各个组成成分之间还存在隐性的衔接,如张德禄、刘汝山认为,隐性衔接手段指情景性或背景性省略[4]。本研究认为,语篇的内在逻辑、修辞手法的运用和社会文化语境是实现语篇衔接的隐性手段。

3. 语篇信息结构

连贯的语篇能够成功传递信息,信息经由读者以及与语境的互动被激活,从而在语篇接受者心智上得以表征,实现语篇交际行为。在这

---

[1] 张德禄:《主位结构与语篇连贯》,《外语研究》,1994年第3期。
[2] Halliday, M. A. D. & Hasan, R., *Language, Context and Text*. Deakin University Press, 1985, pp.288-289.
[3] 林纪诚:《英语语篇中词汇衔接手段试探》,《外国语(上海外国语大学学报)》,1986年第5期。
[4] 张德禄、刘汝山:《语篇连贯与衔接理论的发展及应用》,上海外语教育出版社,2003年,第20页。

一过程中,信息需要深入分析,如信息结构的类型、信息承载体类型、信息与篇内语境、篇外语境的关联方式,等等。从信息结构上看,信息可以分为无信息、已知信息、新信息以及已知信息+新信息。已知信息包括上文出现的或者受众已知或可以预测的信息,而新信息指语篇中尚未出现,或者根据语境难以判断的信息①。从语篇参与者角度来看,不论已知信息还是新信息都由语篇生成者发出,其目的都指向语篇接受者,希望接受者在已知信息和构成已知语境的各个要素以及接受者认知模式、背景知识等因素的帮助下接受并理解新信息,从而实现语篇交际。尤其是一个语篇往往由已知信息和新信息交替推进,位置不固定,形成不同的新信息中心链(New focus chains)。这些链条可以与分析主位推进模式相结合,具体展示信息链与主位结构推进的相互呼应,同时,信息链的发展由各种衔接手段实现。

这里重点论述信息链与主位结构的关系,为课题语篇分析奠定基础。主位结构的推进在本章"语篇连贯与主位结构"中已经讨论过,这里从信息角度讨论如何与主位结构相结合。图9大致梳理了其中各个影响要素可能存在的相互关系。

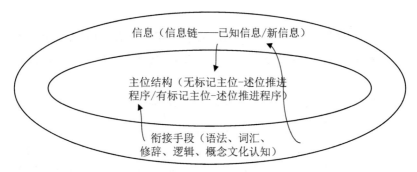

图9　主位结构与信息结构各个影响要素的相互关系

(三)汉语语篇分析的若干问题

如前所述,本研究基于认知语篇学观点,运用实证研究方法,通过有

---

① 朱永生:《主位与信息分布》,《外语教学与研究》,1990年第4期。

声思维实验获取被试对译文语篇理解情况的反馈,再结合汉语源语和译文语篇的静态分析,找出语篇接受者对译文语篇主位-述位结构、衔接、信息接受、概念认知等的心智表征情况,进而探讨翻译有效性问题。

这里就涉及汉语语篇分析问题。在分析汉语源语语篇时,首先,我们需要明确语篇分析中术语的使用。方琰认为,汉语语篇也存在主位—述位结构①。其他学者在研究汉语语篇时也都沿用了英语语篇研究的术语,如衔接、连贯、信息等②。因此,本研究在分析汉语语篇时使用目前语篇研究,尤其是英语语篇研究通用的术语,一方面便于分析时术语的统一,另一方面也是为了便于与译文语篇对比。其次,我们要明确汉语的特点。在语素、词、短语、句子、句群这五级语言单位中,汉语的语素、音节、短语、句群的结构比较稳定,身份更容易辨识,具有共起性特征,因此,在语篇中的地位也比较重要。而词和句子则有较大的依附性③。汉语的句法除了单句和复合句以外还经常出现句群④。在汉语中,句群指"比句子大一级的语言单位,它由两个以上的单句或者复句组成"。句群中的句子本身形式上是独立的,但是语义是相关联的。如方琰用以下例子说明汉语中句群的形式和特点⑤。

它(T1)(自由主义)是消极的东西(R1),(它)(T2)客观上起着援助敌人的作用(R2),因此敌人(T3 = R2)是欢迎我们内部保存

---

① 方琰:《试论汉语的主位述位结构——兼与英语的主位述位相比较》,《清华大学学报(哲学社会科学版)》,1989年第2期。
② 此类研究较多,如阮玉慧《汉语语篇衔接手段与英译策略探析》[《安徽工业大学学报(社会科学版)》,2008年第5期]、曹继阳、李泉《汉语口语篇衔接手段与衔接成分——基于经典情景喜剧〈我爱我家〉的研究》(《语言文字应用》,2019年第2期)、邓艳芝《韩汉语篇翻译的衔接手段比较研究》(《现代语文》,2019年第8期),等等。
③ 钱乃荣:《现代汉语的特点》,《汉语学习》,1990年第4期。
④ 关于汉语句群,有的学者如王国璋等认为它属于语法范畴,有的学者如吴应天则认为它属于章法。但是学者一致认为,汉语的句群是大于句子的语言单位,具有一个明晰的中心语义。参见周烈、蒋传瑛:《阿拉伯语篇章语言学》,外语教学与研究出版社,2001年,第280—281页。
⑤ 方琰、艾晓霞:《汉语语篇主位进程结构分析》,《外语研究》,1995年第2期。

自由主义的(R3)。

从上例可以发现,句群是汉语的一个语法单位,它由若干个单句和(或)复句组成,句群中的句子用逗号隔开,句群与句群间用句号隔开。一个语篇就是由若干个这样的句群组成。因此,在分析汉语语篇时,为了真实呈现汉语语篇的原貌,我们首先把一个语篇按照句群标号,再具体分析每一个句群内的复杂句或单句的主位-述位推进情况,并同时分析主述位与信息类型和衔接手段的对应关系。这是因为汉语句群中句子和句子之间多使用逗号,显性指称词少,关联成分少,使得篇内句量多且松散,呈块状性和离散性的特点。因此,我们在分析汉语语篇时以句群作为分析单位,再具体分析该句群内的主述位情况或者主位推进程序。第三,关于语篇主位进程结构,马丁(Martin)补充了语篇主位和段落主位的层面①。我们认为,由于汉语语篇中存在句群这一独特的语法特征,对于汉语语篇谋篇意义的分析不仅要聚焦语篇、段落、句子与句子之间的信息推进情况,还要关注句群与句群之间的意义推进情况,可以由图10表示。

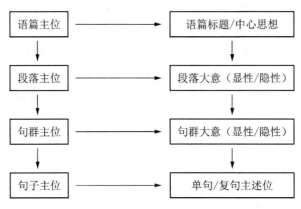

图10 汉语语篇主位进程结构

研究多语种译文语篇接受情况,除了需要关注源语和译语语篇句

---

① 参见方琰、艾晓霞:《汉语语篇主位进程结构分析》,《外语研究》,1995年第2期。

子间的连贯性,即微观结构以外,还需要注意二者在语篇结构方面的差异。"结构"是"各个组成部分的搭配和排列"①。语篇结构指语篇中各个组成成分之间语义的关系、发展,对语篇结构的研究关注各个成分之间的整体性、逻辑性,是语篇研究的宏观视角。在语篇转换中,源语与译语语篇结构的差异反映了不同语言背后思维的差异。思维指用概念、判断、推理等形式反映客观现实的过程,是人脑对客观现实的反映,它是在表象、概念的基础上进行分析、判断、推理等认知活动等过程,是人类一种特有的精神活动②。思维影响着语言,语言反映了思维。语言与思维的这种密切关系体现在语言的各个方面,包括语篇的结构方式和特点上。汉语语篇结构受到中国人"求整体、求笼统、求综合、重直觉"的"天人合一"思维方式的影响,呈现出圆式、聚集式的特点。"在语篇结构安排上,表现出习惯于绕弯子。避开主题,从宽泛的空白和时间入手,从整体到局部。从大到小,由远及近,从总体到一般,把自己的观点和内容保留到最后或含而不露,是潜隐式的思维方式。这一点已为中国学者的经验性研究所证实。"③而本研究中涉及的其他语种在语篇结构上具有与汉语不尽相同的特点,我们将在第四章、第六章、第八章、第十章和第十二章英语、阿拉伯语、德语、俄语和法语语篇接受情况与翻译有效性研究中具体论述,并结合被试反馈,与汉语进行对比和讨论。

综上,本课题在对译文语篇接受情况进行研究时,基于认证语篇学的观点,探究语篇接受者对译文的心智表征,用动态分析与静态分析相结合的方法,以译文语篇静态分析为基础,以接受者反馈为导向,同时回归到源语语篇和译语语篇,再结合这两种语篇的静态分析结果,包括语篇结构、主位结构、信息、衔接等,探究语篇接受情况背后的原因,进而探讨翻译有效性问题。该分析框架同时运用于本书第二章、第四章、第六章、第八章、第十章及第十二章的研究和分析。

---

① 中国社会科学院语言研究所辞典编辑室:《现代汉语词典》,商务印书馆,2002年,第646页。
② 参见王扬:《英汉语篇思维模式与结构》,《内蒙古大学学报(人文社会科学版)》,2000年第6期。
③ 王扬:《英汉语篇思维模式与结构》,《内蒙古大学学报(人文社会科学版)》,2000年第6期。

第一部分
英语译本海外受众接受情况研究

第一章　汉语文化负载词英语译本接受情况

第一节　汉语文化负载词及英译研究

随着中国国际地位的提升，特别是 2001 年中国加入世界贸易组织以来，中国的国家软实力日益增强。习近平总书记在 2013 年 12 月 30 日主持中共中央政治局第十二次集体学习时提出，"提高国家文化软实力，关系'两个一百年'奋斗目标和中华民族伟大复兴中国梦的实现"，"提高国家文化软实力，要努力提高国际话语权，要加强国际传播能力建设"。在这样的背景之下，外宣翻译成为语言文化传播的重要手段，而传承着中国文化的文化负载词翻译对外宣翻译提出了挑战，外宣翻译中文化负载词的翻译效果如何将在一定程度上影响外宣翻译的总体有效性，影响对外文化传播的效果。目前关于汉语文化负载词翻译的研究不少，从目标语受众角度研究翻译接受情况的研究却不多，尤其缺乏实证研究。本研究选取 2009 年至 2017 年《孔子学院》期刊的汉英版本为语料，锁定"印象九州""中国风尚""文化博览""说古论今"等专栏，聚焦其中的汉语文化负载词及其英文翻译，运用语料库和神经网络模型得出实验材料，实施有声思维实验，获取被试对汉语文化负载词接受情况的话语语料，并以话语分析理论为框架，进一步揭示被试话语背后的深层原因，希望对提升外宣翻译有效性提供一些实证依据，并进一步启发翻译理论和策略的研究。

一、文化负载词

(一) 相关术语及概念界定

语言是文化的重要组成部分,反映并促进文化的发展,同时也受到文化的影响。词汇是语言中基本和十分重要的组成,折射出独特的文化特色,具有丰富的文化内涵。词汇中那些具有独特文化特征的部分很早就被学者关注,并且被冠以不同的术语。在中国,最早引进国外相关研究的学者是王德春先生。他基于前苏联语言国俗学的研究,在研究汉语国俗语义的基础上提出了"国俗语义学"及"语言国情学"概念,并由此将"国俗词语"术语引进中国学术界。其后,又有中国学者受到英语国家相关研究的影响,将此类词语的英文术语如 culture-loaded terms、culturally-loaded words 译为"文化负载词"。进入二十一世纪以来,中国学界多采用"文化负载词"这一表述方式。本研究认为两种术语无本质差别,因此在文献综述时同时涵盖国俗词语和文化负载词的相关研究成果。

王德春先生将"国俗词语"界定为"与我国的政治、经济、历史、文化和风俗有关的,具有民族文化特色的词语。简言之,即具有国俗语义的词语"①。梅立崇认为,"所谓国俗词语,就是别的语言中无法对译的词语,或者说是别的语言中很难找到与之完全对应的'非等值词语'"②。可见,两位学者分别从不同的视角对国俗词语加以界定。前者立足自我,概括了此类词语应该涵盖的、足以反映本民族文化的各个方面,后者则从跨文化视角出发,强调他者与自我的不同,突出了非等值性。

随后,其他学者也陆续对文化负载词进行了界定,如包惠南教授认为,"每一种语言都是一个国家、民族文化发展的产物,都有着其久远的历史背景和丰富的文化内涵。每个国家、每个民族都有其独特的发展历史、社会制度、生态环境、宗教信仰、民族风情等,因此每一种语言都

---

① 王德春主编:《汉语国俗词典》,河海大学出版社,1996年,第83页。
② 梅立崇:《汉语国俗词语刍议》,《世界汉语教学》,1993年第1期,第33页。

有其特定的词汇、成语、典故等'文化负载词(culturally-loaded words)'反映这些观念和事物"①。王丽慧指出,文化负载词的表层指称意义相同,但其联想意义或深层含义不尽相同甚至相反,因此,文化负载词指那些概念意义不一致的词语②;陆莺聚焦文化内涵的缺失,认为不同国家和民族独特的历史进程沉淀在语言文化中,成为语言中的"隐含知识",对于其他文化而言就构成了"文化缺省",文化负载词就是文化缺失的体现③。在翻译学领域,文化负载词指那些在目标语文化中缺失对等表达的源文本词汇,包括具体和抽象概念词汇,与宗教信仰、社会习俗或饮食文化相关。这些"非等值词语"在源语言中所附带的文化内涵在目标语文化中是缺失的④,因此很难在目标语中找到等值对应词,即两者并非一一对应的关系⑤。文旭也指出,文化负载词翻译中存在词汇空缺现象,即"在一种语言的某一词汇场内,某一结构位置上缺失一个词项,或者说,当一种语言的词汇结构表明某个概念可能或者应该被词汇化(用词汇表达出来)但却没有,这时就出现了词汇空缺"⑥。

虽然目前学者对文化负载词的概念界定各有不同,但基本上涉及了以下方面:1)文化负载词都具有丰富的文化意义;2)文化负载词对于某一民族或文化而言具有独特性;3)在其他语言中很难找到等值对应词;4)文化负载词既有外延意义,也有内涵意义。据此,本研究将文化负载词定义为"具有文化外延和内涵意义的、对于其他语言而言具有非对等性、反映一个民族独特的生存条件、地理环境、宗教信仰、社会制度和思维方式的词语"。

---

① 包惠南:《文化语境与语言翻译》,中国对外翻译出版公司,2001年,第341页。
② 王丽慧:《文化等值视角下中国文化负载词的翻译》,《河南科技大学学报(社会科学版)》,2014年第2期。
③ 陆莺:《论异化翻译的最优化》,《四川外语学院学报》,2004年第5期。
④ 包惠南:《文化语境与语言翻译》,第10页。
⑤ 梅立崇和毛华奋分别在《汉语国俗词语刍议》和《论义的国俗性与国俗词语的可译性》中具体论述了汉语国俗词的文化独特性以及翻译问题。
⑥ 文旭:《词汇空缺的发现程序和认知理据》,《四川外语学院学报》,2003年第5期。

(二) 汉语文化负载词分类

目前学界对于汉语文化负载词的分类尚无统一标准,原因可归因于文化自身的复杂性和多样性。国内外研究者对文化的界定超过一百种。纽马克(Newmark)将文化分为五类,即生态文化、物质文化、社会文化、组织机构文化以及姿态、习惯文化[1]。奈达(Nida)从翻译视角将文化分为生态、物质、社会、宗教和语言五大类[2]。中国学者则直接对文化负载词进行分类。王德春将国俗词分为七大类:1)反映中国特有事物的词,外语中没有对应词的词语,如"太极""四化";2)具有特色民族文化色彩的词语,除了表示实物意义外,还有特殊的民族文化含义,如"竹子"既表示某种植物,又有"清雅脱俗""坚强不息"的含义;3)表示独特历史、文化背景意义的词语,往往与历史典故有关,如"红豆"寓意相思;4)国俗熟语,包括成语、谚语、俗语、警句、格言、歇后语、惯用语等,如"揠苗助长""掩耳盗铃"均出自古代寓言故事;5)习惯性寒暄用语,如"哪里哪里"表示自谦,"吃饭了吗"用来打招呼;6)具有修辞意义的人名,如"刘阿斗"表示不努力,"西施"表示美丽的女子;7)多义词语,如"饺子"既是一种中国传统食物,也有喜庆吉祥的寓意[3]。

梅立崇基于王德春先生的分类方法,对汉语国俗词语重新进行了分类,有以下五类:1)名物词语,指反映汉民族特有的物质文化的词语,包括器物、服饰、食物、建筑、运动项目、文艺项目等;2)制度词语,指反映中国社会特有的社会政治经济、意识形态、行为规范的词语。此类词语极具时代特点,也常常使用缩略形式;3)熟语,包括成语、惯用语、俗语、格言、谚语、歇后语等。此类词语往往具有意义的双层性,既有字面语义,也有深层语义,其深层含义与中国独特的自然环境、历史、文化有深厚的渊源;4)征喻词语,即具有修辞意义的词语,其修辞语义主要是

---

[1] Newmark, P., *A Textbook of Translation*, Prentice Hal, 1988.
[2] Nida, E. A., *Toward a Science of Translation*, Shanghai Foreign Language Education Press, 2004.
[3] 王德春:《国俗语义学和〈汉语国俗词典〉》,《辞书研究》,1991年第6期。

通过具体事物的形态和性状表达抽象意义,抽象意义通过象征和联想实现,与中国文化关系密切;5)社交词语,指在社交场合使用的词语,包括打招呼和道别用语、致谢致歉用语、敬辞谦辞、禁忌语、对恭维和赞扬的回应等①。

其他研究者对文化负载词、国俗词语的分类基本与王德春和梅立崇两位学者类似,包括名物词语、制度词语、熟语、征喻词语、具有修辞意义的专名词语、交际词语和典籍词语,并从汉语习得视角对这七类词语进行了难度分析,指出名物词语、具有修辞意义的专名词语和交际词语属于中低级难度,制度词语、熟语、征喻词语和典籍词语属于中高级难度②。从汉语教学角度对国俗词语进行难度划分具有新颖性和实践价值,对于文化负载词外译也具有一定的参考价值。

根据以上国俗词语和文化负载词的划分可以发现,王德春先生的七类划分法最为完整和全面,只是在不同类型之间有重复。以梅立崇为代表的五分法准确、清晰,与奈达对文化的划分一致,不过其中交际词语也可以划分为熟语类或语言类词语。本研究基于奈达对文化类型的划分,将文化负载词划分为六大类:1)生态词;2)名物词;3)社会词;4)宗教词;5)语言类词;6)历史典故词。

二、汉语文化负载词翻译研究现状

文化负载词的研究不仅包括概念界定、特点及分类等内容,更立足文化负载词在翻译中的问题和解决办法加以展开。西方学者主要侧重翻译活动中文化要素的重要性及翻译策略,中国学者的研究则更为多元化,其中不乏专门针对文化负载词翻译的研究,如杨莉对《呐喊》不同译本中文化负载词译法及翻译策略的研究③,刘珊珊等从生态翻译视

---

① 梅立崇:《汉语国俗词语刍议》,《世界汉语教学》,1993年第1期。
② 何西茜:《对外汉语国俗词语教学研究》,山东师范大学汉语国际教育硕士学位论文,2013年。
③ 杨莉:《〈呐喊〉两英译本中文化专有项的翻译及其补偿研究》,沈阳师范大学外国语言学及应用语言学博士学位论文,2012年。

角对文化负载词翻译的探讨①。对于文化负载词的可译性问题学者们也进行了理论的探讨。如彭春霞认为,文化负载词的可译性基于源语言和目标语的文化共通性,不可译性缘于文化的差异②。不同语言之间的可译性是人类语言的最显著特性,也是人类文明进步的基础,而文化差异是造成文化负载词不可译性的关键,充分了解文化差异,实现转换是跨文化交际的前提和保障③。文化负载词的翻译既体现了总体的可译性,也存在个体的不可译性。译者需要在两者之间寻求平衡点,既保留源语言的原汁原味,又兼顾目标语受众的理解。

此外,也有研究从认知视角探讨文化负载词翻译问题,如对国俗词语的语义特征加以认知分析④,用认知图示理论解释文化负载词的翻译⑤,从认知语言学视角讨论中国典籍文化负载词的可译性⑥,以概念隐喻为切入点,研究《围城》中文化负载词的英译⑦,运用认知语言学识解理论探讨翻译转换在翻译过程中的体现,以词汇层次模型——"文化词汇模型"——的集合概念和类层级结构为框架,结合大型电子词典和语料库的客观语言事实⑧,对认知原型对应的英汉人体词"HAND"和"手"进行文化词汇模型的认知对比研究等⑨。最后,文化负载词的翻

---

① 刘珊珊:《从生态翻译学视角看汉语文化负载词的口译》,《黑龙江教育(理论与实践)》,2014年第3期。此类研究还有邵彦舒的《生态翻译学视阈下〈边城〉文化负载词维译研究》(《中国民族博览》,2019年第1期)。
② 彭春霞、曾剑平:《论文化差异对语言可译性的制约作用和文化词语的翻译》,《新余学院学报》,2004年第9卷第4期。
③ 何魏魏:《汉语文化负载词的英译》,《山西农业大学学报(社会科学版)》,2009年第8卷第3期。
④ 陶诗怡:《国俗词语的语义特征与认知分析——以"春"为例》,《辽宁工程技术大学学报(社会科学版)》,2012年第5期。
⑤ 王静静:《认知图式和文化负载词的翻译》,《安徽文学(下半月)》,2009年第10期。
⑥ 薛娇娇:《论中国典籍文化负载词的可译性——从认知语言学视角》,《海外英语》,2014年第5期。
⑦ 杨波林:《概念隐喻视角下〈围城〉文化负载词英译研究》,辽宁师范大学外国语言学及应用语言学博士学位论文,2015年。
⑧ 韩岚:《汉语文化负载词英译的识解转换探析》,《吉林广播电视大学学报》,2017年第1期。
⑨ 程珊、叶兴国:《基于大型电子词典与语料库的文化词汇模型认知对比研究——以"HAND"和"手"为个案研究》,《外语电化教学》,2016年第4期。

译研究还体现在对文化负载词文化含义差异的微观研究上,如张璐对中外植物词语的对比研究①,李红海、李雯倩对汉、英颜色词的国俗语义的比较②,黎金娥关于英汉数字习语的国俗语义的研究等③。

可以发现,无论是理论探索还是基于翻译实践的研究,大多是从译者或者文本的视角出发,缺乏对目标语受众接受情况的关注,这与黄友义教授提出的外宣翻译"三贴近"原则有较大的偏离,是一种单向的思维,缺失了跨文化传播与交流中十分重要的对话、交往性。可喜的是,翻译界已有研究者看到了受众的重要性,提出了文化自觉与受众意识的问题④。正如孙艺风所指出的,"在翻译研究中,观念方面已经发生了明显的转变,从传统的以源语言为着眼点转移到更加注重译文在译入语系统里的可接受性。虽然这不一定解释为源语文本的重要性降低,但是把译文在译入语中的接受问题作为首要的考虑内容已是不争的事实"⑤。黄友义教授也指出,"对于从事外宣工作的翻译人员来说,最应该注意的是要潜心研究外国文化和外国人的心理思维模式,善于发现和分析中外文化的细微差异和特点,时刻不忘要按照国外受众的思维习惯去把握翻译。最好的外宣翻译不是按中文逐字逐句机械地把中文转换为外文,而是根据国外受众的思维习惯,对中文原文进行适当的加工,有时要删减,有时要增加背景内容,有时要将原话直译,有时必须使用间接引语"⑥。这些观点都与外宣翻译的目的相一致。外宣翻译就是要让目标语读者能够理解和接受译文,否则影响外宣的有效性,偏离了外宣的目的。

---

① 张璐:《国俗词语中的植物词汇之中外对比研究》,《临沂师范学院学报》,2010年第32卷第4期。
② 李红海、李雯倩:《关于汉、英中颜色词的国俗语义的比较》,《无锡职业技术学院学报》,2005年第3期。
③ 黎金娥:《英汉数字习语的国俗语义比较》,《湖北中医学院学报》,2010年第2期。
④ 陈小慰:《对外宣传翻译中的文化自觉与受众意识》,《中国翻译》,2013年第2期。
⑤ 孙艺风:《翻译规范与主体意识》,《中国翻译》,2003年第3期。
⑥ 黄友义:《坚持"外宣三贴近"原则,处理好外宣翻译中的难点问题》,《中国翻译》,2004年第6期。

第二节 分析框架

本研究将同时使用人际功能语气系统和评价系统两个话语分析框架对实验数据进行分析。鉴于学界对于这两个分析框架的应用研究日见增多,却鲜有基于同一话语语料将两个话语分析框架进行融合的研究,本章将做一些尝试,以英语母语者有声思维实验中对于汉语文化负载词英译本接受情况的话语作为研究语料,将人际功能语气系统与评价系统相融合,试图更加完整地描述、分析话语。

一、两个系统的关系

人际功能语气系统和评价系统都是系统功能语言学之下对语言社会符号观的体现。系统功能语言学认为语言是社会符号,是社会系统的组成部分。说话人对语言的运用是一种选择,即社会文化语境背景下语言系统意义的选择[1]。其中人际功能指的是说话人在选择语言的同时也表达了自己的身份、地位、动机,并由此建立和维持一定的社会关系的功能。语言的这种社会符号观弥补了传统的语篇分析只关注语言本身的不足,填补了语言与社会之间的鸿沟[2]。人际功能通过语气系统实现,即直陈语气(indicative)和命令语气(imperative),前者表示给予,即信息的交流,后者表示需求,受话人被要求做出是与否的回答。其中,直陈语气的情况较为复杂,需要进一步考察各个组成要素,即主语和限定成分。主语的人称代词可以反映出交际双方的关系,限定成分中的动词可以通过是与否的形式表达态度立场,通过时态和情态表示说话人对事物的判断和揭示人际关系的亲疏远近。语气系统的整体框架见绪论。

---

[1] Halliday, M. A. K., "Meaning as Choice", In L. Fountaine, T. Bartlett & G. O'Grady(eds.), *Systemic*, 2013, pp.15-36.

[2] Martin, J. R., "Discourse of Science: Genesis, Intertextuality and Hegemony", In J. R. Martin & R. Veel(eds.), *Reading Science. Critical and Functional Perspectives on Discourses of Science*, Routledge, 1998, pp.3-14.

在语料分析中我们发现,在有声思维实验的语境下,被试使用命令语气的为零,直陈语气中陈述语气运用较多。而陈述语气的使用仅仅说明说话人对自己所表明的立场和态度是确定无疑的,至于态度和立场本身是正面还是负面需要通过表示肯定或否定的归向极词语判断。但是,即使同为表示肯定的归向极词语,有的被试用 yes,有的则使用 yeah,二者在肯定程度上是否有差异?语气系统无法做出更为细致的分析。

关于系统功能语法在话语分析中的不足之处,王振华指出,"系统功能语法是解释性的(explanatory)……说话者的感情、对事件的判断(态度)和欣赏通过这些细微的分析仍无法看到。这说明语言研究只从结构和功能出发是不够的,还需要赋值语义的研究(semantics of evaluation),即研究说(对)话者通过语言赋予语言对象的价值意义。马丁的评价系统理论正是这样一种尝试"[1]。评价理论是功能语言学在对人际意义的研究中发展起来的新词汇-语法框架,是阐释性(interpretive)研究,即说话人的"感受、他们做出的判断以及对各种现象或经历的价值判断"[2]。评价理论关注语篇中可以协商的各种态度。马丁和罗斯对评价理论的定义是:"评价理论是关于评价的,即语篇中所协商的各种态度、所涉及的情感的强度以及表明价值和联盟读者的各种方式。"[3]可以说,评价系统理论发展了人际意义理论,增强了系统功能语言学的适用性,其优势之一就是将意识形态研究建立在对实际语境中的语篇进行的详细分析基础之上,因而使分析具有显性、透明和准确的特点[4]。作为话语语义学的重要理论部分和语篇分析的重要理论工

---

[1] 王振华:《评价系统及其运作——系统功能语言学的新发展》,《外国语(上海外国语大学学报)》,2001年第6期。

[2] Martin, J. R., "Beyond Exchange: Appraisal Systems in English", In S. Hunston & G. Thompson(eds.), *Evaluation in Text: Authorial Stance and the Construction of Discourse*, Oxford University Press, 2000, p.144.

[3] Martin, J. R. & D. Rose, *Working with Discourse*, Continuum, 2003, p.23.

[4] Martin, J. R., "Close Reading: Functional Linguistics as a Tool for Critical Discourse Analysis", In L. Unsworth(eds.), *Researching Language in Schools and Communities: Functional Linguistic Perspective*, London: Cassell, 2000, pp.275-304.

具,评价理论趋于成熟,发展了包括态度(attitude)、介入(engagement)和级差(graduation)的完整理论框架[①]。

二、研究思路

本研究通过有声思维实验方法获取英语母语者对汉语文化负载词英语译文接受情况的语料。在考查接受情况的同时,基于同一话语语料,将语气系统与评价系统相融合,运用描述、分析的方法证实两个系统如何发挥在话语分析中的作用,又如何各有千秋,为话语分析呈现较为完整的图景。由于学界普遍认为评价系统是对人际功能语气系统的发展,本研究起初决定保留语气系统的整体分析思路,即从陈述句式、疑问句式、命令式三个方面分析,然后在每一个步骤中加入评价系统态度、介入和级差的分析,并讨论两个系统融合的结果。但是在实际分析中发现,陈述句式、疑问句式、命令式虽然表达了说话人在言语交际中施加的不同作用和影响,但这样的划分过于笼统,必须进一步深入到语气的各个组成要素和成分中去。

表 1-1 被试话语各种语气分布情况

语气类型		数量		百分比	
陈述式		459		97%	
疑问式	一般疑问句	11	14	2.3%	3%
	特殊疑问句	3		0.7%	
命令式		0		0	

表 1-1 显示,首先,被试只使用了直陈式语气,命令式数量为 0,这与有声思维实验的语境有关,实验环境决定了被试不太可能运用命令式语气。其次,被试话语中占绝大部分的直陈式语气是陈述式,共有 459 个,占 97%;疑问式一共 14 个,占总语气数量的 3%,其中 11 个为一般

---

① Martin, J. R. & P. R. R. White, *The Language of Evaluation*: Appraisal in English, Palgrave Macmillan, 2005.

疑问语气,3个为特殊疑问语气。语气使用的类型表明,被试在绝大多数情况下对研究者提出的是否能够理解译文的问题比较有把握,并就自己所了解的有关背景知识、建议和意见给予了回答。需要注意的是,本研究共统计出459个含陈述式语气的句子,占所有话语的97%,因此,如果以陈述式语气作为后续评价系统分析的单位,则意味着要分析几乎所有的话语,无法进行更有条理和细致的对比分析。这也从一个侧面说明,人际功能语气系统中的直陈语气是一个较为宽泛的分析框架,还需有进一步具体分析限定成分的情况。

评价系统依靠态度、介入和级差三个次系统以及各自子系统的分析框架,在分析说话人立场态度时具有更为细致、准确的优势,但是我们在实际分析时也发现,除了表明态度立场的话语,被试话语中相当一部分是在陈述与所译文相关的个人经历,即背景的介绍,与译文接收情况无直接关系,因此不予以分析。本章在分析话语时试图将两个分析框架进行融合,寻找更佳的视角,对所分析的话语既有较为宏观的把控,又有微观的呈现。

基于以上思考,本章在分析时聚焦人际功能语气系统的最核心部分,即表达是与否明确立场的归向极和情态系统。归向极表达断言或否定,情态是人际功能语气系统中最为重要的内容,是说话人运用模糊方式表达主观态度、实现人际功能的重要手段[1]。情态包括情态助动词(finite modal operator)、情态附加语(modal adjunct)和隐喻化情态(metaphorized modality)。由于情态系统本身具有模糊性,在分析话语中的情态系统时需要较为精准、细致的分析方法,以便揭示模糊话语背后的含义。例如,韩礼德将情态助动词分为三个不同的情态量值。高量值情态动词包括must、ought to、need、has to、is to,中量值包括will、would、shall、should,低量值包括may、might、can、could。一般而言,情态量值越低,情态意义越弱、越委婉。但是处于同一情态量

---

[1] Halliday, M. A. K. & C. Mathiessen, *An Introduction to Functional Grammar*, Foreign Language Teaching and Research Press, 2008.

值等级的情态动词,其情态赋值语义有何差异?情态附加语和情态隐喻的情态赋值语义如何?韩礼德没有给出更进一步的说明。本研究在韩礼德情态系统的大框架下,从归向极词语、情态助动词、情态附加语和情态隐喻四个方面分别运用评价系统再次逐一做出分析,并与语气系统分析的结论进行对比分析。

第三节　研究方法

本小节将具体呈现研究问题、研究语料来源及锁定过程、有声思维实验过程、研究被试情况以及数据收集及处理。

一、研究问题

为了更加细致、准确地考察人际功能语气系统中的各个核心部分,本章融合使用两个话语分析框架,具体回答以下研究问题:

1. 人际功能语气系统中的归向极词语与评价系统三个次系统的相互关系如何?

2. 人际功能语气系统中的情态动词、情态附加词和情态隐喻与评价系统三个次系统的相互关系如何?

3. 评价系统量化分析结果如何进一步验证传统语法中关于 would、will、could、can、maybe、probably 等情态词语的用法?

二、研究语料

本研究以《孔子学院》期刊 2009 年至 2016 年的汉英版本作为语料,锁定其中"印象九州""中国风尚""文化博览""说古论今""封面故事"等专栏共 509 篇译文。首先,按照第一节所确定的文化负载词的概念和六大类型,经过课题小组成员三角验证,梳理并整理收集了其中所有的文化负载词,总共得到 16 个生态词、277 个名物词、119 个社会词、53 个宗教词、20 个语言类词和 30 个历史典故词。第二,将经过处理的汉语文章和对应的英语译本分别导入 AntConc 语料库搜索软件,建立小型语料库。第三,手动逐一输入经过人工辨识和团队成员三角验证的汉语文化负载词,运用软件统计出这些词汇的频率、分布,并找出所有对应的英语译文,包括一词一译和一词多译的情况。第四,课题组成员根据前期文献梳理得到的文化负载词概念、特点及分类,将所得文化负载词按照不同类型加以分类,计算出各类型词语出现的比例。第五,得出各个类型文化负载词的高低频词数量。高频和低频词的判断标准为 0.5,数值越接近于 1 则词频越高,数值越接近于 0 则词频越低。

最终确定了高频词共 38 个,占比 7%,低频词共 471 个,占比 93%。之所以同时考察高频词和低频词,是因为高频词翻译的接受情况仅仅是翻译可接受性的一部分,通过考察低频词,为文化负载词翻译可接受性研究提供更为完整的描述。从文化负载词类型分布来看,本研究语料中名物词比例最大,为 55%,该数据与已有基于语料库的研究所显示的高频词基本一致①。由于最终所得高频词为 38 个,低频词为 471 个,数量太大,不适合后期的实验,研究依据以下标准,对所有文化负载词的英文翻译进行了再次梳理和挑选:1)已经约定俗成的译文不列入;2)一词多译的一定列入;3)每一类文化负载词都应该予以考察;4)运用 BP 神经网络模型排除词语语境出现频繁度对词频的影响(具体说明见绪论)。依据以上四个标准,按照汉语文化负载词的六大类型以及各类型在原始数据中的比例,最终确定了 17 个汉语文化负载词的英文翻译作为后期有声思维实验的语料。其中,8 个为高频词,9 个为低频词。8 个高频词中 6 个词语有多种翻译,一词多译的词语中名物词所占比例最大(表 1-2)。

---

① 参见何宇茵《基于美国当代英语语料库的中国文化词汇研究》以及张静华、刘改琳《美国人眼里的中国文化——基于 CECCHD 和 COCA 语料库的高频中国文化词透视》。

表 1-2　有声思维实验汉语文化负载词及所属类型和数量＊

类　型	数量	文化负载词
生态词	1	灵芝草(3)
名物词	11	*旗袍（76）*，*胡同（67）*，*兵马俑（30）*，*水墨画*（25），*四合院（15）*，景泰蓝(11)，篆刻(30)，弄堂(8)，点心（34），宣纸（18），客家土楼(7)
社会词	2	*春节（84）*，留白(8)
宗教词	1	生肖属相(22)
语言类词	1	吴带当风(5)
历史典故词	1	贵妃醉酒(5)

＊说明：表中斜体词为高频词，粗体词为一词多译词；括号里的数字为词频。

三、研究工具

本研究用于有声思维实验的材料包括两个部分。第一部分是问题与回答，包括 7 个单一译文的汉语文化负载词的英文翻译。所有文化负载词的翻译均还原到《孔子学院》期刊的原始语境中。每一个包含文化负载词翻译的句子后都附有一个问题，以了解被试是否能够理解话中被标注的词语的意思。第二部分包括 10 个一词多译的汉语文化负载词，不同的译文被设计成不同的选项。被试首先需要根据语境选出各自认为最好、最能被理解的翻译。如果所有翻译均不合适，则需要提供自己认为恰当的表达。

四、实验过程

参加本次有声思维实验的被试一共 7 人，全部来自美国，男性 5 人，女性 2 人，4 人是大学生。所有被试均性格外向，具有较强的语言表达能力和合作意愿，符合有声思维实验对被试的要求①。同时，所有被试在第一阶段访谈中均接受了有声思维实验的培训，包括技术和心理两个部分。技术训练指对被试语言表述和及时反应的训练，由于研

---

① 郭纯洁：《有声思维法》，外语教学与研究出版社，2007 年，第 1 页。

究者事先通过随堂听课,已初步了解被试的语言表达能力,此部分的训练顺利完成;心理训练的主要目的是使被试习惯实验中面对录音设备大声、不间断并且及时说出思维活动的环节。同时,培训中告知被试即将进行的实验目的和要求。实验中,被试需要按照之前的培训,阅读含有汉语文化负载词译文的原句,然后马上按照问题进行回答,整个过程不受干扰并录音。试验后,研究者对录音进行转写。

有声思维实验步骤见绪论,此处不再赘述。实验所收集的被试话语首先按照韩礼德人际功能中的语气系统加以分析,包括归向极附加语、情态助动词、情态附加语和情态隐喻四个方面,随后再分别运用评价系统逐一做出分析,并与语气系统分析的结论进行对比分析。

第四节 结果与讨论

本研究在语气系统框架下运用评价理论,进一步分析归向极词语、情态动词、表示情态的附加语和情态隐喻四个成分,每一个成分将分别考察态度、介入和级差三个次系统评价词语的情况,在揭示汉语文化负载词英译本接受情况的同时,进一步考察两个系统的关系。

一、归向极词语

表 1-3 呈现的是有声思维实验中所有与译文接受情况相关的话语中归向极词语的种类和数量。下面以归向极词语 yes、yeah 为例,考察被试在使用这些词语的同时,其话语的肯定和否定态度是如何借由

表 1-3 归向极词语使用情况

归向极	实例	数量
	yes	6
	yeah	8
	no	6
	not	14

评价系统中的各个要素体现的,进而考察它们与评价系统三个次系统的相互关系。

表示肯定的 yes 一共出现了 6 次,但是仅有两次(33.3%)被试在含有 yes 的话语中使用了态度词语,分别是表明正面态度的情感词 kindly 和负面态度的鉴赏词 opposite;介入词语一次,级差词语未使用。以下为实例。

例 1　Yes, I understand kindly [态度:情感:+满意]. From my understanding, the term means some magic healing herb in this context. Probably it also should bring luck to the owner.

相比较之下,同样是表示肯定,含有 yeah 的话语中,说话人使用了更多的评价词语来帮助进一步表明态度。在 8 个含有 yeah 的话语中,6 个(75%)均使用了评价词语,而且种类涉及正面态度(3 个)、介入(11 个,其中 3 个正面,8 个负面)和级差(4 个,其中 1 个增强,4 个减弱)。以下为实例。

例 2　Um, yeah, I would say A, The Terracotta Army. Um, um, just [级差:语势:-弱势] because of it, if it's saying that it's the sculptures depicting the armies um, of the Terracotta. So it makes sense for that to be that way. I think [介入:收缩:+宣称] I've seen this in like movies and stuff too.

如前所述,单纯用语气系统难以分辨 yes 和 yeah 两个同样表示肯定的归向极词语的差异,而借助评价系统的分析可以看出,从肯定程度来看,yes 比 yeah 程度更高,当说话人用 yes 来表达肯定态度和立场时,似乎更有自信,往往无须过多使用评价词语进一步确认态度,而用 yeah 来表达立场时则需要较多的评价词语,并且其中包含不太确定的词语。具体分析得出,3 个态度词语均为正面,级差负向多于正向,而介入词语中 3 个为宣称,8 个为引发,说话人似乎在借此避免因自身的不确定性而产生过于绝对肯定的表述。

通过分析发现,首先,人际功能语气系统的归向极词语分析能够直观反映出说话人的肯定或者否定的立场和态度,这一点与评价词语进一步分析的结果是一致的。但是,对于同类型的归向极词语的细微区别则需要借助于评价系统。以上 yes 和 yeah 的数据说明,后者的肯定程度低于前者。同时,对于表示否定的归向极词语 no 和 not,评价系统分析框架则揭示了更为细致和复杂的情况,也显示出说话人在表达否定立场时更倾向于使用介入词语,以帮助自己推卸和摆脱责任,以及更具有客观性①。

二、情态动词

情态动词具有不同的情态量值,表 1-4 呈现的是与情态量值相对应的被试话语中情态动词分类和统计的情况。

表 1-4　被试话语中不同情态值的情态动词使用及分布情况

情态量值分类	情态动词	数量	百分比(%)
高	need	1	0.8
中	will	28	82.2
	would	65	
	should	1	
	may	4	
低	might	4	17
	can	15	
	could	1	
合计		119	100

表 1-4 显示,被试话语中情态动词一共有 119 个,属于高量值的 1 个(need),占比 0.8%;中量值的情态动词为 98 个(will/would/should/may),占比 82.2%;低量值的情态动词为 20 个(might/can/could),占比 17%。以下将运用评价体系框架,以中量值情态动词 would 和 will 为例进行分析和比较。

---

① 王振华:《评价系统及其运作——系统功能语言学的新发展》,《外国语(上海外国语大学学报)》,2001 年第 6 期。

被试使用的中等量值情态动词占比最大,表明说话人在大多数情况下对所发表的观点和态度是比较肯定的。其中,would 使用了 65 次,will 28 次。经过梳理发现,这些中等量值情态动词中有一部分并不是直接用来表达对译文接受情况的,而是与背景知识或个人经历相关。这里首先筛除了这部分内容,然后再用评价系统对其进行分析。

下面逐一分析被试在使用 would 和 will 两个中等量值情态动词时,话语中所包含的表达态度、介入和级差的词汇情况。

1. 态度次系统

根据评价理论,态度次系统又分为情感、判断和鉴赏三个子系统。"情感"指"用于构建情感反应的资源",是说话人用以呈现对事物、现象感受或反应的语言资源,是人们与生俱来的表达感觉的资源①。不论是 would 还是 will,被试都没有进一步使用表达情感的态度词语。与 would 一同使用的鉴赏词语有 10 个,均为正面意义。与 will 一同使用的鉴赏词有 2 个,均为正面意义。

统计显示,虽然被试使用的中等量值情态动词 would 的绝对数量远远高于 will,但是如果比较与这两个情态动词各自对应的正面评价语(鉴赏词汇)的比例,则发现前者为 23%,后者为 43%,即被试在使用 will 表达情态时借助了更多的态度词汇,用以"揭示话语者的情感、价值观",也与"他们话语所阐释的立场、观点相关"②,表明说话人在使用 will 时更肯定和明确。以下为实例。

例1 I would say B, Chinese ink and wash. Because "Chinese" in the front, I think it is Chinese affected, it is **prestigious** [态度:鉴赏:+反应] Chinese culture.

例2 Of course, it is "Terra-Cotta Warriors". Everybody will know. the in my, oh, it is a **well** [级差:语势:+强势]accepted [态度:情感:+满足] chance. Everybody will know. Aha.

---

① Martin, J. R. & P. R. R. White, *The Language of Evaluation: Appraisal in English*, p.35.
② Martin, J. R. & P. White, *The Language of Evaluation: Appraisal in English*, Foreign Language Teaching and Research Press, 2005, p.2.

2. 介入次系统

马丁和怀特认为,介入次系统关注意见与观点,说话者或作者通过介入手段表达对其话语所承担的责任和义务。关于介入次系统的具体内容前文绪论已有比较详细的介绍,这里不再赘述。

对比与 would 和 will 对应的介入词语,前者否认占比为 9%,后者为 0;前者宣称为 25%,后者为 29%。根据评价理论对介入次系统收缩的界定,说明说话人在使用 would 时,其肯定语气确实低于 will。同样,对比与 would 和 will 分别对应的扩展词语,前者引发占比 16%,后者为 0。二者都没有出现对应的摘引词语。这再次说明 would 的肯定语气低于 will。下面通过实例加以说明。

例1 I would say stamp cutting would be better. Because they're making a stamp unless it's like stamps. Oh, this is like just like if it's **kind of**[介入:拓展:—引发] you are just cutting it on to something. You're not going to put it in ink and then snap it later, that will be called seal cutting. But if it's like you're going to put in some relics that would say stamping cutting.

被试在使用 would 表达对译文的理解时,经常运用引发介入词,在一定程度上表达了不确定性,与此相比较,与 will 一同出现的类似表示引发的介入词则低得多。从例1可以发现,被试在使用 would 时用了 kind of,与 would 不太确定的情态意义相互印证,而紧接着当被试十分肯定 seal cutting 的语义时,则没有使用引发介入词语。

3. 级差次系统

级差次系统反映的是评价的强弱程度,用来对模糊的语义进行分级,用于补充分析态度和介入两个此系统的,是对它们的分级工具。统计显示,伴随 would 被试所使用的表示强势、明显的级差词语为 14 个,与 would 使用总数量的比例为 32%,而 will 使用了 5 次,占比 71%。如上所述,级差是用来衡量态度、介入强弱程度的手段,will 运用的正向级差比例大大高于 would,也从一定程度说明说话人在运用 will 时,其确定、肯定的态度更明显,因此与 will 同时出现的表示强势的级差词语也更多。同时,无论是 would 还是 will,被试都较少(20%)或没有(0)运用弱势和模糊的方式,该数据也支持了 would 和 will 同属于中等量值情态词语的结论。此外,would 经常与表示弱势语势的 just 搭配使用。以下为实例。

例1 Robert:Um, um, I would I would say none of these. Um, well, since it's referred to as neighborhoods like that will make the **most** [级差:语势:+强势] sense for me. So, um, the hutong(Beijing) will make the **most** [级差:语势:+强势] sense of and the like, **even though** [介入:收缩:+反驳] it says alley and being that is multiple residences like combined together, it'll make sense for it to be more so as a neighborhood.

4. 小结

通过评价系统态度、介入和级差次系统的进一步分析可以发现,虽然 would 和 will 同属于中等量词情态动词,说话人的话语中对这两个情态动词实际表达的态度和语气还是略有区别的。总体来看,will 的肯定程度高于 would,这可以从两个情态动词分别对应的表达态度和介入的词语数量和种类中看出。而与这两个情态动词态度、介入词语同时出现的级差词语数量也进一步证明了这一点。本研究从一定程度上证实了传统语法中关于情态动词 would 比 will 语气更委婉和不确定的观点。

三、表示情态的附加语

韩礼德等认为,表示情态的附加语可以用来表达说话人命题的概率或频率,可以体现说话人对命题的态度,从而体现人际意义。表示情态的附加语包括语气附加词(mood adjunct)和评注性附加词(comment adjunct)(见绪论)。语气附加词又可以从情态(modality)、时间(temporality)和语气(mood)三个方面加以考察,评注性附加语又可以分为意见(opinion)、承认(admission)、劝说(persuasion)等[①]。

---

① Halliday, M. A. K., *An Introduction to Functional Grammar*, Foreign Language Teaching and Research Press, 2000, pp.82-83.

(一) 语气附加语

根据研究结果,有声思维实验中被试使用的语气附加语情况如下(表1-5)。

表1-5 语气附加语使用情况

语气附加语类别	实 例	数 量
情态(modality)	probably	14
	possibly	1
	maybe	6
	usually	2
	sometimes	3
	always	4
	never	12
	ever	1
时间(temporality)	definitely	5
	still	2
语气(mood)	of course	2
	obviously	1
	simply	1
	just	29
	only	7
	even	8
	actually	6
	really	11
	as a matter of fact	4
	quite	4

表1-5显示,在所有语气附加语中,与情态和语气相关的附加语各自分别出现了8种和10种,其中表示语气的附加语 just 使用了29次,数量最多;表示时间的附加语种类数量最少,只有 still 出现2次。

1. 表示情态的附加语

根据人际功能语气系统分析结果(表1-5),被试一共使用了8种表示情态的附加语,其中 maybe 和 probably 使用次数分别是 6 次和 14 次。maybe 和 probably 都属于立场状语,是说话人或作者对命题内容的确定性、可靠性和限度所做出的判断。传统语法认为,maybe 一般表示说话人对自己判断的不确定或对事物不可能性的判断,probably 则表示比 maybe 稍大的可能性①。本次有声思维实验显示,被试使用 probably 的数量大大高于 maybe,因此,根据语气附加语分类及以上关于 probably 表示比 maybe 稍大的可能性的结论,被试总体上的语气应该是比较肯定的。

下面以 maybe 和 probably 为例,具体分析被试在使用 maybe 和 probably 时伴随出现的话语中态度、介入和级差词语的使用情况,一方面更为准确地揭示这两个附加语话语背后的语气,另一方面通过量化方法验证 maybe 和 probably 在表达或然性语气方面的差异。

伴随 maybe 总共出现的评价词语为 6 个,正面和负面立场各占比 50%;与 probably 对应的评价词语有 8 个,正面 1 个,占比 13%,负面 7 个,占比 87%。该统计结果显示,maybe 所表示的可能性高于 probably。与学界已有结论不一致,因此,还需要更多的语料和数据进一步验证。以下为被试使用 maybe 和 probably 时对应的评价词语使用实例。

例 1 I have seen "dim sum" and I have had "dim sum", because the first place I've been to is Guangzhou, but in Chinese movies, "dim sum" is very popular. And <u>maybe</u>, it is **more** [级差:语势: + 强势] **popular** [态度:鉴赏: + 价值] in, well, I think, I never had dim sums in the morning.

从以上例子中可以发现,与 maybe 对应的有表示正面态度和级差的评价词语。

2. 表示语气的附加语

表示语气的附加语常用来表示命题的明显性、强度和程度②。根

---

① 孟凡茂、孟凡艳:《probably 与 maybe 的用法比较》,《英语知识》,2002 年第 7 期。
② Halliday, M. A. K., *An Introduction to Functional Grammar*, Foreign Language Teaching and Research Press, 2000, pp.82 - 83.

据语气附加语分类框架,被试在有声思维实验中一共使用了10个不同的表示语气的附加语,分别是表示明显性的 of course、obviously,表示强度的 simply、just、only、even、actually、really 和 as a matter of fact,表示程度的 quite。其中,表示强度的 just 使用得最多(29个),占比39.7%,really 其次(11个)。以下将重点介绍 just 的评价词语,以考察该词在表达强度方面的确切程度。

与表示强度的语气词 just 对应的评价词语一共11个,其中表示负面立场的词语有10个,集中在态度词语和介入词语。以下通过实例说明具体情况。

例1 So it isn't like multiple um houses or anything like that. It's just one building. So **I guess**[介入:扩展:-引发] that makes it unique in a sense.

以上实例显示,被试使用表示强度的语气附加语 just 以补充说明理由和观点,表明他们的态度。但是从被试话语中使用了较多表示不确定性的介入词语来看,被试对该译文的理解把握并不大,而且还有理解错误的情况。这也在一定程度上验证了王振华关于 just 属于表示弱势的级差词语的判断[①]。

3. 表示时间的附加语

时间附加语在系统功能语法中属于环境附加语(circumstantial adjunct)中的跨度(extent)和处所(location)类环境附加语,进一步可以细分为时点(position)、时段(duration)、频度(frequency)和相对关系(relative)等类型[②]。被试话语中所使用时间附加语很少,仅有 still 一种,出现了2次,似乎表明说话人在表达对译文的态度时较少与环境要素发生关联,即环境要素的影响不大。本研究将运用评价系统分析框架具体分析时间附加语对应的评价词语使用情况。

---

① 王振华:《评价系统及其运作——系统功能语言学的新发展》,《外国语(上海外国语大学学报)》,2001年第6期。
② Halliday, M. A. K., *An Introduction to Functional Grammar*, London: Arnold, 1994, pp.151-154.

例 1　I still see that in China, it is **quite** [级差：语势：+强势] **interesting** [态度：鉴赏：+反应] to me. That's **quite** [级差：语势：+强势] **interesting**.

例 2　Seal engraving. And I'm still cutting this like, I **don't** [介入：收缩：-否认] think that implies what they're doing, because it's **more** [级差：语势：+强势] like chipping the edging out rather than accurately cutting things.

本次有声思维实验仅发现两处使用了表示时间的附加语 still。从语境判断，例 1 使用了正面和强势的评价词语肯定了译文，例 2 则否定了译文。关于 still 以及其他表示时间的语气附加语仍需要更多的研究。

4. 小结

根据人际功能语气系统，本次有声思维实验被试使用的表示情态意义的语气附加语有情态词、语气词和时间词。评价系统分析进一步提供了与这些表示情态意义的词语呼应的态度、立场依据。具体来看，在表达情态的语气附加语中，不同的附加语伴随出现的评价词语种类和数量不尽相同。其中，当说话人明确表示否定立场时（如 never），评价词语数量较少，但是说话人在表达肯定立场时（如 always、definitely），其使用评价词语的数量则较多，该结论还需要更多的研究进一步加以验证；probably 与 maybe 的评价词语定量分析显示，前者的可能性低于后者，这与之前学界的结论不一致。语气附加词定量分析明确了 of course 和 obviously 的确定性，但是其他语气词的态度则需要根据语境加以判断，也就是说，除了 of course 和 obviously 以外的语气附加语的语气更具有模糊性，也更依赖于语境。此外，定量分析验证了关于 just 是表示弱势的级差词语的判断。时间附加词语仍需要更多的语料分析加以支撑。

（二）评注性附加语

韩礼德将评注性附加语又细分为十大功能①。本研究根据此划分

---

① Halliday, M. A. K., *An Introduction to Functional Grammar*, Foreign Language Teaching and Research Press, 2000, p.49.

方法,得出以下结果。

表 1-6　有声思维实验被试运用评注性附加语情况

评注性附加语功能分类	实例	数量
承认(admission)	frankly	1
劝说(persuasion)	really	1
恳求(entreaty)	kindly	1

表 1-6 显示,被试话语中使用的评注性附加语无论是种类还是数量都极少。运用评价系统分析后显示,伴随承认功能评注性附加语 frankly 的两个态度词语均为正面,同时也使用了两个正面强势级差词语,以进一步加强话语中的肯定成分。相比较之下,伴随表示劝说和恳求功能的 really 和 kindly 均使用了引用扩展词语,从一定程度说明这两个评注性附加语的语气低于表示承认功能的评注性附加语。

四、情态隐喻

按照人际功能语气系统分析显示,有声思维实验被试话语中一共发现了三种情态隐喻,即 I think、I guess 和 it seems that,具体分布和数量见表 1-7。

表 1-7　有声思维实验情态隐喻使用和分布情况

实　例	数量	百分比
I think	20	65%
I guess	8	26%
It seems that	3	9%

其中,I think 和 I guess 都属于主观性情态隐喻,占比 91%,说明总体来说,被试表达了偏向主观的观点,强调其主观的看法和判断[1]。

---

[1] Dennis, T., "Metaphor Construction in Online Motivational Posters", *Journal of Pragmatics*, 2017, pp.99-112.

相比之下，表示客观性的情态隐喻则非常少。客观性情态隐喻通常用来掩盖其情态来源，将命题属性客观化，使发话者脱离情态责任，强调发话者的观点和立场，建构发话者的权威性。主客观情态隐喻的差距显示，被试在发表对译文的看法时显示了愿意承担情态责任的意愿。同时，根据语气系统情态值角度分析，I think 属于中等情态值，高于 I guess，即后者的主观性更大一些①。被试更倾向于使用 I think，说明他们在表达主观性的同时，偏向使用主观性较小的表达方式，尽量降低主观性。

以下将分别运用评价理论框架分析、比较同为主观性情态隐喻的 I think 和 I guess 以及主观性情态隐喻 I think/I guess 与客观性情态隐喻 It seems that，以进一步揭示说话人在运用这些情态隐喻时的立场态度。

首先，根据评价理论分析框架，伴随 I think 出现的表示评价的词语无论是绝对数量还是种类都比 I guess 多，似乎说话人倾向于用更多的带有评价词语的信息进一步补充说明自己的观点。同时，伴随 I think 出现了表示不太确定的介入词语和级差词语。其次，伴随表示主观性的情态隐喻出现的评价词语为 24 个，而伴随客观性情态隐喻的评价词语为 4 个，且种类也更多。主观性情态隐喻数量与评价词语数量的比例为 7 比 6，客观性情态隐喻数量与评价词语数量的比例为 3 比 4，前者高于后者。

如果从情态值角度分析，I think 属于中等情态值，高于 I guess，即后者的主观性更大一些②。有声思维实验显示，被试更倾向于使用 I think，说明他们在表达主观性的时候偏向使用主观性较低的表达方式，尽量降低主观性。借助评价理论框架分析显示，主观性较低的 I think 伴随出现的评价词语无论是种类还是数量都高于主观性较高的 I guess，所使用的评价词语绝大多数也是表示正面立场态度的词语。该结果与语气系统分析结果一致。

---

① 李杰、钟永平：《论英语的情态系统及其功能》，《外语教学》，2002 年第 1 期。
② 同上。

关于情态隐喻的主客观性,汤普森认为,主观情态表达发语者愿意承担情态责任,而客观情态表示发语者要脱离责任①。本次研究主观性情态隐喻数量大于客观性情态隐喻,说明说话人在绝大多数情况下态度立场还是比较明确的。至于主客观情态隐喻与所伴随出现的评价词语之间的关系,由于本次研究所获得的情态隐喻,特别是表示客观性的情态隐喻数量不多,还需要后续更多的语料来进一步验证该结论。以下为实例。

例1 Jingtai blue is the **best** [态度:鉴赏:+价值] [级差:语势:+强势] choice I think. It is **understandable** [态度:鉴赏:+反应].

例2 So I guess that makes it **unique** [态度:鉴赏:+反应] in a sense.

例3 But it seems like that was **probably** [介入:拓展:-引发] used to uh, keep annals of history in several old times.

第五节 结束语

鉴于学界对于人际功能语气系统和评价系统的应用研究日见增多,却鲜有基于同一话语语料将两个话语分析框架进行融合的研究,本章利用英语母语者对于文化负载词英译本接受情况的有声思维实验话语,在揭示英语母语者对汉语文化负载词英语译本接受情况的同时,在人际功能语气系统的框架下,分别对归向极词语、情态动词、情态附加词和情态隐喻逐一进行评价词语的分析,具体统计了有声思维实验中所有属于归向极、情态动词、情态附加词和情态隐喻的词语伴随出现的态度、介入和级差评价词语的种类和数量,并辅以实例说明,运用量化方法证实评价理论的优势在于解释了口头对话中"人际"与"个人"焦点之间存在的互补性的本质②。

---

① Thompson, G., *Introducing Functional Grammar*, London: Arnold, 1996, p.62.
② Chu, Celine PY, "Supporting New Arrival Students' Engagement with Picture Books: Analysis of Teacher Talk Using the Appraisal Theory", *Functional Linguistics*, 2014, p.1.

结果显示,关于归向极词语,语气系统肯定或否定的立场态度与评价系统分析结果一致。对于同属于肯定的归向极词语,评价系统比语气系统更能有效揭示细致、复杂的情况。

关于情态动词,语气系统仅将其分为高、中、低量值,而对于同属于某一类量值的情态动词的具体情况不得而知,评价系统则能够分别从态度、介入和级差三个方面进一步呈现同一量值情态动词的态度立场。研究显示,虽然 would 和 will 同属于中等量词情态动词,说话人的话语中对这两个情态动词实际表达的态度和语气还是略有区别的。总体来看,will 的肯定程度高于 would,这可以从两个情态动词分别对应的表达态度和介入的词语数量和种类中看出。而与这两个情态动词态度、介入词语同时出现的级差词语数量也进一步证明了这一点。本研究从一定程度上证实了传统语法中关于情态动词 would 比 will 语气更委婉和不确定的说法;而低量值情态动词中,虽然 might、can 和 could 同属于人际功能语气系统的低量值情态动词,说话人的话语中实际表现出来的态度和立场还是略有区别的。总体来看,could 的肯定程度不高,might 的语气游离度较大,说话人可能随时改变立场,而 can 则是三个低量值情态词语中语气比较肯定的。本研究从一定程度上验证了传统语法中关于这三个情态动词语气的说法,并且进一步细化了三个低量值词语在表达语气上的细微差异。

关于表示情态的附加语,评价系统分析进一步提供了与这些表示情态意义的词语呼应的态度、立场依据。具体来看,语气附加语中,伴随不同语气附加语出现的评价词语数量不尽相同。当说话人明确表示肯定或否定的语气时,其使用评价词语的数量相较于语气不是十分肯定的情形较少,该结论还需要更多的研究进一步验证;probably 与 maybe 的评价词语定量分析显示,前者的可能性低于后者,这与之前学界的结论不一致;语气附加词定量分析明确了 of course 和 obviously 的确定性,但是其他语气词的态度则需要根据语境加以判断,此外,定量分析验证了关于 just 是表示弱势的级差词语的判断;时间附加词语仍需要进一步的研究。评注性附加语种类和数量都很少,伴随出现的态度、介入和级差词语种类和数量也较少,仍需要进一步研究。

关于情态隐喻,借助评价理论框架分析显示,主观性较低的 I think 伴随出现的评价词语无论是种类还是数量都高于主观性较高的 I guess,所使用的评价词语绝大多数也是表示正面立场态度的词语。该结果与语气系统分析结果一致。至于主客观情态隐喻与所伴随出现的评价词语之间的关系,由于本次研究所获得的情态隐喻,特别是表示客观性的情态隐喻数量不多,还需要后续更多的语料来进一步验证该结论。

第二章　汉语语篇英译本接受情况

第一节　语篇翻译研究

对汉语语篇英语译本接受情况的研究将按照本书绪论第四节"语篇分析"说明的框架及具体实施步骤进行，这里不再赘述。本章重点呈现研究方法和译文语篇接受情况。

第二节　研究方法

本小节将具体呈现研究问题、研究语料来源及锁定过程、认知实验方法及过程、研究被试情况以及数据收集和处理。

一、研究问题

1. 基于格式塔心理学的视觉情境匹配实验结果，并结合后续访谈，英语母语者对所选汉语段落英译的总体接受效果如何？
2. 根据汉英语篇构建差异分析结果，并结合后续访谈，英语母语者对所选汉语段落英译的总体理解程度如何？
3. 根据后续访谈中英语母语者的口头评价，针对可接受性及可理解性较低的语篇英译，结合源语和译文语篇静态分析结果，影响可理解性的主要原因是什么？

二、语料来源

研究语料选自《孔子学院》期刊英文对照版"文化博览"栏目中的三篇文章,分别介绍了代表中国典型传统文化的围棋(The Game of Go)、水墨画(Chinese Ink and Water Paintings)和水乡古镇(Ancient Waterfront Towns)。为了便于研究的开展,分别从三篇文章中进一步选取了四个段落作为研究语料。这四个段落长度相当,平均每段 199 词,内容上,均能够独立表达一个完整的中心议题。四个段落均具有较鲜明的汉语语篇构成特征[①]:块状性和离散性[②]。因此在语言形式上衔接手段的使用呈"隐性"特征,结构也较松散,但在语义结构上具有逻辑相关性,因此能够独立成篇,并符合一个完整的语篇所具备的三大要素:中心思想、连贯性、一致性。所选段落以传递与中国传统文化相关的信息为主,根据张美芳的讨论,四个段落的主要篇章功能为说明文[③]。但鉴于《孔子学院》期刊本身承担着向海外受众传播中国文化、中华文明的责任,因此这四个段落同时具有感染型文本的特点,旨在感染和说服受众,以读者和效果为导向,因此表达上有较明显的汉语风格,过度修饰、言辞华丽、同义反复[④],需要依靠语篇的语境意义来弥补其在逻辑和连贯方面不足的"隐性"特征。

三、研究对象

参与第一阶段视觉情境匹配实验的被试共有 47 人,均为英语母语者。年龄在 17—35 岁之间,男女比例为 3 比 2,其中 85% 以上具有大学及研究生以上学历,所学专业分部较广,涵盖文、理、工、商。47 位被试中 40 名为学生,7 位是教师。39 人(83%)有过在中国的经历,其中

---

① 王文斌、何清强:《汉英篇章结构的时空性差异——基于对汉语话题链的回指及其英译的分析》,《外语教学与研究》,2016 年第 5 期。
② 王文斌、何清强:《论汉英篇章构建的时空性差异》,《山东外语教学》,2017 年第 2 期。
③ 张美芳:《文本类型理论及其对翻译研究的启示》,《中国翻译》,2009 年第 5 期。
④ 袁晓宁:《论外宣英译策略的二元共存》,《中国翻译》,2013 年第 1 期。

27人(69%)在中国的时间超过1个月。

参与第二阶段有声思维实验的被试选自参与第一阶段实验的被试,共有10人,其中5人为美国某大学的在校本科生,另5人为在中国教授英文的教师。两个阶段的实验开始前,实验人员均对被试进行简短培训,以确保实验过程的统一性。

四、研究工具

奈达在《语言、文化和翻译》中将测试翻译置于目的语重构之后,视为整个翻译活动的最后一步,也是必不可少的一步。而且只有通过测试具有群体代表性的单语目标读者反应的测试才是充分的测试。基于此,奈达提出了四个可用的测试方法:1)不同单语读者的朗读;2)读者面部表情分析;3)朗读或默读译本后转述给他人;4)完形填空测试题[①]。

综合判断以上四种测试方法的优劣以及在本次研究中的可行性,我们采用了混合研究方法对翻译进行测试,以了解英语母语者对所选汉语段落英译的接受效果和理解程度。针对译文总体接受效果,我们采用了格式塔实验;为深入综合判断译文的可理解性及造成理解困难的原因,我们对参与第一阶段调查的10名被试进行了后续访谈,随后对访谈内容进行分类,并结合针对汉英语篇特征差异的统计分析,综合比对各阶段的分析结果。

(一)格式塔实验

本阶段实验采用问卷调查的方法,共发放50分问卷,收回47份有效问卷。问卷分为两个部分,第一部分旨在了解被调查者的年龄、性别、受教育程度、语言使用以及对中国的了解程度。问卷第二部分是四个文化负载段落的英语翻译,每段英译之后紧跟着6幅用于视觉情境匹配实验的图片,需要在阅读完每段英译文之后根据心理直觉做相应的选择(6幅图片的选择与使用,以及被调查者阅读体验与心理直觉之

---

① Nida, E. A., *Language, Culture and Translating*, Shanghai Foreign Language Education Press, 1993, p.148.

间的关系问题,本书绪论已有说明)。被调查者可多选提供的图片,但不能不选,随后对所有图片的被选频次进行计数。

(二)有声思维实验

在完成问卷调查后,我们对其中的 10 名进行了有声思维实验,全过程完整录音。实验开始前课题组成员向被试展示以下问题:

1. 你能简要概括一下本段的大意吗?
2. 请按照句子标号顺序解释该句的语义。
3. 指出理解有困难的句子,并解释原因。

有声思维实验的结果主要用于进一步验证格式塔实验中被试对所选段落英译的总体接受效果,随后进一步分析可理解性并归纳影响理解的具体原因。

(三)定量对比

为了说明译文可接受性、可理解性与翻译质量之间的关系,本研究还针对汉语源文和英语译文做了篇章构成方面的比对,以了解译文是如何实现语篇结构转换与重构的,效果如何。

该部分的统计与分析基于何清强、王文斌、吕煜芳对汉语叙述体篇内句特点及其二语习得的研究[1]。该研究通过定量统计方法,认为汉英篇内句的差异具有统计学意义,能够支撑对汉英篇章结构差异的初步判断,汉语显性指称词少,关联成分少,使得篇内句量大且松散,呈块状性和离散性的特点;英语则多用显性指称词和关联词,篇内句量少且衔接紧密,呈勾连性和连续性(见表 2-1)。

表 2-1 英汉篇章结构差异参照值[2]

	英汉篇内句均差	英汉回指代词均差	英汉关联成分均差
汉译英	2.510	-2.800	-2

---

[1] 何清强、王文斌、吕煜芳:《汉语叙述体篇内句的特点及其二语习得研究——基于汉英篇章结构的对比分析》,《语言教学与研究》,2019 年第 6 期。

[2] 同上。

我们认为该研究的定量统计结果对本次研究同样具有借鉴意义,统计产生的标准值对本次选用的汉语源文和英语译文篇章构建方式的对比具有参照价值。依据该定量统计的方法及步骤,我们希望通过对所选段落及其英译的篇内句特点的定量统计揭示英语译文在语篇结构转换与重构方面的特点,进而了解语篇结构转换与重构效果与译文可接受性和可理解性之间的关系。

第三节　英语母语者汉语语篇英译本接受情况

一、总体可接受情况

视觉情境匹配实验的结果表明,47名被调查者在完成四个段落的阅读后,对6幅图片的选择共248次,其中图1、4、5被选择98次,被选频度为39.5%,这三幅图片有"尖锐的""复杂的""累赘"的表征[1],带给观者的心理刺激是负面的,因此可视为较低的阅读体验;图2、3、6被选择150次,被选频度为60.5%,这三幅图片有"柔软""宽阔的""清晰的""美丽的""亲切的"的心理表征[2],带给观者的是正面积极的心理刺激,可理解为较好的阅读体验。由此可以初步判断,就整体阅读体验而言,47位被调查者对四个段落的总体接受效果较好。进一步聚焦具体段落可以看出,图形1、4、5被选频次最高的是段落1,选择频次为28次,占47名被调查者的59.6%。图形2、3、6被选频次最高的为段落4,共40次,占47名被调查者的85.1%。由此可见,相对而言,段落4的接受效果最好,而段落1则差强人意。

后续访谈的统计进一步验证了视觉情境匹配实验的结果,10名被试对段落4的要旨概括较准确,理解准确程度更高,概括用语中模糊语

---

[1] Berthele, R., "Investigations into the Folk's Mental Models of Linguistic Varieties", In D. Geeraerts, G. Kristiansen & Y. Peirsman (eds.), *Cognitive Linguistics Research: Advances in Cognitive Sociolinguistics*, Walter de Gruyter, 2010, p.271.
[2] Ibid.

及否定词使用更少,语句简洁完整,较少出现重复、停顿和修正。段落1则相反,10名被试中有4人的概括显示其未能完整把握整段的意义,除了模糊词和否定词的使用较多外,从被试的话语中可以清楚地看出,在概括段落1的时候,多数受访者的表达中还会出现 uh-Huh ... about, it's about ..., but ... um ... like 等用语,表现出犹豫、不确定,且重复和自我修正的频率较高。一半的受访者表示知道棋子、棋盘,且理解运子需要策略、技巧和智慧,但仍然不懂如何下围棋,因而不太能接受与之相关的种种表述。以此可见对段落1的理解程度较低。

二、总体可接受性与篇章构建方式的关系

在英汉构建方式的对比分析中,我们依据何清强、王文斌确定的计数原则①,将四个所选段落逐个划分片段,共得到 30 个汉语片段②。先对其中的篇内句、回指代词和关联成分进行统计,随后分别对篇内以上三个指标的汉英数据进行均值对比分析。结果如表 2-2、表 2-3 和表 2-4 所示。

表 2-2 汉英篇内句数量对比

篇章片段数	汉语篇内句总数	汉语篇内句平均数	英语篇内句总数	英语篇内句平均数	汉英篇内句均差
语篇 1(9)	25	2.778	13	1.444	1.334
语篇 2(5)	17	3.400	9	1.800	1.600
语篇 3(8)	29	3.625	9	1.125	2.500
语篇 4(8)	28	3.500	8	1.000	2.500
总计 30	99	3.300	39	1.300	2.000
标准值					2.510

---

① 何清强、王文斌、吕煜芳:《汉语叙述体篇内句的特点及其二语习得研究——基于汉英篇章结构的对比分析》,《语言教学与研究》,2019 年第 6 期。
② 话语段:语言片段(汉语里又称句群)表达一个相对完整的事态或逻辑关系,常由多个句子组合而成,句子间关系紧密,构成一个内部连贯的整体。语段按照其用途和功能可以分为叙述、报道、议论;按照句间逻辑关系可分为对称、主次、顺序和总分(转引自杨莉藜:《英汉互译教程》,河南大学出版社,1993 年,第 116 页)。

表 2-3　汉英回指代词数量对比

篇章片段数	汉语回指代词总数	平均数	英语回指代词总数	平均数	汉英均差
语篇 1(9)	4	0.444	9	1.000	-0.556
语篇 2(5)	2	0.400	10	2.000	-1.600
语篇 3(8)	1	0.125	8	1.000	-0.875
语篇 4(8)	0	0	8	1.000	-1.000
总计 30	7	0.233	35	1.167	-0.934
标准值					-2.800

表 2-4　汉英关联成分数量对比

篇章片段数	汉语关联成分总数	汉语关联成分平均数	英语关联成分总数	英语关联成分平均数	汉英均差
语篇 1(9)	3	0.333	5	0.556	-0.223
语篇 2(5)	0	0	2	0.400	-0.400
语篇 3(8)	7	0.875	12	1.500	-0.625
语篇 4(8)	7	0.875	10	1.250	-0.375
总计 30	17	0.567	29	0.976	-0.400
标准值					-2

在对汉语源文与英语译文经过初步观察及比对之后发现,译文语篇中的逻辑和连贯关系能够表现出英文的"显性"特征,即译文实现了"隐性"和"显性"之间的转换或重构。统计表明,三个指标的汉英均差与标准值之间的波动幅度不大,可以初步判定四个段落的译文质量较好。进一步比对段落 1 和段落 4 的汉英语篇构成转换效果,发现二者之间的差异与视觉情境匹配实验得出的结果具有相关性。数据显示,相较于段落 1,段落 4 在篇内句(均差 2.500)、回指代词(均差 -1)和关联成分(-0.375)方面,英汉均差更加接近标准值(2.510、-2.800、-2),表明翻译质量更好,而段落 1 的三个指标则偏离标准值相对较远。因此,这一统计结果也能够验证视觉情境匹配实验得出的初步结论,即段落 4 的总体接受效果优于段落 1,与视觉情境匹配实验结果完

全一致。但转换与重构的效果对可理解性的具体影响还需结合后续访谈的其他内容进一步分析。

三、英语译文语篇接受情况

(一) 汉语源语及英语译文语篇静态分析

根据以上对四个语篇英语译文的定量分析结果,这里运用前文绪论中的语篇分析框架对其中"围棋"和"水墨画"两个理解情况较好和较差的汉语源语和对应的英语译文语篇进行静态分析,包括句群、主位推进程序、主述位、信息类型以及衔接手段,然后根据有声思维实验中英语母语者对译文语篇的反馈,结合这里语篇静态分析的对比情况探讨英语母语者对这两篇语篇的接受情况以及翻译有效性问题。

1. 语篇1①

汉语

①围棋本以精确擅长,但在讨论它时,人们却巧用各种比喻,若吟若叹。②在中国人看来围棋不仅仅是智力游戏,更表达着特殊的思维方式以及对生命和宇宙的理解。③围棋似乎是一种"争斗"之道,但其本质追求的却是和谐与平衡。④与其他棋类不同,围棋的胜负不以将对方最重要的棋子斩尽杀绝为最终目的,被吃子的一方也未必是最后的输家。⑤围棋赢一目是赢,赢半目也是赢。⑥棋子之间没有任何差异,这里没有骑兵更没有将帅,子子平等,完全依靠人的智慧将他们赋予力量,一指千钧。⑦在这温柔的较量里,所有的空间都提供了变数的可能性。⑧所以围棋碰到同一个局势,不同棋手根据自身的性格、思维会有各异的下法。⑨可以凶猛,可以轻盈,可以平稳。⑩人在它上面投放的智慧能够达到无穷。

英语

①**Go is a game of precision**,but that **has not discouraged people from talking about it in poetic styles using all kinds of metaphors.** ②**To Chinese people**,Go is

---

① 说明:语篇中下划线为已知信息;粗体为新信息;同时标注下划线和粗体的为已知信息+新信息。下同。

not just a game of intelligence; ③ it manifests a unique way of thinking and of understanding life and the universe. ④Although Go seems to be a way of "fighting", its essence is about harmony and balance. ⑤Unique among all board games, Go does not consider it a player's ultimate goal to kill off all of the most important stones of an opponent. ⑥Neither does it consider the side that has lost more stones the loser. ⑦ Winning by one grid is as much a win as winning by half a grid. ⑧There are no differences of stones, no such distinctions as cavalrymen and generals; ⑨all stones are equal, and their potency is derived from the intelligence of their player. ⑩ Any stone is thus capable of being imparted with a mighty force. ⑪In such a gentle contest, any part of the board can afford possibilities for change. ⑫Consequently, any given situation can be responded to with numerous different moves-violent or graceful or steady-depending on the player's personality and way of thinking. ⑬There is practically no limit to the amount of wisdom that man is capable of projecting onto the Go board.

以下从主位推进程序、信息类型和衔接手段三个方面对源语和译文语篇进行对比分析。

首先，根据汉语语篇的语法特点，源语篇以句群作为分析单位，一共包含10个句群。英语的语篇以句子作为划分单位，译文语篇一共包含13个句子。汉语句群与英语句子的对应情况如下：

表2-5　汉语语篇句群与英语译文语篇句子对应情况

汉语源语语篇	1	2	3	4	5	6	7	8	9
英语译文语篇	1	2+3	4	5+6	7	8+9+10	11	12	12

表2-5显示，汉语中第1、3、5、7和10个句群分别与英语的一个句子对应，第2、4、6分别对应英语的若干个句子，而英语的第12个句子对应了汉语的第8和第9句。以下按照汉语句群的序号逐一对比分析。

汉语第1个句群与英语第1个句子对应，句子语义保持一致，但是主位推进程序发生了变化。汉语采用了跳跃主位推进模式，先以"围棋"为主位,指出它"以精确擅长",但是下一个复合句又以"人们"做主位,指出人们"巧用各种比喻,若吟若叹"。英语译文采用连续主位推进模式,围绕"围棋"话题主位展开。信息方面,汉语和译文的类型保持一致。衔接手段上,汉语的衔接手段比英语丰富,多使用了平行结构、比喻的修辞格和省略。比如,汉语"若吟若叹"的比喻及平行结构在英语中简化为 poetic styles。

汉语的第 2 个句群与英语第 2 和第 3 个句子对应,语义一致,主位推进程序一致,都是连续主位推进模式。信息类型上看,汉语为"新—已知—(已知+新)—新",英语两句分别为"新—已知—(已知+新)"和"已知—新—新—新"。绝大部分信息没有发生变化,只是因为英语译文用人称代词指代"围棋",信息方面增加了一个已知信息,汉语相应的地方则省略了"围棋"。

汉语第 3 个句群与英语第 4 个句子对应,主述位结构没有变化,并且英语译文保留了源语"争斗"的比喻用法,只是将其从源语的隐喻改为译文的明喻。信息类型一致,衔接手段都使用了表示让步的连接词。

汉语的第 4 个句群与英语译文的第 5 和第 6 个句子对应。汉语句群为派生主位推进模式,由语篇主位"与其他棋类不同"派生出关于围棋胜负的两种不同情况;英语则采用连续主位推进模式,连续以"围棋"作为话题主位,分别陈述了关于胜负的两种不同情况。信息一致。在衔接手段上,英语使用了同源词 lost 和 loser,汉语则使用了"吃子"的隐喻修辞格。

汉语第 5 个句群为一个并列复句,与英语的第 7 个句子对应。汉语为连续主位推进模式,英语为简单句,无主位推进。信息一致,衔接手段上汉语使用了并列连接词"是……也是",英语则使用了比较结构 as much as 对应源语的相应语义。

汉语第 6 个句群对应英语的第 8 到第 10 句。汉语的主位推进程序比较复杂,为"连续主位+简单线性主位+跳跃主位+简单线性主位"模式。以"棋子"作为话题主位开始,用连续主位说明"棋子""没有骑兵没有将帅",又紧接着一个简单线性主位推进模式说明"子子平等",又运用一个跳跃主位说明下棋靠的是人的智慧,最后用一个简单线性主位推进程序说明"智慧的力量"是"一指千钧"。与汉语相比较,英语则采用了连续主位和派生主位的推进程序,先以 difference 和 distinction 作为话题主位,强调棋子之间没有差异,紧接着派生出两个句子,说明"没有差异"的具体意思。信息方面保持一致,衔接手段方面,汉语使用了一个借代的修辞格"一指",英语则用 any stone 与之对应。

汉语第 7 个句群对应英语第 11 个句子,都采用了单句,因此都没有主位推进程序。主述位、信息以及衔接手段都保持一致。

汉语第 8 个句群的主位推进程序为跳跃模式,第 9 个句群为连续主位模式,分别以"围棋"和"棋手"作为话题主位,指出围棋的局势因棋手不同而不同。英语将这两个句群合并为第 12 句,是一个简单句,以 any given situation 为话题主位,述位语义概括了汉语两个句群的述位语义。

汉语第 10 个句群对应英语第 13 个句子,均为简单句,均无主位推进程序。汉语的话题主位是"智慧",而英语则采用了无话题主位形式 there is 结构。汉语和英语译文均采用了人际主位,分别是"能够"和 practically。信息一致,衔接手段汉语使用了人称代词"它",英语则通过词汇重复 Go board 实现连贯。

2. 语篇 2

汉语

①水墨画"随心所欲"的表现形式不仅在于此。②与油画相比,水墨画不重背景,所画之物常常像悬空而立。③南宋画家马远绘制的《孔子像》里,孔子身着长袍,拱手而立,神情肃穆,若有所思。④人物之外,全无背景,只有作者的落款和印章。⑤作者用细长的线条勾勒出孔子的衣衫,线条的交错显示出了衣服的褶皱。⑥用几笔曲线画出人物的脸型、眼睛、鼻头,再用细笔画出胡须。⑦没有光影的表现,也不讲人物的解剖学特征,却把一代名师的庄重呈现出来。⑧这种手法,显然与达·芬奇的《蒙娜丽莎》南辕北辙,蒙娜丽莎立体的脸上时隐时现的阴影,微微上扬的嘴角,柔和的肌肤……都是油画创作中看重的技巧。

⑨油画家在创作时,考虑的是怎样表现出人物当下的神情。⑩而水墨画家,则想着如何表现出人物的长期以来的性格特点。

英语

①The freehand style of ink and wash paintings has many forms of expression. ②**Compared with oil paintings**, ink and wash paintings put less importance to the background and the drawn figures often look like they are standing in the air. ③The painting entitled "Portrait of Confucius" by painter Ma Yuan in the Southern Song Dynasty portrayed <u>Confucius</u> wearing a robe, standing submissively, and with a solemn look and lost in meditation. ④ <u>The background is blank</u> except for the painter's inscription and seal and <u>the painter showcased Confucius' dignity</u> by outlining his clothing with thin and long lines, pleats with intertwined lines, and his face, eyes and nose with curved lines, and his moustache with thin lines without techniques for portraying shadows and human anatomic characteristics. ⑤ <u>In stark contrast with Confucius, the oil painting entitled "Mona Lisa" adopted oil painting techniques</u> to depict faintly discernable shadows on <u>Mona Lisa</u>'s face, her mouth curved into a smile and soft skin. ⑥<u>When painting, oil painters attach great importance to showing the countenance of figures</u>, whereas ink and wash painters give priority to portraying the character of figures.

以下从主位推进程序、信息类型和衔接手段三个方面对源语和译文语篇进行对比分析。

首先,汉语源语语篇一共包含 10 个句群,英语译文语篇一共包含 6 个句子。汉语句群与英语句子的对应情况如下:

表 2-6　汉语语篇句群与英语译文语篇句子对应情况

汉语源语语篇	1	2	3	4+5+6+7	8	9+10
英语译文语篇	1	2	3	4	5	6

表 2-6 显示,汉语中第 1、2、3 句群分别与英语的第 1、2、3 句子对应;汉语第 4 到第 7 个句群与英语第 4 个句子对应;汉语第 8 个句群与英

语的第 5 个句子对应;汉语第 9 和第 10 个句群与英语的第 6 个句子对应。以下按照汉语句群的序号逐一对比分析。

汉语第 1 个句群与英语第 1 个句子对应。汉语的句群为一个单句,英语译文也是一个简单句,汉语的话题主位是"表现形式",英语与之完全一致。信息类型也一致。不同的是,汉语用连接词"不仅"和指示代词"此"形成与前文的连贯,英语译文则直接表达了"有许多表现形式"的语义,省略了源语的人际主位和指示代词。

汉语的第 2 个句群与英语第 2 对应,语义一致,主位推进程序一致,都是派生主位推进模式,从前一句的上义话题主位"水墨画"派生出下义话题主位"所画之物"。信息类型完全一致,衔接手段方面,英语译文增加了人称代词 they,回指 the drawn figures,同时也增加了连接词 and 用以连接前后两个简单句。

汉语第 3 个句群与英语第 3 个句子对应,都是单句,但主述位结构发生了变化。汉语包含一个语篇主位"南宋画家马远绘制的《孔子像》里",话题主位是"孔子",是人物,述位是对孔子的描述;英语句子没有语篇主位,话题主位是 painting,是物,在述位中进一步描述了孔子的形象。

汉语的第 4 个句群到第 7 个句群与英语译文的第 4 个句子对应。汉语从第 4 个句群到第 7 个句群的主位推进程序比较复杂,依此包含"跳跃主位""连续主位"和"跳跃主位",每一句的话题主位和述位各不同,用不同的句群描述了《孔子像》的特点,而英语对应的一个句子为由 and 衔接的两个并列句,主位推进程序只有一个跳跃主位模式。同时,英语还使用了四个 and 把汉语所有的信息串联起来,用以描述《孔子像》的特点。

汉语第 8 个句群与英语的第 5 个句子对应。汉语为简单线性主位推进模式,英语为简单句,无主位推进。汉语这个句群里第一个单句的话题主位是"这种手法",述位是"与达芬奇的《蒙娜丽莎》南辕北辙",第 2 个单句的话题主位链则包含了"阴影""嘴角""肌肤",述位指出"都是油画创作中看重的技巧"。与源语相比较,英语话题主位只有一个即

the oil painting,其他信息没有丢失,但都被包含在同一个简单句中。汉语的人际主位"显然"在英语中被转换成语篇主位里了。两个语篇信息一致,都包含了两种画的区别,并重点描述《蒙娜丽莎》的特点。衔接手段上英语增加了人称代词 her 回指蒙娜丽莎,形成连贯,汉语则没有使用。

汉语第 9 和第 10 个句群对应英语的第 6 句。汉语两个句群之间的主位推进程序为"跳跃主位"模式,前一句说明油画家创作的关注点,后一句则指出水墨画家的关注点。英语译文用连接词 whereas 对比了油画家和水墨画家的不同,主位推进程序一致,信息一致,衔接手法上英语译文的平行结构比汉语更加明显。

(二)影响英语译文语篇接受情况的原因

1. 措辞与语篇结构转换问题

如前所述,翻译作为一种跨语言和跨文化的信息交流活动,首先应设法处理好汉英两种语言在表达逻辑和语言风格方面的差异,使译文在语篇结构、表达方式和措辞等方面符合目的语读者的认知方式与思维习惯①。从后续访谈中我们发现,译者在某些内容的表达上没有克服汉语言辞华丽、同义反复的特点,却保留了汉英在表面形式上的一致,再加上文化信息的缺失,最终导致被试对某些表述不知所云,或错误理解。如下所列:

例 1

原文:围棋本以精确擅长,但在讨论它时,人们却巧用各种比喻,若吟若叹。

译文:Go is a game of precision, but that has not discouraged people from talking about it in <u>poetic</u> styles using all kinds of metaphors.

---

① 袁晓宁:《以目的语为依归的外宣英译特质——以南京采风翻译为例》,《中国翻译》,2010 年第 2 期。

例 2

原文:围棋似乎是一种"争斗"之道,但其本质追求的却是和谐与平衡。

译文:Go seems to be a way of "fighting", its essence is about harmony and balance.

例 3

原文:在这温柔的较量里,所有的空间都提供了变数的可能性。

译文:In such a gentle contest, any part of the board can afford possibilities for change.

以上三例具有共性,有一半的受访者对 poetic、harmony and balance 和 gentle contest 表示不能完全理解或是理解错误。例如,被试在表示对 poetic 的理解时认为,Err …, and the bit talking about poetic styles, I've seen it used in films, movies. That it's been written about a lot before,表达对 harmony and balance 的理解时认为,Also, harmony and balance are the same word again. So, it's kind of repeating itself。

以上例子出自"围棋",从受访者对 poetic, balance and homonym 的反馈可以看出,他们不能理解译文传达出的言外之意,也无法理解围棋所追求的对弈精神。对语篇的静态分析显示,被试表示不理解的 poetic 在源语中对应的表达是"若吟若叹"。"吟"在汉语中指中国古代一种能够吟唱的诗歌体裁。"叹"在汉语中有"吟诵"的意思。源语用"若吟若叹"这个比喻的修辞格来描述人们对"围棋"的理解已经超越了其作为以精确擅长的智力游戏的范畴,"围棋"就像是诗歌一样值得人们可以赞美。但是,通过被试的反馈我们发现,显然被试无法理解 poetic 这样的意译表达方式。balance and homonym 则在从汉语源语到译文的转换过程中得到完整保留,即翻译采用了直译方法。被试也表示不理解。我们认为,汉语语义模糊、抽象等特征的影响导致了被试者不能准确理解围棋中传达出的诗意闲情、布局优美、势均力敌、以退为进的玄妙意境。

如果说措辞问题仅仅涉及了一些信息概念的转换，那么以语篇为单位讨论翻译质量与接受效果，一个重要依据即译文在语篇构成上是否能够以目的语为归依，因此，译者应具备对译语语篇的构建能力，能够对译文的语篇结构进行适当的调整或重构。以下是对因语篇结构调整质量不高而引起的影响可理解性的举例分析。

原文：南宋画家马远绘制的《孔子像》里，孔子身着长袍，拱手而立，神情肃穆，若有所思。人物之外，全无背景，只有作者的落款和印章。作者用细长的线条勾勒出孔子的衣衫，线条的交错显示出了衣服的褶皱。用几笔曲线画出人物的脸型、眼睛、鼻头，再用细笔画出胡须。没有光影的表现，也不讲人物的解剖学特征，却把一代名师的庄重呈现出来。

译文：The painting entitled "Portrait of Confucius" by painter Ma Yuan in the Southern Song Dynasty portrayed Confucius wearing a robe, standing submissively, and with a solemn look and lost in meditation. The background is blank except for the painter's inscription and seal and the painter showcased Confucius' dignity by outlining his clothing with thin and long lines, pleats with intertwined lines, and his face, eyes and nose with curved lines, and his moustache with thin lines without techniques for portraying shadows and human anatomic characteristics.

语篇静态分析显示，这个例子是汉语源语语篇中的第3个句群到第7个句群，其分析结果此处不再赘述。通过对比我们发现，这个例子最大的特点是将汉语的若干个句群合并为一个很长的英语句子，虽然在转换中信息类型没有太大变化，译文也增加了回指代词和关联成分的使用(their,and),但似乎并不充分,而且 and 起到的只是列举的作用,而非关联,因此仍给读者行文堆砌,逻辑不清的印象。下面我们结合被试反馈,探讨语篇布局在转换中的问题。

受访者反馈:

1. Well, that's a long, long sentence. Thinking about the what was going through my mind when I was reading the first part, the focus is very much on Confucius. And therefore nothing in the background. I'm sort of starting to imagine what it looks like.

2. Ah … the sentence is way too long. Ah … and lots of "ands" as well. I have a good image of the technique. But it's not very clear to me because ah … some of the verbs are confusing.

3. I think this sentence is a little long. But I think it's okay. Cause you get lost a little bit in it just with all the different descriptions of each part of the painting.

显然,在缺乏对水墨画了解的情况下,被试认为英语的长句结构造成了对语篇的理解困难,太多信息混杂在一起,无法清晰理解画面背景、画家题跋、画中人物的服饰与人物庄重神情之间的关系。尤其对 standing submissively 和 pleats with intertwined lines 最为疑惑。多数被试在这部分的访谈中多次用到 I imagine,并试图通过上下文进行推测,可见被试对此有一定的理解困难。

2. 文化意象缺省问题

翻译从表面上看是语言符号的转换,但从本质上看,是将一种语码所承载的文化信息用另一种语码表达出来,所以是一种跨语言和跨文化的信息交流活动①。对中国文化的熟悉程度与外传翻译效果的相关性问题,窦卫霖、祝平对官方口号翻译有效性的实证研究表明具有相关性,被调查者对中国文化越熟悉,理解这些口号翻译的几率越高②。我

---

① 窦卫霖:《如何提高中国时政话语对外传译效果——基于认知心理学角度》,《探索与争鸣》,2016 年第 8 期。
② 窦卫霖、祝平:《对官方口号翻译有效性的实证研究》,《中国翻译》,2009 年第 5 期。

们的 10 名访谈对象中,2 人没有到访中国的经历,对中国也不太了解,3 人有过到访中国的经历,且自述对中国有一定的了解,另外 5 人有到访中国的经历,但自述对中国一般了解。

如前所述,语篇 1 的可接受度和可理解度均较差,这与视觉情境匹配实验的数据统计结果一致。在进一步对受访者的评价用语进行筛选后我们发现,在论及围棋时,大都只提及 complex,complicated,difference,change,strategies,这与原文中表达出的"诗意、平衡、和谐、力量、智慧、谋略"等格式塔质有一定的差异。造成对该语篇理解困难的一个重要原因即文化信息缺省,即关于围棋输赢的文化内涵。原文中有这样一句"围棋赢一目是赢,赢半目也是赢"(Wining by one grid is as much a win as winning by half a grid),对于译文,多数被试表示不理解,不同意。其他棋类,竞技类运动,均以输赢为目的,为什么对围棋而言似乎输赢并不重要? 例如:Um ... I I'm not quite sure that I understand this sentence fully. One grid and half a grid. I'm not sure which one is worth, err ... more in go. As much a win as winning by half grid ah ... is either incorrect or very unclear. I feel confused. It seems to be implying there's a lack of importance to winning and losing. ... So that kind of sounds like just it doesn't matter what the difference is the winner ... winning by one grid is ... as much a win ... as winning by half a grid. Um ... I can kind of hang upon that sense a little bit. Just because I think there's just me not understanding the game very much。

通过被试的这些评价反馈可以看出,他们意识到在讨论围棋输赢之间的较量与平衡是被赋予了更深入的文化含义和人文精神,但具体是什么似乎不太清晰。因此在回答时表述不连贯,犹豫,重复,反复修正,使用了较多介入手段。对于某些不能理解的地方,被试也会自行反思原因,可能因为不懂围棋,如果懂围棋,应该就知道什么意思了。例如:but I am not too sure how it works. I don't know what the Go is. Not really So I don't know much about Go. I am trying to figure this out my head ... how that can be expanded to life and the universe itself, I guess I struggle slightly more to comprehend how you get there.

我们认为,这与围棋的发展有一定的关系。作为旨在介绍中国传统文化的栏目,这篇介绍围棋的文章将围棋描述为一种文明的交流活动,具有高雅、闲逸、和谐之下有谋算、一步定乾坤的特质。在中国文化中围棋是竞技,是游戏,是艺术,也是一种宇宙之象、人生之道,体现出东方智慧①。然而当围棋发展到当下的人机对弈,尤其是 AlphaGo 的出现,留给观者的印象似乎只有输赢与计算了。被试不能正确理解也就不足为奇了。

3. 认知差异与文化认同问题

任绍曾引用范戴克(Van Dijk)指出的语篇三个维度,即语言使用、信念的传递(认知)和社会情境中的互动,认为这三个维度反映了语篇生成和理解所涉及的三个方面:语言、社会和认知②。语篇的情境性主要涉及使语篇与某一话语情境相关的诸因素,这些因素就是语境③。认知语境包括语篇参与者的世界知识、认知模式和推理能力等诸多语境因素。在语言使用中起作用的是认知语境④。根据皮亚杰的发现,认知发展涉及图式。翻译是利用知识图式认知原语文本意义,形成概念,再受到目的语图式干预,来表述原文概念的过程⑤。我们发现,受访者在对译文进行意义构建的时候,明显利用了原有认知图式。

在后续访谈中我们发现,被试依赖语篇的语境意义的同时,会自觉结合自己先在经验和旧知识,这对可理解度有一定的影响。这些影响可能会促进理解,例如,接受度较好的"水墨画"语篇中,《孔子画像》与

---

① 何云波、任晨:《毛泽东军事策略与围棋——兼评〈旷日持久的游戏——毛泽东军事策略的围棋阐释〉》,《湘潭大学学报》(哲学社会科学版),2021 年第 2 期。
② 任绍曾:《语篇的多维分析》,《外国语(上海外国语大学学报)》,2003 年第 3 期。
③ 朱长河、朱永生:《认知语篇学》,《外语学刊》,2011 年第 2 期。
④ 任绍曾:《语篇的多维分析》,《外国语(上海外国语大学学报)》,2003 年第 3 期。
⑤ 窦卫霖:《如何提高中国时政话语对外传译效果——基于认知心理学角度》,《探索与争鸣》,2016 年第 8 期。

油画《Mona Lisa》画像的对比,充分激发了受访者对自己熟悉事物的情感,大大增加了对于该语篇的接受程度(So that's comparing to the Mona Lisa, which is obviously I'm familiar with. The oil painting is more of a realism trying to get what a person would look like in reality, where this is drawing the contrast to something more focused on an idyllic image.)。应该说,源语语篇篇章结构遵守的相似性原则在译文语篇中得以保留和体现,有助于读者对源语语篇的理解①。

同时,先在经验的介入也可能会妨碍理解或影响接受效果。较突出的例子仍然是关于围棋的。上文曾提到过被试对某些用词的质疑,其中包括 unique among all board games Go does not consider ...和To Chinese people, Go is not just a game of intelligence; it manifests a unique way of thinking and of understanding life and the universe。有被试明确表示出不同意(disagree)和不认同(dislike)。理由是他们联想到象棋、五子棋或其他竞技类运动,这些运动以输赢判断胜负,也会用到各种策略与技巧,这就使得被试更加不能理解为什么围棋不以输赢论胜负了。另外,他们认为其他文化(如日、韩文化)中围棋也是非常重要的一项文化活动,非中国独有(uniqueness),因此对该句的翻译在文化认同方面表现出负面态度。

(三) 对研究结果的思考

首先,综合以上研究结果可以看出,受访者对于所选段落英译的可接受性与可理解性总体评价较高。《孔子学院》英文对照版2018年之前由包括英美人士在内的翻译团队完成英文翻译,2018年起,由环球时报在线(北京)文化传播有限公司提供英文翻译。随着《孔子学院》逐渐成为中国文化"走出去",传播中国声音的重要平台,它们的英译工作也受到汉办的高度重视,这就为译文质量达到较高水平提供了有力保障。本章研究中选取的译文是2018年之前的,相信现在的母语受众对当前的英文对照版,甚至其他多语种对照版的译文接受程度和理解程

---

① 张德禄:《语篇连贯的宏观原则研究》,《外语与外语教学》,2006年第10期。

度应该会更高一些。

第二,根据视觉情境匹配实验的结果来看,段落1接受度较低,结合后续访谈中受访者的反馈可以看出,对于这个段落的理解困难和质疑也较多。我们认为这是如何统一文化可接受性与翻译可接受性的问题造成的。就可接受性测试的内容而言,除了译文存在文体不恰当、结构冗赘、语言不自然和语义模糊、有误,译文的句法和语义结构不合适等问题之外,读者是否理解文化背景以及相关主题也应成为测试内容之一。因为译本的可接受性不单单是语言本身的问题,也受到文化可接受性的影响。例如作品中的人物名称造成记忆的困难和阅读的无趣,就是不熟悉某种文化造成的[①]。因此,只要在跨文化层面上可取的文化形式就理应在目标语文化里得以复制。与此相应的是,拓宽和重新调整视角,在对特殊细节再度表述的过程中,让目标语读者了解到不同的文化价值,同时优先关注目标语的规范和习俗[②]。

目前在外宣翻译界提出"内外有别"的原则。当然,为了使中国文化"走出去",有些学者也提出"以我为准"的原则。贺金山、付欢认为,应将外宣翻译的"内外有别"和"以我为准"结合起来,而非割裂开来,实现外宣效果最大化,既不影响受众对译文信息的接受,又能使中国文化走向国际,提升中国在国际社会的话语权[③]。

《孔子学院》对于"围棋"一词的翻译就值得我们思考"以我为准"的重要性。英语世界第一本介绍围棋的书是亚瑟·史密斯(Arthur Smith)所著《围棋——日本国技》(*The Game of Go: The National Game of Japan*),介绍了很多围棋术语的英文表达,但这些术语全部来自日文表达。包括 Go 音译自日语"碁"。《剑桥词典》(*Cambridge Dictionary*)对 Go 的定义是:Go (game), a Chinese game played on a

---

[①] 刘朝晖:《评〈红楼梦〉两个英译本的可接受性——以美国亚利桑那州立大学学生的抽样调查为例》,《中国翻译》,2014年第1期。
[②] 孙艺风:《论翻译的暴力》,《中国翻译》,2014年第6期。
[③] 贺金山、付欢:《外宣翻译中"内外有别"和"以我为准"的统一》,《现代语文(语言研究版)》,2014年第3期。

square board in which two players try to surround each other's stones (= pieces)。目前,英语世界对围棋的普遍接受是 Go。但 go 本身的一词多义对于没有接触过围棋的人来说容易造成误解。1969 年耶鲁大学教授斯科特·伯尔曼(Scott A. Boorman)将围棋译为 Wei-Ch'i,介绍给西方世界。目前,我国学界使用的"围棋"英译名称大多为 weiqi①。

在我们的后续访谈中,或许是受到 AlphaGo 的影响,受访者对 Go 一词本身并没有提出质疑,可以看出母语者对该词的使用是接受的,但综合所有的分析结果表明,部分被试对于这一文化意象是不熟悉的,因此导致对整个语篇的接受效果和理解程度下降。试想,如果译文坚持使用 weiqi,同时予以进一步注解或释义,或许对提升这个段落的可理解性并不会有明显的效果,但至少会让母语者了解并熟悉这一中国特有的文化现象。因为,在坚持"内外有别"的同时,"以我为准"有助于充分保留中国特有的文化信息,给受众陌生的新鲜感,满足西方读者对中国文化的好奇。正如姜秋霞指出的,在源语和目的语中,相同的所指有可能传递不同的符号意义,通过翻译,原有的符号被赋予更大的意义空间②。如何在《孔子学院》这样一个传播中国文化的平台上通过翻译保留中国文化中特有的文化意象,值得思考。

此外,后续访谈中部分受访者的反馈确实传递出他们对于中国文化的新鲜感和好奇。例如:

1) I never thought that a game could have that much impact, but it's very interesting. I think it's a very interesting approach to board games. (The Game of Go)

2) ... it was a very interesting interpretation of Confucius because I always view him as somebody strong. (Chinese Ink and Water Paintings)

3) It really sounds like kind of an advertisement to go like a travelogue city. I really want to go. (The Ancient Waterfront Towns)

---

① 任晨:《围棋语词的译介与意义建构》,《中国围棋论丛》,2020 年第 5 辑。
② 姜秋霞:《翻译的文化书写:有形与无形》,《中国社会科学报》,2015 年 11 月 17 日。

从语篇分类角度来看,本研究讨论的语篇不属于文学文本,但具有文学文本空白性及非定向性特点[①],虽不具备美感体验,但涉及文化体验。作为译者,需要思考这些文化意象所带来的空白是否需要填补?填补多少?如何填补?如何通过对外传译在满足外国人士对中国文化好奇的同时,能够真正了解中国文化,同样值得思考。

最后,根据语篇结构对比分析的结果来看,所选段落的英文翻译在选词或表达、句型结构转换和语篇结构转换方面较准确,可以说翻译质量总体水平较高。从汉英语篇构成对比结果来看,以篇内句、回指代词和关联成分为主要指标的衔接与连贯对译文的总体接受效果有一定的影响。对可理解性的影响主要是回指代词和关联成分使用不够,尤其是因缺少回指代词造成的逻辑意义不明确。此外,个别用词不准确,部分句子冗赘,搭配不当等语言规范问题虽不影响交流,但不利于实现修辞说服中的情感诉诸(ethos),不利于提高译文话语的可信度,进而影响接受效果。孙艺风指出,翻译说服首先取决于受众因素,如果受众对说话所提及的信息比较熟悉,或者比较感兴趣,容易达成情感上的共鸣,也就容易建立认同,也就容易被说服。另一个就是文本因素,译本需要努力达到一些标准:逻辑性、恰当性、艺术性、平衡性,以实现成功的说服[②]。其次,在跨文化翻译中语篇连贯重构不能单纯局限于文本语言结构体系,必须结合目标语读者的认知图式。读者接受理论强调从读者认知心理与视野融合等维度进行读者关照。读者认知心理维度强调充分关照在阅读译本之前读者的先在知识与期待视野,译者应预判译本与读者相关知识储备的关联,避免造成理解误区;视野融合则强调译者要积极地将原文视野与读者期待视野融为一体,使读者能够透彻地理解原文并实现最佳的传播效果[③]。因此,译者需充分了解目标读者所处的社会文化背景,提供充分的语篇语境意义,充分激活并利用

---

① 王建平:《汉诗英译中的格式塔艺术空白处理》,《外语学刊》,2005年第4期。
② 孙艺风:《论翻译的暴力》,《中国翻译》,2014年第6期。
③ 尹佳:《从读者接受理论看外宣翻译中的读者关照——黄友义、徐明强访谈录》,《中国翻译》,2016年第5期。

读者的旧知识与先在经验,以此达成黄友义提出的外宣翻译"三贴近"原则之一,贴近国外受众的思维习惯①。

第四节 结束语

本章探讨了英语母语者对《孔子学院》期刊中文化负载篇章英译的接受情况。研究采用了混合研究方法,首先,通过基于格式塔心理学的视觉情境匹配实验,了解英语母语者对经过筛选的《孔子学院》期刊中文化负载篇章的汉英译文的整体接受情况;其次,基于篇内句数、回指代词和关联成分三个指标,通过对汉语原文与英语译文的语篇构建方式进行对比分析,确定汉英语篇结构转换效果与总体可接受性之间的相关性;最后,通过后续访谈了解每个篇章段落的整体可理解性。随后通过详细分析后续访谈中受访者的评价话语,进一步探讨造成受访者理解困难的具体原因及改进翻译的建议等。

首先,我们从2009—2017年《孔子学院》期刊《文化博览》栏目中挑选出四篇介绍中国文化的文章,从它们的英文翻译中摘取了四个可以独立成篇的段落。实验结果显示,这四个段落的英语译文的总体接受情况还是比较好的。根据具体实验数据,段落4(Chinese Ink and Water Paintings)的接受情况最好,段落1(The Game of Go)的接受度相对较低;其次,汉英语篇构建方式的对比显示,原文与译文的语篇转换效果与可接受性有一定的相关性。在随后的访谈中我们发现受访者对这四个段落的总体理解情况同样较好,对于造成理解困难的主要原因大致有三点。第一,措辞与语篇结构转换问题。部分具有较明显汉语语言风格的词汇采取了直译的方式,受访者因文化信息缺省不能正确理解这些词汇在篇中的意义。另外,通过语篇静态分析显示,部分句子过于冗长,降低了阅读体验;回指代词和关联成分使用不充分或不准

---

① 黄友义:《坚持"外宣三贴近"原则,处理好外宣翻译中的难点问题》,《中国翻译》,2004年第6期。

确也造成了逻辑意义含糊。部分受访者也对个别词汇、表述和标点的使用不规范提出了修改建议。第二，文化意象缺省问题。中国文化中特殊文化意象的陌生感是造成理解困难的主要问题。第三，认知差异与文化认同问题。通过对受访者的话语分析我们发现，他们的认知图式中旧知识和先在经验对译文意义的构建和文化认同的建立有较明显的影响。

  长期以来，我们忽视研究译本在真正读者中的可接受性。本研究显示，提升对外翻译传播效果，必须进行针对国外受众对译文接受和可理解程度的研究，尤其是实证研究，否则我们无法得知对自身文化价值的肯定是否一定能够唤起他国受众的认同。总之，翻译传播是文化传播的一部分，两者都离不开研究作品在受众中的可接受性。译者应有用目的语写作的能力，能建构出符合目的语民族深层次的思维方式、价值观和审美观的译文，使译文受者与原文受者做出一致的反应[1]。

---

[1] 袁晓宁:《语篇翻译中的重构现象探讨》,《东南大学学报(哲学社会科学版)》,2008年第2期。

第二部分
阿拉伯语译本海外受众接受情况研究

第三章　汉语文化负载词阿拉伯语译本接受情况

从本章开始,课题研究语种将从英语转向阿拉伯语、德语、俄语和法语。如绪论所述,纵观外宣翻译研究,目标语的语种主要集中在英语,而在当前世界全球化的大背景和中国"一带一路"倡议已经取得了一定成果的情况下,中国的对外文化传播与交流不仅仅要考虑以英语为母语或者官方语言的国家,还要考虑其他语种在中国对外宣传中日渐增强的作用,因此外宣翻译应该丰富语种研究对象,尤其需要考察这些之前研究成果比较缺乏的语种受众对于外宣翻译译文的接受情况,一方面可以弥补现有研究的不足和空白,同时希望通过本研究获得的成果促进这些语种在外宣翻译、文化传播以及不同语种之间各个层面的对比研究。每章均分别汇报汉语文化负载词译本的接受情况及其他相关研究结论。

第一节　外宣翻译汉译阿语研究

阿拉伯语作为联合国六大工作语言之一,现代以来一直是中国外宣工作中的主要目标语种之一。当代中国的阿拉伯语外宣翻译主要涉及两大领域——传统文化经典外译与时政相关内容的外译,取得了较丰硕的成果。

马坚先生翻译的阿拉伯语版《论语》是最早的汉语文化经典阿拉伯语译文,为中华文化在阿拉伯世界的传播做出重要尝试。《论语》在儒家文化乃至整个中华传统文化中都具有举足轻重的基础性地位,其中的文化负载词既丰富又极具代表性,涉及社会文化、物质文化、宗教文化等方面。鉴于此,马坚版的《论语》阿译本也为后来翻译这些文化负载词提供了参考。此后,《易经》《老子》《孙子兵法》等中华文化经典经过英语等西方语言的译文被阿拉伯译者译为阿拉伯语。新中国成立后,国家开始系统、全面地开展中国文化典籍外译工程,其中面向阿拉伯世界的外译工程就包括大中华文库工程、中阿典籍互译出版工程等。在此框架下,中阿学者共同努力,中华传统文化典籍阿译工程取得了显著进展,译著数量达 30 多部,既包括《论语》《孟子》《老子》等思想典籍,也包括《诗经》《金瓶梅》《聊斋志异》等各类文学作品,由长期工作在外语外事领域一线的中方学者、阿方学者或中阿学者联袂翻译完成。

王有勇曾提出中华典籍阿译的四大主要问题,即"为何推进?""有何困难?""应为何物?"和"该由谁做?",点明了文化领域外宣翻译的核心问题[1]。对此,王有勇还提出了"'放眼世界'与'立足本土'相结合""'中方主译'与'阿方润色'相结合""'翻译实践'与'人才培养'相结合""'闭门造车'与'借帆出海'相结合""'翻译批评'与'话语建构'相结合"等中华典籍阿译的五大基本原则,强调努力构建中华典籍阿译理论的任务[2]。因此,可以说,传统文化领域对阿外宣翻译成果较多,但相关的理论研究仍然处于起步阶段。

面向阿拉伯世界的外宣翻译还有另一个主要领域,即时政相关的内容翻译,包括新闻时事、党政文件等,由新华社、中国国际电视台(CGTN)、中国国际广播电台(CRI)等国内主流媒体的阿文部以及外文局、中央编译局等单位相关部门编译发布。有关流行语的阿译与研

---

[1] 王有勇:《中华典籍阿拉伯语翻译的问题、原则与任务》,《中国社会科学报》,2019 年 10 月 25 日第 6 版。
[2] 同上。

究,主流媒体涉及不多,相关研究也鲜有涉及。

综上所述,当前中国以阿拉伯语为目标语言的外宣工作,传统文化经典外译成果丰硕,但聚焦译本接受情况以及理论提升方面的研究成果极为有限。在这样的背景下,本研究以《孔子学院》院刊阿拉伯语版中的文化负载词和流行词为语料,考察阿拉伯语母语者对这两大类词阿译版的接受情况,进而提示当前这两类词的翻译有效性,为后续相关研究和实践的开展提供参考。

第二节 研究方法

本研究通过对三名阿拉伯语母语者开展有声思维实验收集所需语料,分别考察孔子学院院刊中阿文对照版中的中国文化负载词和流行词译文的接受情况,并尝试在此基础上探讨不同接受情况背后的原因及提升翻译有效性的策略。

《孔子学院》(中阿文对照版)于 2010 年创刊,刊行内容都以汉阿对照的形式出现。本研究所用语料选自 2010 年至 2016 年所发行的所有《孔子学院》期刊,在"说古论今""中国风尚""文化博览""专题报道"四个比较集中地反映中国社会文化的栏目中收集整理汉语文化负载词及其阿语译文,以此探讨以下三个研究问题:

第一,被试对汉语文化负载词阿拉伯语译文接受情况如何?

第二,汉语文化负载词阿拉伯语译文中,接受情况较好或较差的译文有什么特点?原因是什么?

第三,汉语文化负载词阿拉伯语译文的接受情况对外宣翻译有什么启发?

一、文化负载词译文接受情况研究方法

(一)研究语料

从《孔子学院》(中阿文对照版)2010 年至 2016 年相应栏目中一共收集到 339 个文化负载词,分为生态文化、物质文化、社会文化、宗教文

化、语言文化、历史文化六大类别。与英语相关研究一样,首先手动逐一输入经过人工辨识和团队成员三角验证的汉语文化负载词,运用软件统计出这些词汇的频率、分布,并找出所有对应的译文,包括一词一译和一词多译的情况。课题组成员根据前期文献梳理得到的文化负载词概念、特点及分类,将所得文化负载词按照不同类型加以分类,计算出各类型词语出现的比例。得出各个类型文化负载词的高低频词数量。高频和低频词的判断标准为 0.5,数值越接近于 1 则词频越高,数值越接近于 0 则词频越低。

综合考虑词频(低频及高频)、译法(一词一译及一词多译)以及词频与主题等因素,同时兼顾后续质性研究的可操作性,经过课题组成员三角验证后,确定了 15 个文化负载词为最终语料,如表 3-1 和表 3-2 所示。

表 3-1 阿拉伯语母语者有声思维实验汉语文化负载词及所属类型和数量*

类型	数量	文化负载词
生态词	1	牡丹(3)
名物词	4	筷子(48),饺子(36),**剪纸**(32),**行书**(6)
社会词	6	*中医*(41),针灸(4),气(4),**相亲**(23),属相(13),*川剧*(42)
宗教词	1	**门神**(28)
语言类词	1	论语(38)
历史典故词	2	空城计(1),孟子(5)

* 说明:斜体为高频词,粗体为一词多译词,括弧内数字为词频数。

表 3-2 汉语文化负载词及其阿拉伯语译文

序号	汉语原文	阿语译文
1	牡丹	زهرة الفوانيا
2	筷子	عيدان الطعام
3	饺子	وجبة "الجياوتسي"
4	剪纸	①مقصوصات ورقية;②القصاصات;③المقصوصات الصينية
5	针灸	الإبر الصينية
6	中医	الطب الصيني التقليدي
7	气	الرائحة

续表

序号	汉语原文	阿语译文
8	川剧	أوبرا سيتشوان
9	相亲	①زواج الصالونات؛ ②لقاء التعارف الأول
10	门神	①إله الباب؛ ②الإلهان الحارسان
11	属相	الأبراج الصينية
12	论语	كتاب "محاور اتكونفوشيوس"
13	行书	①خط المشق؛ ②خط خانغ (خط الرقعة)
14	孟子	كتاب "منسيوس"
15	空城计	حيلة المدينة الخالية

（二）有声思维实验

本研究借助有声思维实验展开。实验包括被试、实验材料、话语整理分析等。

1. 实验被试

经过前期访谈，课题组确定了3名阿拉伯语母语者为实验被试。其中1名女性，来自埃及；2名男性，分别来自埃及和阿尔及利亚。3名被试都能熟练使用阿拉伯语标准语。需要指出的是，阿拉伯人在日常口头用语中基本只使用当地方言，且阿拉伯各国方言差距较大，互通性差。阿拉伯语标准语使用场合有限，但通行阿拉伯各国，考虑到《孔子学院》中阿文对照版文本及有声实验问卷均为阿拉伯语标准语，因此实验前特地需要了解被试是否具有较好的标准语能力。

2. 实验材料

实验材料的核心内容围绕15个汉语文化负载阿译本的接受情况展开，具体提问方式根据一词一译和一词多译的情况有所不同。一词一译的情况，即"剪纸""相亲""门神""行书"四个词之外的所有词采用"语境描述＋理解判断"的模式设定问题。语境描述的部分一般选取该词在《孔子学院》中出现的语境，优先选择带有定义、描述性质的话语，以尽可能地增加被试对该文化负载词的理解。随后要求被试说出对相关阿拉伯语译文是否理解，理解程度如何。一词多译的情况，即"剪纸"

"相亲""门神""行书"四个词采用"语境描述＋择优选择"的模式设定问题。语境描述的部分同样选取该词在《孔子学院》中出现的语境,优先选择带有定义、描述性质的话语,以尽可能地增加被试对该文化负载词的理解,并用音译(拼音)的形式将此处的译文替换掉,再将多个版本的译文放在括号中紧随其后,要求被试在阅读文段后选出一个最好的译文,并说明理由。若被试认为所有版本的译文都不能理解,也说明理由。

3. 数据收集

有声实验全程录音,实验结束后,笔者根据录音将被试在实验中的话语信息转写成文本,得到被试话语语料,即需要分析的口头语篇,共1524个阿拉伯语单词,并根据评价理论框架对语篇中的词汇—语法资源进行标注,如以下标注示例:

[态度:鉴赏:＋正面] واضح
[介入:收缩:＋宣称] أعتقد
[级差:聚焦:－弱化] نوع ما

标注后,分态度、介入、级差三个子系统,分别统计15个文化负载词对应语篇中的词汇资源分布情况,整理成表。

第三节　文化负载词阿拉伯语译本接受情况

评价系统由态度、介入、级差三个次系统组成,经标注统计,三类次系统下的词汇资源数量如表3-3所示:

表3-3　文化负载词有声实验录音文本语篇中词汇资源在三个子系统中的分布

	次系统	词汇数量	总计
评价系统	态度	71	159
	介入	78	
	级差	18	

具体来说,各次系统中的词汇资源分布分别如表 3-4、表 3-5 及表 3-6 所示。

(一)态度次系统中的词汇资源分布

评价系统中的态度次系统又包括情感、判断和鉴赏三个子系统。情感是对行为、文本/过程、现象的心理反应,判断与价值体系有关,是说话者依据价值观对行为做出的评价,鉴赏则属于审美系统,是审美评价。三个子系统中的词汇资源可以从正面和负面两个维度概括地说明被试话语中彰显的对相关信息的态度。经标注统计,被试话语语篇中对 15 个文化负载词的态度资源分布如表 3-4 所示:

表 3-4 文化负载词的态度资源分布

序号	汉语原文	阿语译文	情感	判断	鉴赏	正面	负面
1	牡丹	زهرة الفوانيا	0	0	4	3	1
2	筷子	عيدان الطعام	0	0	3	3	0
3	饺子	وجبة "الجياوتسي"	0	0	3	1	2
4	剪纸	①مقصوصات	0	0	3	3	0
		②القصاصات؛	0	0	3	1	2
		③الصينية المقصوصات	0	0	2	2	0
5	针灸	الإبر الصينية	0	0	3	3	0
6	中医	الطب الصيني التقليدي	0	0	5	5	0
7	气	الرائحة	0	0	3	0	3
8	川剧	أوبرا سيتشوان	0	0	3	2	1
9	相亲	①زواج الصالونات؛	1	0	6	6	1
		②لقاء التعارف الأول	0	0	3	1	2
10	门神	①إله الباب؛	2	0	2	1	3
		②الإلهان الحارسان	1	0	4	5	0
11	属相	الأبراج الصينية	0	0	3	3	0
12	论语	اتكونفوشيوس"كتاب"محاور	0	0	3	2	1
13	行书	①خط المشق؛	0	0	2	1	1
		②خط خانع (خط الرقعة)	0	0	5	4	1
14	孟子	كتاب "منسيوس"	0	0	3	2	1
15	空城计	حيلة المدينة الخالية	1	0	3	2	2

(二) 介入次系统中的词汇资源分布

介入次系统表征话语者对所言内容直接责任或间接责任的介入，又分为话语收缩和话语拓展两种策略。其中话语收缩包含两个子系统——否认与宣称，表示反对或赞同某种策略；话语拓展也可以分为引发与摘引两个类型，表示对不同意见的不确定或认可。经过辨识、标注与统计，被试话语语篇中属于介入次系统及各个子系统的词汇资源分布如表3-5所示：

表3-5 文化负载词的介入资源分布

序号	汉语原文	阿语译文	话语收缩 否认	话语收缩 宣称	话语拓展 引发	话语拓展 摘引
1	牡丹	زهرة الفوانيا	0	0	3	1
2	筷子	عيدان الطعام	0	3	0	0
3	饺子	وجبة "الجياوتسي"	0	1	3	1
4	剪纸	①مقصوصات ورقية؛	0	2	3	0
		②القصاصات؛	1	1	4	0
		③المقصوصات الصينية	0	1	3	0
5	针灸	الإبر الصينية	0	1	3	0
6	中医	الطب الصيني التقليدي	0	3	1	0
7	气	الرائحة	1	0	1	0
8	川剧	أوبرا سيتشوان	0	1	2	0
9	相亲	①زواج الصالونات؛	0	2	2	0
		②لقاء التعارف الأول	0	1	1	0
10	门神	①إله الباب؛	1	0	1	0
		②الإلهان الحارسان	0	1	3	0
11	属相	الأبراج الصينية	0	1	2	1
12	论语	كتاب "محاور اتكونفوشيوس"	0	2	3	0
13	行书	①خط المشق؛	1	0	5	0
		②خط خانغ (خط الرقعة)	0	1	3	0
14	孟子	كتاب "منسيوس"	0	0	4	0
15	空城计	حيلة المدينة الخالية	0	0	3	0

（三）级差次系统中的词汇资源分布

级差次系统主要用于表达态度和介入的渐变程度，包括语势和聚焦两个子系统。级差次系统中的词汇资源能够帮助话语建构者调节评价结论。根据语势和聚焦的特点，本研究从强化和弱化两个方面来整理级差系统中的词汇资源，以了解态度和介入系统中评价结果的调节情况。经过辨识、标注与统计，被试话语语篇中属于级差次系统及各个子系统的词汇资源分布如表3-6所示：

表3-6 文化负载词的级差资源分布

序号	汉语原文	阿语译文	语势	聚焦	强化	弱化
1	牡丹	زهرة الفوانيا	0	2	0	2
2	筷子	عيدان الطعام	0	0	0	0
3	饺子	وجبة "الجياوتسي"	0	0	0	0
4	剪纸	①مقصوصات ورقية؛	2	0	2	0
		②القصاصات؛	1	1	0	2
		③المقصوصات الصينية	1	0	0	1
5	针灸	الإبر الصينية	0	0	0	0
6	中医	الطب الصيني التقليدي	0	0	0	0
7	气	الرائحة	1	0	1	0
8	川剧	أوبرا سيتشوان	0	1	0	1
9	相亲	①زواج الصالونات؛	2	0	2	0
		②لقاء التعارف الأول	0	0	0	0
10	门神	①اله الباب؛	0	1	0	1
		②الإلهان الحارسان	0	2	2	0
11	属相	الأبراج الصينية	0	0	0	0
12	论语	اتكونفوشيوس"كتاب"محاور	0	0	0	0
13	行书	①خط المشق؛	0	0	0	0
		②خط خانغ (خط الرقعة)	2	1	3	0
14	孟子	كتاب "منسيوس"	0	0	0	0
15	空城计	حيلة المدينة الخالية	1	0	0	1

第四节 分析与讨论

本节分析第三节中各组数据呈现的特点,分析指出文化负载词译文的接受情况,并在此基础上分别讨论说明接受情况较好与接受情况较差的译文分别具有的特点,以此阐述相关的翻译建议。

统计显示,被试的话语中较多地使用到了态度和介入两个次系统中的词汇资源,其次是级差次系统中的资源。这与被试构建话语的背景密切相关,即被试在参与有声实验的过程中,受到实验问题的引导,会更倾向于使用态度和介入两个次系统中的词汇资来表达自己的见解。这也说明本次有声思维实验的目的初步达成。从态度系统下阿拉伯语母语者对汉语文化负载词阿拉伯语译文的接受情况可以看出,正面态度词汇资源与负面态度词汇资源分别占态度词汇资源总数的73.24%和26.76%,正面资源远远多于负面资源。这说明整体上,被试对15个文化负载词的译文持正面的态度。其中,"中医""门神②""相亲①""行书②"等词的正面资源比例相对其他词更高,显示出高接受度,此外,"牡丹""筷子""剪纸①""属相"等词的译文也呈现较高的接受度,"饺子""剪纸②""行书①"等词的接受度相对较低。

从介入系统下阿拉伯语母语者对汉语文化负载词阿拉伯语译文的接受情况可以发现,这类词汇资源主要集中在扩展子系统之中,占据介入系统资源总数68%左右,具体体现为أعتقد(我认为)、في رأيي(我的意见是)、أشعر(我感觉)等引发类词汇资源。被试在有声思维实验中回答问题时,几乎每一题都会使用这类词汇资源。从功能上说,这类词汇资源在人际意义上极大地拓展了协商空间,以显性—主观(explicitly subjective)情态组织方式显著地降低了主体的情态责任,显示出话语建构者(即被试)尝试对自己的判断保留余地。从译文的接受度方面看,这一反应也在一定程度上说明了被试自身对译文准确度的不确定。

其中,对"行书①"译文的引发词最多,显示被试对词义猜测较多,不确定性最大。相反,被试对"筷子"译文没有扩展类词汇资源,且均为宣称类资源,显示对该词译文较为肯定的接受程度。

数据显示,总体而言,被试的话语中对级差次系统资源的使用并不多,只占整个评价系统的11%左右,且主要集中在"剪纸""相亲""门神""行书"等存在多种译文版本的词汇,这是因为被试利用介入系统的词汇资源对不同版本的译文做出比较,说明自己的倾向。此外,针对"牡丹""气""川剧""空城计"等词的译文也偶尔使用这类词汇资源,提示被试对这几个词的译文接受程度有所调整,需要结合其他两个次系统的结果来综合对比。

评价系统基于其框架下的各个次系统和子系统综合运行的结果来分析话语建构者的态度、立场。本研究聚焦译文的接受情况,就某一文化负载词而言,态度系统中正面词汇越多、介入系统中宣称资源越多、级差系统中强化资源越多,则说明被试对该词译文的接受情况越好,同时介入系统中扩展资源越少,越能说明译者对自身意见的肯定度高。在这一标准下,本研究将表4-4到表4-6中每个词的数据进行综合统计,根据统计数据为15个文化负载词赋值,以此反映被试对每个词的综合接受情况。具体赋值方法为:态度系统中的正面资源、介入系统中的宣称资源、级差系统中的强化资源作为正值进行累积,态度系统中的负面资源、介入系统中否认资源、级差系统中的弱化资源作为负值进行累计,正负相加得到初步接受度值。再考虑介入系统中扩展词汇资源,初步接受度值大于等于0的,扩展类词汇资源以负值在初步接受度值基础上累计,反之以正值进行累计,由此得到最终的接受度值。初步接受度值为负的,考虑为接受度较差的词,始终排在其他词之后。这样得到15个文化负载词最终接受度值排行,呈现三个次系统综合作用下的接受情况。

结果显示,"相亲①""中医""筷子""门神②""剪纸①""行书②"等词的译文接受情况较好,"行书①""空城计""剪纸②""气""门神①"等词的接受情况较差。值得注意的是,存在多种译文版本的词中,接受情况出现了极端对立的现象,如"门神""剪纸""行书"等词,提示被试对其中的一个译法有强烈的认同。

综合考虑被试接受情况和译文特点,接受情况较好和较差的词具有较为明显的特征。首先,被试对译文所表征的概念比较熟悉。如"相亲①"的译法 زواج الصالونات。该译法是直接借用阿拉伯语中已有的表达,字面意思是"大厅的婚姻",指男女双方以寻找结婚对象为目的,经人介绍在餐厅或类似地方相见。与中国"相亲"的习俗一致,因此该译文的接受度很高。相比之下,"相亲②"的译法 لقاء التعارف الأول 其语义为"第一次相识的会面",该译文没有针对性,在特定语境下可与"相亲"含义相当,但远远不如"相亲①"的译文贴切。对此,被试在实验中也有表示:

[态度:鉴赏:+ 正面] واضح [态度:鉴赏:+ 正面] مفهوم زواج الصالونات [لأننا في مصر عندنا نفس الطريقة لإيجاد شخص يناسبك للزواج. ولقاء التعارف مفهوم, لكن الأحسن [级差:语势:+ 强化] زواج الصالونات.

被试使用两个正面的态度资源词,直接表示 زواج الصالونات 的译法是清楚的,并补充说明理由,即这种现象在埃及也存在,并进一步使用级差中语势强化的词汇资源,指出这一译法比另一译法更好。

与此类情况相同的还有"中医""筷子"这两个词。虽然这两个词所表征的概念并不是阿拉伯国家的文化,但是由于被试都有访问中国的背景,且这两项文化概念在阿拉伯国家比较容易接触到。这是"中国文化走出去"的成果。

"气"的例子即为反例。被试在实验过程中使用了较多负面的词汇资源,如(غريب)(奇怪的)[态度:鉴赏:- 反应]和(不能接受) غير مقبول [态度:情感:- 不满意]等,表明被试对这个词的接受情况较差。原因首先在于"气"的概念本身就较难把握,是一个非常有中国特色的词语,再者译文 الرائحة 为"气味"之意,与"气"的本义不是很接近,很难理解该词体现的中国文化与"气味"之间的关系。

其次，考虑被试文化背景，避免歧义。如"门神②"的译法，الإلهان الحارسان，字面意思为"两大守卫的神"，对此被试在实验中与"门神①"的译法"إله الباب"进行对比：

نعم، إنه **واضح** [+ 正面：鉴赏：态度]. فان الإلهين يحرسان بيتك. أما إله الباب، **يتضع** معناه بعد أن قرأت "الإلهين الحارسين". لو قرأت الأخير دون الأول **لما فهمته** [- 负面：判断：态度][**على الإطلاق** + 强化：聚焦：级差] ربما أراه إلها موجود في الباب فيعبد الناس الباب إلها، لكن **لا أعرف** [- 否认：收缩：介入] ما دوره.

被试使用态度类正面和负面的词汇资源分别肯定和否定"门神②"和"门神①"的译法，并根据译文和问题中的描述说明了"门神"的特点——守护家宅的神。对于"门神①"，被试认为看了"门神②"的译文后，能明白，但没有"门神②"的话就不知所云。其实，这两种译法与阿拉伯人的宗教信仰有关系。目前，绝大多数阿拉伯人信仰伊斯兰教这样的"一神教"。该宗教中的"神"只有真主安拉，安拉无形无相，且无处不在，可见阿拉伯文化中"神"的含义与汉语中"神"大相径庭。在阿拉伯人看来，与"一神教"相对的宗教是拜物教，实质是偶像崇拜，因此，正如被试所说，"门神①"容易让阿拉伯人联想到"把门当成神，进行叩拜"的情境，明显与原文出入较大。

值得一提的是，关于"川剧"的翻译（四川歌剧）أوبرا سيتشوان，被试认为该译文（被理解的）مفهوم，但译文中的（歌剧）أوبرا来自西方语言中的 opera，由于该词先入为主的概念，被试在实验中首先联想到的是西方的歌剧形式，很难与既有认知中的中国传统文化形式产生关联。因此在实验过程中被试都对"川剧"的具体形式表现出较大好奇心。这说明该词在翻译成阿语的过程中没有充分考虑翻译受众的背景知识。受众在自己的文化背景下进行联想，容易曲解词义①。

第三，译文选词准确，语义明确。如"剪纸①"的译文 مقصو صات

---

① 陈清华：《关于海外受众接受心理的外宣策略》，《江苏社会科学》，2010年第4期。

ورقية,字面意思是"用纸剪出来的东西",被试对该译文展现出较高的接受度,认为该译文与语境描述最为匹配。同时,被试也指出其他译文的不当之处,并在对比中确定了三个不同译文接受情况的差异,即"剪纸①"最好,其次是"剪纸③",接受情况最差的是"剪纸②"。对此有被试表示:

级差:聚焦:[**أفضل** المقصوصات الورقية][介入:扩展:-引发]**أعتقد**
态度:鉴:[**يتضح** السياق][态度:鉴赏:+正面]،لأنها **تناسب**[+强化
+正面:赏]:معنها بعد قراءة هذه الجملة. يبدو أنها نوع من الفنون الصينية التقليدية.
والمقصوصات الصينية أيضا... **واضح**[+强化][级差:聚焦][لكن **الأحسن**]:级差
[聚焦:-模糊]أن توصف بورقية. أما القصاصات فهي قطع الورق الممزقة،**فقد** تكون
غامضة بعض الشيء.

可以看到,该被试用正面的资源词说明其本人认为المقصوصات الورقية最符合语境描述,المقصوصات الصينية也不错,但该译文中没有"纸"相关的语义,相比之下没有那么清楚。但القصاصات这个译文遭到被试否定,原因是该词是指类似于纸条或纸屑等由完整的纸撕成的碎片,与"剪纸"这一艺术行为相差甚远。三种不同译法的主要差别就在于中心词的选择之上,القصاصات的译法就是中心词选词不准,造成语义模糊。

在"行书"的翻译过程中也体现出这一特点。"行书①"的翻译خط المشق是对阿拉伯语已有书法术语的借用,但是阿拉伯语中这个书法特点,包括字体特点和使用特点都与中国的行书相差很大。"行书②"的翻译采用了"音译+注解"的方法,即先用"行"(خانع)①来给字体(خط)命名,再在括号中用一种相近的阿拉伯语字体名称进一步明确语义,即خط الرقعة(鲁格阿体)。该字体重视连笔,书写过程流畅、方便、快捷,在大众生活中广泛使用,与中国的行书在字体上和使用上都十分类似。这种"音译+注解"的方式对译文语义有很好的限定作用,既突出中国文

---

① 原文中对"行书"中的"行"字音译有误,应为"شينغ"。

化特色,又利用对象语言明确语义,提升译文对象对相关概念的理解度。

总体而言,在文化负载词领域,阿拉伯语母语者对译文的接受情况较好。对文化负载词的理解涉及民族历史文化等深层且久远的文化因素,很难通过简短的译文完整呈现其中意义。也正因如此,在翻译时综合考虑受众的文化背景(包括本族文化和世界文化)、选用语义明确匹配度高的词、善用解释法,会使译文接受程度比较高,反之则造成译文接受情况较差[1]。

第五节 结束语

本章在评价系统的理论框架下分析了阿拉伯语母语者对外宣文本中的汉语文化负载词阿译本的接受程度。结果表明,整体上母语人士对这两类译本的接受度较好,但也存在一些接受情况较差的译文。

译文的接受情况与目标受众的文化背景密切相关,因此在翻译时应合理运用归化、异化等手段,利用受众已有的文化背景,增加译文理解度,或避免因不同文化背景而造成的理解偏差与歧义[2]。另一方面,译文接受情况与表达的准确度、规范度密切相关。在翻译时要充分考虑到译文字词的准确度,尽量避免结构或词义模糊等带来的硬伤。

综合考虑下,在解释性翻译的策略下进行翻译的词汇明显接受情况较好,而直译、音译的翻译效果则不太理想。另一方面,需要思考的是,阿拉伯国家与中国同属第三世界的国家,长期以来都受到来自西方发达国家各方面的影响。因此,在翻译过程中借助西方强势语言的话语进行沟通有时似乎能达到交流的目的,但是在对外宣传时,特别是进行文化类的外宣时,是否应该考虑构建一种有中国特色且与对象国直接联通的翻译策略,这一点需要做进一步的研究思考,即"闭门造车"与"借帆出海"相结合时,应该确保用词规范,尽量避免不必要的干扰。

---

[1] 丁衡祁:《对外宣传中的英语质量亟待提高》,《中国翻译》,2002年第4期。
[2] 陈小慰:《对外宣传翻译中的文化自觉与受众意识》,《中国翻译》,2013年第2期。

第四章　汉语语篇阿拉伯语译本接受情况

对汉语语篇阿拉伯语译本接受情况的研究将按照本书绪论第四节"语篇分析"说明的框架及具体实施步骤进行，这里不再赘述。本章重点呈现研究方法和译文语篇接受情况。

第一节　研究方法

本小节具体介绍研究任务、研究语料、被试、有声实验过程以及数据收集和处理情况。

一、研究任务

1. 概述语篇大意。
2. 指出能够理解的句子，并对句子进行释义。
3. 指出不能理解的句子，指出不理解的地方并说明原因。

二、研究语料

研究语料选自 2010 年至 2016 年《孔子学院》中阿文对照版"文化博览"栏目中的三篇文章。这三篇文章分别介绍了青花瓷、围棋以及中国园林。为了便于有声思维实验的开展，研究分别从三篇文章中各自选取了约 200 个汉字的段落，一共三段。这三个段落在内容上均能独立表达一个完整的主题,并且符合完整语篇的三大要素,即具有一个中心思想,具有连贯性和一致性。体裁均为说明文,目的均为向语篇读者介绍中国文化。

三、研究被试与数据收集

研究邀请三位阿拉伯语母语者参与有声思维实验。实验前首先筛选实验对象,确保被试符合有声思维实验的条件①,并向被试介绍实验要求及需要完成的任务。实验中被试不被打扰,并全程录音。在阅读完三篇语篇段落后分别按照要求完成任务。实验结束后允许被试对回答的问题进行修正和补充。

四、材料分析

材料分析分为三个部分。首先转写有声思维实验被试话语,然后将被试话语按照三个研究任务进行划分。第一个任务反映的是被试对译文语篇总体理解情况。研究者根据反馈情况可以大概了解被试对语篇整体大意是否理解正确,为后续具体分析两个任务奠定基础。其次,分别按照任务二和任务三,逐句分析被试的反馈,对于可以理解的部分,判断被试的释义是否正确,找出正确以及有错误的信息点;对于被试明确表示不理解的部分,归纳原因,备后续分析讨论时参照。第二,分别依据"绪论"语篇分析框架,结合汉语源语语篇及阿拉伯语语篇特点,对源语及译文语篇做静态分析和对比,为后续动态分析做准备。第三,根据有声思维实验被试反馈信息,结合源语及译文语篇静态分析结果,讨论译文语篇接受情况、原因以及翻译有效性问题。

---

① 郭纯洁:《有声思维法》,外语教学与研究出版社,2007年,第1页。

第二节　汉语源语及阿拉伯语译文语篇静态分析及对比

一、阿拉伯语语篇特点

阿拉伯语作为一种屈折语，形态变化十分丰富，有很多语法化程度很高的虚词，这使得阿拉伯语语篇既具有语篇的一般特征，也具有鲜明的阿拉伯语特点。阿拉伯语句子根据句子中的第一个实词的词性分为名词句和动词句①。在分析信息结构时，韩礼德认为，主位总是并且只包括一个经验成分②。因此阿拉伯语中名词句的起语即为（话题）主位，如：

و هو（主位）(أقدم أنواع الشطرنج بأسرها)（述位）．

在实际语篇中，阿拉伯语的动词句更为常见，其基本语序为"动词+主语+其他成分"，动词和主语有一致性的要求，当主语为人称代词时，动词和主语融合成一个不可分的单词，主语通过动词的形态变化体现出来。因此在分析动词句的主位时，本文将动词至其后的第一个过程参与者分析为主位，即多重主位③，同时将参与分析为话题主位。如：

话题主位
ويتميز خزف الزهور الزرقاء بطريقة صناعته الفريدة．

主位
حاولوا [主位（话题主位）] إبراز جمال الطبيعة من خلال المساحات الصغيرة التي تتضمنها الحدائق.

---

① 陈中耀：《新编阿拉伯语语法》，上海外语教育出版社，2000年，第6页。
② 韩礼德：《功能语法导论》，彭宣伟译，外语教学与研究出版社，2010年，第58页。
③ 周烈、蒋传瑛：《阿拉伯篇章语言学》，外语教学与研究出版社，2001年，第32—35页。

从衔接与连贯角度看,阿拉伯语语篇除了追求语义的连贯之外,还十分注重使用显性的衔接手段,来说明句间的逻辑关系,因此阿拉伯语小句与小句之间乃至句子与句子之间常常可以见到指称词或者连接词,实现在形式上连贯,读者也借助这些功能词理解不同情形间的语义逻辑关系,如:

①عند منتصف الليل استيقظت، كما اعتادت أن تستيقظ في هذا الوقت من كل ليلة بلا استعانة من منبه أو غيره ولكن بإيحاء من الرغبة التي تبيت عليها فتواظب على إيقاظها في دقة وأمانة. وظلت لحظات. ②وظلت لحظات على شك من استيقاظها فاختلطت عليها رؤى الأحلام وهمسات الإحساس، حتى بادرها القلق الذي يلم بها قيل أن تفتح جفنيها من خشية أن يكون النوم خانها فهزت رأسها هزة خفيفة فتحت عينيها على ظلام الحجرة الدامس.

以上文段选自诺贝尔文学奖得主埃及作家纳吉布·马哈福兹的小说《بين القصرين》(《宫间街》),反映了典型的阿拉伯语语篇的衔接特征。可以发现,两个句子中共有9个连接词,每个小句之间(包括句子和句子之间)都有连接词说明相互关系。此外,在语篇中,还有一些其他语法化的虚词,如关系代词、词根性虚词等等,体现嵌入关系。基于以上两点,阿拉伯语语篇中常常出现长句。

总的来说,阿拉伯语语篇的特征可以"线性"概括,即语篇扩展过程中,语篇随着其建构者的逻辑链条持续推进,且映射于句法形式之上,句法和语义(包括显性的和隐性的)有较为严整的对应。

二、汉语源语及阿拉伯语语篇静态分析及对比

对汉语源语语篇的分析框架说明见本书绪论第四节"理论框架"中的"语篇分析"部分,同时参考阿拉伯语语篇特点。以下具体呈现三个语篇的分析情况。

(一) 语篇1①

1. 汉语

①青花瓷工艺独特,<u>白色</u>的瓷胎上用毛笔沾上专用颜料,勾出曼妙图案,或

---

① 说明:语篇中下划线为已知信息,粗体为新信息,同时标注下划线和粗体的为已知信息+新信息。下同。

精致或典雅或奔放。②经 1200 度高温烧制后原先的灰黑色颜料便呈现出蓝白相间的条纹,宛如中国传统水墨画,行云流水间流淌着明净和素雅、含蓄和柔和。③明代永乐之前,绘制在瓷盘上的青花图案全部以写实为主,而到了永乐年间出现了花果并存的图案,人们把自然界的四时之景浓缩在一个画面中,借以寄托对美好事物的向往。④此外,青色在古代中国也有特殊的含义:古时的读书人希望"青出于蓝而胜于蓝",走上仕途后便有"青云直上"的愿望。⑤"青"在中国人心中的分量可见一斑。

2. 阿拉伯语

①ويتميز خزف الزهور الزرقاء بطريقة صناعته الفريدة، حيث يتم استخدام الريشة لرسم النقوشات الخلابة بألوان خاصة على الخزف قبل عملية التسخين، وتظهر أشكال النقوشات إما أنيقة بسيطة أو متحررة. ②وبعد تسخين الخزف في ألف ومائتين درجة سلزية تتحول الألوان السوداء والرمادية التي استخدمت قبل التسخين إلى خطوط تتخلل اللونين الأبيض والأزرق تشبه تماماً الرسم التقليدي الصيني الذي يستخدم فيه الماء والحبر فقط، حيث يبرز الصفاء والبساطة والرقة والنعومة بين السحب السيارة والمياه المتلئلئة. ③ فيما قبل عهد الإمبراطور يونغ له في أسرة سونغ كانت الرسومات على الأواني الخزفية تعبر عن الواقع عند كل رئيس، وعندما جاء عصر يونغ له أصبح الناس يدمجون أشكال الفواكه مع الزهور، ويدمجون المناظر الطبيعية للأربعة فصول في نقوشاتهم الخزفية، حيث عبروا بذلك عن تطلعاتهم لكل ما هو جميل. ④وقد كان للزهور الزرقاء معنى خاص في العصور القديمة، فكثيراً ما يتمنى الطلاب أن يتفوقوا على معلميهم، "فاللون الأزرق يأتي من النبات النيلي ولكنه يغلبه في زرقته"، وعند التقدم إلى وظيفة يأمل الجميع في القبول بها بسرعة، تماماً كـ"سرعة ارتفاع السحب في السماء"، ومن كل ذلك نستطيع أن نرى مكانة اللون الأزرق في قلوب الصينيين.

分析可以发现,总体来看,汉语由于逗号使用的特点,形成了句群这一独特的现象,即一个句号为一个句群,句群中有可能只包含一个单句或者复句,也可能由若干个单句或者复句组成。如第一个句群"青花瓷工艺独特,白色的瓷胎上用毛笔沾上专用颜料,勾出曼妙图案,或精致或典雅或奔放"中由若干单句组成,第二个句群中"经 1200 度高温烧制后原先的灰黑色颜料便呈现出蓝白相间的条纹"是复合句。这个汉语语篇由五个句群组成,每一个句群间用句号隔开,前两个句群围绕青花瓷工艺的两道主要工序展开,后三句分别表达"青花瓷图案""青色的含义和重要性"以及对"青色重要性"进行总结的句群话题。句群间的话题链呈现派生主位和连续主位的推进程序模式。而阿拉伯语中,以句号为一个句子结束的标志,句子内部可以是若干个并列或主从关系的小句,由连接词等显性的语法手段连接,以表明小句间的逻辑配列关系。可以发现,阿拉伯语的句子按一定的逻辑顺序整合特定主题而成,整个译文语篇由四个句子组成,前两句青花瓷工艺的两道主要工序展开,后两句分别表达了"青花瓷图案的演变""青色在中国文化中的含义和重要性"两个主题。因此,从源语语篇和译文语篇的语篇话题链组成来看,译文很好地转换了源语的信息。

下面具体分析第一篇汉阿语篇的主述位推进情况以及相关的信息类型和衔接手段。

汉语的第一个句群中,主位推进程序为简单线性模式,阿拉伯语译文与汉语相同,即译文话题保持了源语话题。但是在信息类型方面,阿拉伯语翻译时在句子中增加或改变了一些信息或信息的表述方式,如在表达"白色的瓷胎"时,翻译中使用قبل التسخين(烧制前的瓷器)来进行释译。从衔接手段上看,汉语和阿拉伯语各有特色。汉语运用了词义同现、省略、平行结构修辞格等手段,阿拉伯语一方面也运用了词汇重复和平行结构修辞格,同时还运用了连接词,将三个小句连接起来,如حيث提醒后来的内容是对前一句的详述,即展开对"青花瓷工艺独特"的具体说明,"و"连接两个并列的句子,都是对瓷胎图案的描写。

汉语的第二个句群中,主位推进程序仍保持简单线性模式,阿拉伯语译文与汉语相同,即译文话题保持了源语话题。但是在信息类型方面,阿拉伯语翻译时在句子中同样增加或改变了一些信息或信息的表述方式,如"宛如中国传统水墨画"的译文中进一步解释了"水墨"与"画"之间的逻辑关系,即فقط الرسم التقليدي الصيني الذي يستخدم فيه الماء والحبر(只用水和墨画就的中国传统绘画)。从衔接手段上看,汉语运用了连接词、比喻和平行结构等修辞格、词义同现,阿拉伯语译文则发生了变化,仍然体现在逻辑连接词,除了说明状语的بعد,还有حيث引出补充说明的内容,将"行云流水间流淌着明净和素雅、含蓄和柔和"与"水墨画"之间的关系逻辑关系点明。值得一提的是,在阿拉伯语中,"呈现出蓝白相间的条纹"和"宛如中国传统水墨画"并没有实体的连接词体现二者的逻辑关系,但在语法层面,"条纹"一词以泛指的形态出现,即"خطوط",在阿拉伯语中一种开放形态，后可直接跟定语从句加以修饰，形式上无须任何连接词（或关系代词）表明这种语法关系，但在定语从句中会出现代名词以回指被修饰词。译文利用阿拉伯语这一虚化的语法手段，在逻辑衔接上，将"宛如中国传统水墨"处理为"蓝白相间的条纹"的定语。

汉语的第三个句群中，主位推进程序为"连续主位+跳跃主位"模式（即"青花图案—青花图案—人们—人们"），阿拉伯语译文为"跳跃主位+连续主位"（即"青花图案—人们—人们"），与汉语有些许不同，但从主位内容看，译文话题仍然保持了源语话题。在信息类型方面，阿拉伯语翻译基本与汉语源语一致。在衔接手段方面，汉语主要使用了连接词、词义同现等手段；阿拉伯语也使用了连接词和词义同现两种手段，与前两个句子一样，阿拉伯语中语法化的连接词使用频率要高于汉语，如و将永乐前后两个时期的情形连接起来，表示顺承的关系，حيث引出对"人们把自然界的四十之景浓缩在一个画中"的详述。除此之外，阿拉伯语中还有较为丰富的人称指称手段，如动词عبروا（表达）一词，不仅承担动词本义，还以动词变位的屈折形式说明动作的主语是第三人称阳性复数，亦即前文所提"人们"。

汉语第四和第五个句群对应阿拉伯语译文的第四个句子。二者的主位推进程序都是"简单线性主位+连续主位"，即译文话题保持了源语话题。在信息类型方面，汉语中出现了"青出于蓝而胜于蓝"和"青云直上"的古语，用以说明"青"在中国文化中特殊含义。阿拉伯语针对这两处译文采取了直译与释译并举的方法来处理。其中"读书人希望'青出于蓝而胜于蓝'"，首先释译为يتمنى الطلاب أن يتفوقوا على معلميهم（学生希望超过老师），然后用表示说明关系的连接词ف引出直译内容اللون الأزرق يأتي من النبات النيلي ولكنه يغلبه في زرقته（青色来自蓝色，但是"蓝"的程度方面，要是甚于蓝色）。"走上仕途后便有'青云直上'的愿望"，首先释译为وعند التقدم إلى وظيفة يأمل الجميع في القبول بها بسرعة（求职时，大家都希望能很快被接受）①，然后用تماماً كـ（正如）接出"云朵在天空中升起那样快"。在衔接手段上看，汉语和阿拉伯语都用到了连接词和词汇

---

① 此处为译者错译，将在后文讨论。

重复等手段,但阿拉伯语译文中为了实现释译与直译的衔接,多连接词ف和比喻修辞格ك等手段。

(二)语篇2

1. 汉语

①中国围棋有 4000 多年的历史,在整个古代棋类中可以说是棋之鼻祖。②目前,围棋正渐渐地从一个中国文化竞技活动发展成一种国际性的文化竞技活动,受到越来越多人们的欢迎。③围棋的道具很简单。④只有一个棋盘和两罐棋子。⑤棋子也只有黑白两色,不像象棋有车、马、将的差别。⑥下棋时先将棋盘清空,然后持黑子的人先下,持白子的人后下,两人交替将棋子下到棋盘的点上。⑦棋子下定后不能移动。⑧而如果一个棋子周围的点上全是对方颜色的棋子,那这个棋子就被"围"起来了,要从棋盘上拿掉,而这个点上也不能再放棋子。⑨最后,当棋局下到双方都认为无处落子或对局中有一方认输时即为终局。

2. 阿拉伯语

①الشطرنج الصيني-تحديدًا الوي تشي- يرجع تاريخه إلى أكثر من أربعة آلاف سنة، وهو أقدم أنواع الشطرنج بأسرها، فتحول من كونه نشاطًا ذهنيًا رياضيًا وثيق الصلة بالثقافة الصينية فقط ليصبح تدريجيًا أحد أنوع الأنشطة الذهنية الرياضية في العالم والتي تزداد أعداد محبيها باستمرار.

②أدوات لعبة الشطرنج الصيني -الوي تشي- بسيطة جدًا، فلا يلزم للعبه سوى رقعة اللعب ومجموعتين من الجنود أو ما يُسَمى بالبيادق، مجموعة باللون الأبيض والأخرى باللون الأسود، الجنود أو البيادق داخل المجموعة الواحدة متشابهين تمامًا في الشكل والوظائف والقدرات، وبذلك يختلف الشطرنج الصيني الوي تشي عن الشطرنج الصيني الشيانغ تشي في تقسيم قطع الأخير إلى عربات وخيول وقائد، في البداية تكون رقعة اللعب خالية تمامًا من الجنود ثم يقوم الفريق الأسود باللعب أولًا وبعده الفريق الأبيض، وهكذا يستمر اللاعبين في إنزال الجنود بالتناوب بينهما، على شرط ألا يرجع أحد منهما عن لعبته ما أن وضع جنده، وإذا استطاع أحدهما أن يحاصر بجنوده أحد جنود الخصم بحيث ينشر جنوده في المربعات المحيطة بمربع جندي الخصم، يجب وقتها قلع هذا الجندي المُحاصَر من على رقعة اللعب ويصبح مربعه غير صالح لوضع أي جندي آخر، تستمر المباراة إلى أن تصبح كافة الأماكن غير صالحة لوضع جنود الطرفين أو إلى أن يخسر أحدهما.

以下分别从主位推进程序、信息类型和衔接手段三个方面对语篇 2 进行分析。

该汉语语篇由两个段落构成,第一段说明围棋的历史及发展,第二段说明围棋的下法,两段之间以连续主位的模式推进。总的来看,两段一共由 9 个句群组成。第一段有 2 个句群,分别表达了"围棋历史悠久""围棋的发展"等内容,第二段有 7 个句群,前两个句群描写"围棋的道具",接着描写"围棋棋子",最后 4 个句群说明"围棋的下法"。阿拉伯语语篇也由两段构成,两段内容和主位推进模式与汉语语篇一致。但阿拉伯语语篇只有两个句子,即一段一句。上述汉语句群中的内容在阿拉伯语中用各种连接词等衔接手段融为一个语义-逻辑链条,这在形式上造成了二者在数量上的不一致,但就内容而言,源语和译文语篇是一致的。

下面具体分析第二篇汉阿语篇的主述位推进情况以及相关的信息类型和衔接手段。

汉语语篇的第一段,即前两个句群,对应阿拉伯语语篇的第一段,亦即第一个句子。从主位推进程序来看,汉语两个句群之间以及句群内部都是连续主位模式,即都以"围棋"作为主位,对应的阿拉伯语译文中也是如此。处理信息时,译者使用了一些解释性的翻译策略,增加或变换一些信息的表达方式。如"中国围棋有 4000 多年的历史,在整个古代棋类中可以说是棋之鼻祖"中,以汉语中固有的说法"鼻祖"来说明围棋历史之悠久,译文中则将这一说法进行释译,表达为(وهو أقدم أنواع الشطرنج بأسرها 它是所有棋类中最古老的一种)。在衔接手段方面,两语篇都用到了上下义词、连接词等手段。汉语中还用到了省略,即主语承前省略,对应的阿拉伯语译文则使用了人称指称来替代重复出现的内容。再者,阿拉伯语译文利用表示并列关系的连接词 و 将源语中第一个句群中的两个句子整合在一起,再以详述意义的连接词 ف 将源语中的两个句群连接起来,最后用 والتي 引导的并列的定语从句将 تزداد أعداد محبيها باستمرار(受到越来越多人们的欢迎)附着在 أحد أنواع الأنشطة الذهنية الرياضية في العالم(国际性的文化竞争活动)这个名词词组之上。

汉语语篇的第二段包括第三到第九个句群,对应阿拉伯语译文的第二段，亦即第二个句子。从主位推进程序来看，汉语各句群之间是连续主位，句群内部是"连续主位＋简单线性主位＋连续主位＋跳跃主位"模式，阿拉伯语译文的主位推进模式与汉语基本一致，可见二者的语篇组织方式具有一致性。处理信息时，译文中补充了一些内容以完成释译。如"棋子"的翻译，首先处理为الجنود（士兵），继而补充أو البيادق（ما يسمى或称为兵卒）。前一个词，是借用战争中的"士兵"的表达，后一个词虽字面意思与之相近，但现在基本用来指称国际象棋中的"兵"；再如"棋子也只有黑白两色，不像象棋有车、马、将的差别"这句的译文为：

مجموعة باللون الأبيض والأخرى باللون الأسود، الجنود أو البيادق داخل المجموعة الواحدة متشابهين تمامًا في الشكل والوظائف والقدرات، وبذلك يختلف الشطرنج الصيني الوي تشي عن الشطرنج الصيني الشيانغ تشي في تقسيم قطع الأخير إلى عربات وخيول وقائد...

在"棋子也只有黑白两色"后增添了一句信息الجنود أو البيادق داخل المجموعة الواحدة متشابهين تمامًا في الشكل والوظائف والقدرات（同一罐的棋子在形状、功能、能力方面完全一致），以此实现对"只有黑白两色"特征的强化。在衔接与连贯方面，汉语和阿拉伯语语篇都用到了上下义词、省略、连接词、比较结构、词义同现等手段。阿拉伯语中还出现了指示指称ذلك（因此），将围棋的特点与象棋的不同衔接起来。此外阿拉伯语还利用语法化的连接词链ف...، وبذلك...، وهكذا...، على شرط...، و...将零散的小句串成整句。

（三）语篇3

1. 汉语

①与<u>阿拉伯园林</u>相似，<u>中国园林</u>也很重视"水"的运用。②<u>中国古典园林追求与自然的完美结合</u>。③设计者在<u>建园</u>时，<u>多取材于自然</u>，<u>要巧妙地在有限的园林面积</u>中<u>再现自然的美景</u>。④所以在<u>中国园林</u>里，能欣赏到<u>奇峰、异石、流水、湖面</u>等，而点缀其中的亭台楼阁，也要<u>注意不能破坏自然的景致</u>。

⑤同时，<u>中国园林</u>也<u>有着浓厚的文化气息</u>，在<u>园林的造型、布局</u>中，<u>建园者会巧妙地融入诗画艺术</u>，如园林建筑上的匾额、楹联、画栋、雕梁等，有了<u>这种诗

画的点缀，就使中国园林又多了一份诗情画意，形成了极具东方特色的中国古典园林风格。

2. 阿拉伯语

① وتتشابه **الحدائق الصينية** مع **الحدائق العربية** في **الاهتمام بوجود المساحات المائية**، حيث حرص مصممو الحدائق الصينية على **إظهار التناغم مع الطبيعة من خلال أفكار التصميمات المستوحاة من جمال الطبيعة الخلابة**، حيث حاولوا إبراز جمال الطبيعة من خلال المساحات الصغيرة التي تتضمنها الحدائق، ولذلك يمكنك عزيزي القارئ **الاستمتاع بالجبال والصخور والبحيرات الخلابة داخل الحدائق الصينية التي تزينها المقصورات والأبراج دون الإخلال بسحر المناظر الطبيعية المحيطة**.

② وتتمتع الحدائق الصينية أيضاً **بزخم ثقافي** يتمثل في تكوينها وتنظيمها الداخلي الذي **يعتمد على الامتزاج مع فنون** الشعر والرسم من خلال اللوحات الخطية والملصقات المتقابلة على الأعمدة والركائز المزخرفة والعوارض المنقوشة التي تجعل من الحدائق الصينية أشعار مرئية ورسومات حية تضفي **جواً من عبق الشرق الخلاب**.

以下分别从主位推进程序、信息类型和衔接手段三个方面对语篇3进行分析。

该汉语语篇由两个段落构成，第一段说明中国园林的自然之美，第二段说中国园林文化气息，二者以连续主位的模式推进。其中第一段由4个句群组成，分别围绕"中国园林'水'的运用""中国古典园林注重与自然的结合""中国园林再现自然美景""中国园林自然美的表现"的主题展开。第二段由1个句群构成，围绕"中国园林的文化气息"这个主题展开，阿拉伯语语篇也由两段构成，其主题内容和主位推进模式与汉语语篇一致。上述汉语句群中的内容在阿拉伯语中用各种连接词等衔接手段融为一个语义-逻辑链条，这在形式上造成了二者在数量上的不一致，但就内容而言，源语和译文语篇仍然是一致的。

下面具体分析第三篇汉阿语篇的主述位推进情况以及相关的信息类型和衔接手段。

汉语语篇的第一段，包括第一到第四个句群，对应阿拉伯语译文的第一段，亦即第一个句子。汉语语篇的句群间主位推进程序是"派生主位＋连续主位＋派生主位"模式，阿拉伯语译文中也以同样的模式推进。在信息类型方面，阿拉伯语译文将部分信息具体化，如"与阿拉伯园林相似，中国园林也很重视'水'的运用"中"水"的译文为المساحات

المائية（有水的面积），将源语中形态不定的"水"具化为与建筑密切相关的表达。再如，"所以在中国园林里，能欣赏到奇峰、异石、流水、湖面等"中，主语（即"能欣赏到"的施事主体）未表征出来，译文 ولذلك يمكنك عزيزي القارئ الاستمتاع بالجبال والصخور والبحيرات الخلابة داخل الحدائق الصينية，补充主语"你"，并随之插入呼唤语"亲爱的读者朋友"，显化源语中隐藏的信息，同时也拉近了语篇与读者的心理距离。在衔接手段方面，汉语源语和阿拉伯语译文都使用了比较结构、连接词、词汇重复、上下义词、修辞格（平行结构）、词义同现等手段，阿拉伯语译文中还使用了人称指称，并且有较多的连接词。通过这些额外的衔接手段，阿拉伯语译文将汉语中的 4 个句群整合成一句话，如引起对前文详述的连接词 حيث，将第一段的主位与述位内容联系起来。人称指称的使用"حاولوا(هم)"，利用了前后两个小句主语一致的语法特点，与连接词 حيث 搭配，将说明中国园林设计者的内容整合为一句话，并与前文联系起来。

汉语语篇的第二段，也是汉语语篇的第五个句群，对应阿拉伯语译文的第二段，也是第二个句子。汉语以连续主位的推进模式组织语篇，阿拉伯语则以简单线性主位的模式推进。两种模式下，汉语以"园林/建园者"为主位，统领整段的述位，因此在很多句子中都承前省略；阿拉伯语利用定语从句的优势，用两个定语从句将前句述位变成后句主位，环环相扣。在信息类型方面，译者利用多个已知信息来构建一个新的信息，如"楹联"释译为 الملصقات المتقابلة على الأعمدة（贴在柱子上语义相对的标语），阿拉伯人熟悉的事物整合为一个新的范畴，以此表达汉语中的文化负载词。在这部分，汉语和阿拉伯语都以一段为一个句群/句子，但可以发现汉语语篇基本由短句或散句构成，而阿拉伯语译文则是一个勾连不断的长句，由 الذي/التي 等连接词实现。

第三节　汉语语篇阿拉伯语译本接受情况

本小结依此按照有声思维实验三个任务的顺序，对照上文对于汉语源语和阿拉伯语语篇的静态分析结果，结合被试反馈信息，举例分析阿语译文语篇的接受情况及其原因,探讨翻译有效性问题。

一、语篇1

(一)语篇大意

上文对汉语源语及阿拉伯语译文语篇的静态分析显示,语篇1主要涉及了"青花瓷工艺""青花瓷图案的演变历史""青色的含义和重要性"这几个方面的内容。从被试的总体反馈来看,对于语篇重要信息的掌握基本正确,都提及了"瓷器""技艺""图案""变化""历史""漂亮""蓝色"等关键词,这与源语和译文语篇的整体话题是一致的。但被试反馈也发现了部分译文与源语内容有所偏差,同时被试也对个别表达提出不解。以下将结合语篇静态分析结果具体分析和讨论。

(二)语篇可接受情况及原因

以下通过实例具体分析可接受的语篇情况及原因。

阿拉伯语译文:

وقد كان للزهور الزرقاء معنى خاص في العصور القديمة، فكثيراً ما يتمنى الطلاب أن يتفوقوا على معلميهم، "فاللون الأزرق يأتي من النبات النيلي ولكنه يغلبه في زرقته"،...

汉语原文:

此外,青色在古代中国也有特殊的含义:古时的读书人希望"青出于蓝而胜于蓝",……

这部分来自汉语的第四个句群,主位"青色"在汉语和阿拉伯语中都得以保持。汉语原文中冒号的语篇意义极为突显,在阿拉伯语译文中取而代之的表示解释义的连接词 ف,将原文中无声的标点符号所表达的语篇意义用有声的词汇加以凸显,很好地形成了语篇连贯。正如静态分析所示,"青出于蓝而胜于蓝"这句古语采用了"释义+直译"的方法,有助于被试理解原意。对此,被试表示语义很清楚。这种译法抓住了古语"借事喻理"的语义特点,先用释义法将古语在日常言语活动中表达的实际语义译出,再以连接词 ف 引出古语字面之义,起到提炼与升华的作用,最终使直译的古语易于理解和接受。

以上可以理解的语篇内容分析说明,增加新信息实现解释性翻译、增加显性的衔接和连贯手段、显化句间关系等方法能保留原文的文化信息,同时符合译入语习惯,贴近外国受众的思维,满足了外宣翻译的三大原则①,因此也让读者更好地理解语篇。

(三)语篇接受困难情况及原因

以下通过实例具体分析接受困难的语篇情况及原因。

阿拉伯语译文:
وعند التقدم إلى وظيفة يأمل الجميع في القبول بها بسرعة، تماماً كـ"سرعة ارتفاع السحب في السماء"...

汉语原文:
(古时的读书人希望)走上仕途后便有"青云直上"的愿望。

该部分属于汉语语篇中的第四个句群,说明"青"在中国文化语境下的特殊含义,为此,源语中举了成语"青云直上"这个例子。通过静态分析可知,该处与前一小句,"此外,青色在古代中国也有特殊的含义:古时的读书人希望'青出于蓝而胜于蓝'"一样,在译文的主位推进、信息类型和衔接手段方面都处理得很好,特别是"释译+直译"的译法收到了很好的效果。但根据译文与被试理解,有关"青云直上"的解释有误,عند التقدم إلى وظيفة يأمل الجميع في القبول بها بسرعة 表达的是"希望快速成功求职",而"青云直上"指的是仕途顺遂、快速晋升。可见,译者对该表达的理解有误。

---

① 吴文艳:《外宣翻译中文化负载词的英译原则与方法》,《湖南科技大学学报(社会科学版)》,2014年第6期。

以上例子表明,在翻译的过程中要注重对源语的理解,只有吃透源语的语义才能译出准确的译文,否则即便谋篇成功,仍无法正确传递信息。

二、语篇 2

(一) 语篇大意

上文对汉语源语及阿拉伯语译文语篇的静态分析显示,语篇 2 主要涉及了"围棋的历史与发展"和"围棋的道具及下法"等这几个方面的内容。从被试的总体反馈来看,对于语篇重要信息的掌握基本正确,都提及了"围棋""棋子""棋盘""围棋下法"等关键词,这与源语和译文语篇的整体话题是一致的。整体而言译文表达较为清楚,但被试也对个别表达提出不解或建议。以下将结合语篇静态分析结果具体分析和讨论。

(二) 语篇可接受情况及原因

以下通过实例具体分析可接受的语篇情况及原因。

阿拉伯语译文:

فلا يلزم للعبه سوى رقعة اللعب ومجموعتين من الجنود أو ما يُسَمى بالبيادق، مجموعة باللون الأبيض والأخرى باللون الأسود، الجنود أو البيادق داخل المجموعة الواحدة متشابهين تمامًا في الشكل والوظائف والقدرات، وبذلك يختلف الشطرنج الصيني الوي تشي عن الشطرنج الصيني الشيانغ تشي في تقسيم قطع الأخير إلى عربات وخيول وقائد،

汉语原文:

只有一个棋盘和两罐棋子。棋子也只有黑白两色,不像象棋有车、马、将的差别。

这部分内容是汉语语篇的第四到第五个句群,说明围棋棋子的特点。根据静态分析,阿拉伯语译文增添了部分信息。整体来看,阿拉伯语译文表达了"围棋道只具有棋盘和两组棋子——一黑一白,在形状、功能、能力方面完全一致,因此有别于区分车、马、将的象棋"的意思。其中增补了对围棋棋子的描述。这一点是十分必要的,因为译者在"围棋"的译文语篇中使用了 الشطرنج 一词,即国际象棋,这种区分棋子角色的棋类与围棋显然不同,再者阿拉伯国家很少有这种不区分棋子角色的棋类。因此,被试在理解语篇时也能理解围棋的基本形态。

(三)语篇接受困难情况及原因

以下通过实例具体分析接受困难的语篇情况及原因。

阿拉伯语译文:

....، مجموعة باللون الأبيض والأخرى باللون الأسود، الجنود أو البيادق داخل المجموعة الواحدة متشابهين تمامًا في الشكل والوظائف والقدرات...

...تستمر المباراة إلى أن تصبح كافة الأماكن غير صالحة لوضع جنود الطرفين أو إلى أن يخسر أحدهما.

汉语原文:

棋子也只有黑白两色……最后,当棋局下到双方都认为无处落子或对局中有一方认输时即为终局。

这部分内容是汉语语篇的第五个句群和第九个句群。这部分在内容理解方面没有明显问题。但被试表示,这两个地方,由于与前句之间没有连接词,只有逗号隔开,所以会先入为主地认为此句是前句的附属成分(状语或定语),但后面的内容与期待的主题并不一致,且具有一定的独立性。被试产生这样的误解是由阿拉伯语的句法特点决定的。阿拉伯语句法成分之间的关系一般有明显的形式标记,没有显性的形式标记会被理解为一种句法关系的标记。被试建议在这两处要么加上表并列的连接词 و,要么在前一句末尾点上句号。这一点也提示,译文语篇的句子过长,在阅读时需要考虑标点符号的语篇意义,虽然阿拉伯语理论上可以将句子无限延长,但从传递信息的角度,应尽量利用有效的因素减少交际成本,提高交际的效率。

三、语篇3

(一) 语篇大意

上文对汉语源语及阿拉伯语译文语篇的静态分析显示,语篇3主要涉及了"中国园林的自然美"和"中国园林的文化气息"等几个方面的内容。从被试的总体反馈来看,对于语篇重要信息的掌握基本正确,都提及了"中国园林""水""诗歌""绘画""自然景观"等关键词,这与源语和译文语篇的整体话题是一致的。整体而言译文表达较为清楚,但被试也对个别用词提出不解或建议。以下将结合语篇静态分析结果具体分析和讨论。

(二) 语篇可接受情况及原因

以下通过实例具体分析可接受的语篇情况及原因。

> 阿拉伯语译文:
> وتتمتع الحدائق الصينية أيضاً بزخم ثقافي يتمثل في تكوينها وتنظيمها الداخلي الذي يعتمد على الامتزاج مع فنون الشعر والرسم من خلال اللوحات الخطية والملصقات المتقابلة على الأعمدة والركائز المزخرفة والعوارض المنقوشة التي تجعل من الحدائق الصينية أشعار مرئية ورسومات حية تضفي جواً من عبق الشرق الخلاب .

> 汉语原文:
> 同时,中国园林也有着浓厚的文化气息,在园林的造型、布局中,建园者会巧妙地融入诗画艺术,如园林建筑上的匾额、楹联、画栋、雕梁等,有了这种诗画的点缀,就使中国园林又多了一份诗情画意,形成了极具东方特色的中国古典园林风格。

这个例子是汉语语篇的第二段,也是汉语语篇的第五个句群,对应阿拉伯语译文的第二段,也是第二个句子,即汉语和阿拉伯语语篇都以一段为一个句群/句子。汉语语篇基本由短句或散句构成,主要依靠省略和词汇等手段衔接,从而连贯成篇。阿拉伯语译文中,将隐性的逻辑关系显化,由 الذي/التي 等关系代词以及泛指名词直接加定语从句等语法手段,连缀成一个勾连不断的长句。尽管是长句,但被试的阅读和理解都较为顺利,这是因为小句之间以简单线性主位模式推进,实现环环相扣的效果,符合阿拉伯语的表达习惯,增加了阅读的流畅度。

(三)语篇接受困难情况及原因

以下通过实例具体分析接受困难的语篇情况及原因。

(阿拉伯语译文)

وتتمتع الحدائق الصينية أيضاً بزخم ثقافي ...

(汉语原文)

同时,中国园林也有着浓厚的文化气息……

这部分是汉语语篇第二段的开头,也是第五个句群的开头。其中,"浓厚的文化气息"的译文为 زخم ثقافي。对此,有一位被试对 زخم 一词理解困难,表示不清楚其具体语义。زخم 一词意为"动量,动力",与 ثقافي (文化的)连用,则表示有促进意义的文化类活动,可以是具体的活动,也可以是抽象的活动。这个表达是具有阿拉伯特色,但同时也是较为文学化的表达,虽然语义上与"浓厚的文化气息"契合,但二者在彼此语言中的使用频率有明显差异。因此,阿拉伯语 زخم ثقافي 的表达,对读者的语言水平有更高的要求。

总体来看,语篇 3 的接受程度与前两篇相当。从译文的准确度来看,第 3 篇没有明显错译的内容。从语篇角度看,与第 2 篇译文一样,第 3 篇也用了较长的句子,但在译文中较好地利用了阿拉伯语中词汇-语法层面的衔接与连贯手段,使语篇各小句之间的逻辑语义联系更为直接、明显。个别用词应从词汇共现和文化语境的角度选取更为贴切的译法。

第四节　结束语

语篇的翻译基于词汇翻译，又高于词汇翻译。这是由于语篇不是词汇的简单堆砌，而是通过一定的组织形式，连词成句，组句成段。这种组织形式可以从主位推进模式、信息类型、衔接连贯手段等方面进行描写和分析。因此，在翻译的过程中，不仅要注意准确的词汇翻译，还应注意主位推进模式、信息类型、衔接连贯手段的重构，达到既传达源语意义又符合目的语习惯的翻译效果。

从主位推进模式看，汉语源语语篇与阿拉伯语译文语篇大同小异，这说明二者在内容排布方面大致一致。但是由于语言类型方面的特点，在转换过程中不可能完全一致。汉语语篇中常以同一个主位来统领多个句子，展现出"形散神聚"的悟性思维特点，因此连续主位模式比简单线性主位模式更常出现。阿拉伯语词汇-语法层面的指称词和连接词系统发达，因此环环相扣的线性主位推进模式也十分常见。阿拉伯语译文在翻译的过程中注意到了两种语言间的这些特征，因而获得了较好的语篇效果。

在信息类型方面，阿拉伯语译文常见以多个读者已知的信息来构建新信息（往往是中国文化特有的范畴）的现象，以此来促进读者对外国文化的理解，增加可接受度。

从衔接与连贯的手段看，汉语源语语篇与阿拉伯语译文语篇用到了很多相同的手段。阿拉伯语译文在显性衔接手段方面保留了语法（如连接词）、词汇（如词汇重复、词义复现、同近义词）等衔接手段。同时，阿拉伯语中较为丰富的指称和连接词，将汉语中隐性的逻辑显化出来，符合阿拉伯语的表达习惯，也为被试理解语篇助力。

总体而言，阿拉伯语译文语篇比较地道，从被试的反应可看出，语篇的可接受度较好。但在个别词汇层面还需要加强对源语的理解。同时，在衔接方面，要根据实际情况适度控制阿拉伯语的长句，增加文本的可读性。

第三部分
德语译本海外受众接受情况研究

第五章　汉语文化负载词德语译本接受情况

第一节　汉语文化负载词外宣德译研究

　　文化负载词是指"标志某种文化中特有事物的词、词组和习语。这些词汇反映了特定民族在漫长的历史进程中逐渐积累的、有别于其他民族的、独特的活动方式"。[①]国内有关汉语文化负载词德译本的研究不多,尤其是对德译的研究很少关注读者期待以及接受效果。截至2020年止,在知网、万方、维普等中文数据库中能找到的关于外宣翻译中汉语文化负载词德译文本的研究共计9篇,包括7篇期刊论文和2篇硕士论文。其中值得一提的有:王柏童以《习近平谈治国理政》德译本中文化负载词作为研究对象,在目的论的指导框架下指出,在外宣过程中翻译作为有目的的跨文化互动行为,要注重源文化的历史背景和文化内涵,对文化负载词的翻译应根据不同的语境以及文化背景选择不同的翻译的方法[②];李红红、刘颖主要讨论了文化负载词的翻译策略,提出在跨文化语境中,译者应当从"创造性叛逆"视角出发,在忠实原文的基础上,为目的语读者创造出既不失原语文化内涵又易于接受

[①] 廖七一:《当代西方翻译理论探索》,译林出版社,2002年,第232页。
[②] 王柏童:《目的论视角下文化负载词的外宣翻译——以〈习近平谈治国理政〉中的用典为例》,《汉字文化》,2020年第18期。

的精品译作①；王达对接受美学视角下的翻译观进行了阐释，通过对《逍遥游》中文化负载词的译本分析，提出在汉学研究中应更加关注接受美学的指导性意义，透过他国读者的镜像来反思本民族的思想形象，进而获得良性发展的内驱动力②；伊薇主要根据异化和归化翻译理论对不同类别和不同版本文化负载词的翻译进行对比和分析，进而对文化负载词的翻译策略进行归纳总结③；王佳惠以德国汉学家 Richard von Schirach 和 Mulan Lehner 对溥仪自传《我的前半生》的德语译本作为研究对象，从译者所采用的翻译策略及翻译方法的角度着手，通过对文化负载词德译的个例分析，试图解析译者在翻译过程中是否对某一种翻译策略有所侧重以及采取这种翻译策略的原因，进而探究目的语读者能否取得与中文读者一样的阅读感受④。

综上所述，国内对汉语文化负载词德译本的研究主要集中在文化负载词的翻译策略上，而对汉语文化负载词德译接受情况的研究目前尚未找到相关文献。因此，从目的语读者对译文接受情况的视域对汉语文化负载词的德语译文进行系统全面的分析研究具有重要的意义。

第二节　研究方法

本部分将具体呈现研究问题、研究语料来源及锁定过程、有声实验方法及过程、研究被试情况以及数据收集及处理。

---

① 李红红、刘颖：《余华小说〈兄弟〉文化负载词翻译策略研究》，《南昌教育学院学报》，2018 年第 5 期。
② 王达：《接受美学视域下庄子〈逍遥游〉德译本中文化负载词对比分析》，《今古文创》，2020 年第 41 期。
③ 伊薇：《高行健〈灵山〉英语、德语和立陶宛语译本中的文化负载词翻译研究》，浙江大学汉语国际教育硕士学位论文，2017 年。
④ 王佳惠：《论溥仪自传〈我的前半生〉德译本中文化负载词的翻译策略》，青岛大学德语语言文学硕士学位论文，2018 年。

一、研究问题

本研究以汉语文化负载词作为研究素材,德语母语者作为研究对象,通过话语分析考查汉语文化负载词在外宣过程中德语母语者对其德语译文的认可态度与接受情况。本研究主要聚焦于以下两个问题:

1. 在评价理论话语分析的框架下,被试对汉语文化负载词的德语译文认可情况如何?实际接受情况如何?是如何在其话语中体现的?

2. 一些文化负载词德语译文接受情况不理想的原因为何?根据被试有声思维实验与补充访谈话语分析,应该如何对这些译文进行改进?

二、研究语料

本研究以《孔子学院》期刊 2009 年至 2017 年"万花筒""街头访问""专题报道""漫步中国"和"思路"等各大专栏中的文化负载词及其相应的德语翻译作为语料,自建数据库。具体步骤如下:第一步,课题组在依据彼得·纽马克(Peter Newmark)、奈达和王德春先生对文化负载词分类的基础上,综合文化负载词的定义与在《孔子学院》文本中采集到的具体数据分析,将文化负载分为六大类型,即生态词、名物词、社会词、宗教词、语言词和历史典故词。第二步,按照所确定的文化负载词六大类型进行标注与分类,然后课题组成员对所标注的词汇进行三角验证,最终确定了收集到的文化负载词共计为 280 个,其中 6 个生态词、63 个名物词、87 个社会词、31 个宗教词、66 个语言类词和 27 个历史典故词。第三步,将经过处理的汉语文章和对应的德语译本分别导入 AntConc 语料库搜索软件,建立语料库。然后手动逐一输入经过人工辨识和团队成员三角验证的汉语文化负载词,运用软件统计出这些词汇的频率、分布,并找出所有对应的德语译文,包括一词一译和一词多译的情况,并根据上述的文化负载词的分类计算出各类型词语的占比。第四步,综合词汇的类别与词频统计出被锁定的期刊专栏中汉语文化负载词的具体分布情况。高频和低频词的判断标准为 0.5，数值越接近于 1 则词频越高，数值越接近于 0 则词频越低。同时，运用 BP 神经网络模型，以排除语篇主题出现频率对文化负载词词频的影响。

根据上述步骤，最终确定了高频词共 31 个，占比 11.07%，低频词共 249 个，占比 88.93%，整体情况如表 5-1 所示。

表 5-1 《孔子学院》期刊汉语文化负载词分布情况

类　型	数量(%)	高频词数量	低频词数量
生态词	6(2.14%)	1	5
名物词	63(22.50%)	7	56
社会词	87(31.07%)	9	78
宗教词	31(11.07%)	4	27
语言类词	66(23.57%)	7	59
历史典故词	27(9.65%)	3	24
合计(%)	280(100%)	31(11.07%)	249(88.93%)

由于最终所得高频词为 31 个，低频词为 249 个，数量太大，不适合后期的有声思维实验，因此，课题组成员讨论后根据以下研究标准，对文化负载词的德语译文进行了再次梳理与锁定：1. 在目标语中已成为约定俗成的译文不列入考察范围，例如"太极""故宫""功夫"等；2. 在目标语文化中有对应的事物，或在产地上带有国俗色彩的不列入，例如"腊肠""粤菜""豫园"等；3. 一词多译的高频词汇作为必察词汇列入其中；4. 根据每一类文化负载词的总数量按比例纳入考察，尽量兼顾各类词汇。据此标准，同时通过 BP 神经网络模型计算，课题组最终确定了 16 个汉语文化负载词的德语译文作为后期有声思维实验的语料，以便与后续质性研究，如表 5-2 所示。

如表 5-2 所示，锁定的词汇中分别为 8 个一词一译和 8 个一词多译词汇；其中又可分为 4 个高频词和 12 个低频词汇。具体类别占比如表 5-3 所示。

表 5-2　文化负载词及其德语译文 *

序号	文化负载词	德语译文
	一词一译	
1	香云纱	Teeseide
2	刺绣	Stickereien
3	压岁钱	Neujahrsgeschenke
4	春联	Spruchbänder
5	五行	Fünf Elemente
6	温故而知新	Altes zu studieren und dadurch neue Erkenntnisse zu erhalten
7	一方水土养一方人	Jede Gegend bringt ihre eigene Art von Menschen hervor
8	编钟	Glocken
	一词多译	
9	胡同	A. Hutong-Gassen B. Gassen C. eine bestimmte Gasse D. Hutongs
10	篆刻	A. Siegelschnitzen B. Stempelkunst C. kunstvollen ausgearbeiteten Stempeln
11	年画	A. Neujahrsbilder B. Neujahrsdrucken
12	宣纸	A. Reispapier B. das Xuan-Papier
13	春节	A. Neujahrsfestes B. Neujahrs C. Frühlingsfestes
14	二十四节气	A. 24 Jahreseinteilungen B. die 24 Sonnenperioden C. die Jahreszeiten Chinas
15	农历	A. chinesischen Bauernkalenders B. Mondkalenders C. chinesischen Mondkalenders
16	科举制度	A. kaiserliche Prüfungssystem B. kaiserliche Beamtenprüfung C. kaiserliche Prüfung

表 5-3　有声思维实验汉语文化负载词及所属类型和数量*

类　型	数量	文化负载词
生态词	0	
名物词	7	香云纱（*17*）、**胡同**（*34*）、**篆刻**（3）、刺绣（4）、年画（9）、编钟（3）、宣纸（8）
社会词	7	**春节**（*82*）、压岁钱（1）、科举制度（3）、二十四节气（3）、**农历**（9）、温故而知新（3）、春联（2）
宗教词	1	五行（7）
语言类词	1	一方水土养一方人（1）
历史典故词	0	

* 说明：表中斜体词为高频词，粗体词为一词多译词，括弧内为词频数。

三、研究工具

本研究采用的研究工具与汉语流行词德译本接受情况研究所使用的工具一致，即有声思维实验与补充访谈。

四、研究被试

本研究参加有声思维实验的人数为 4 人，均为德语母语者。4 位被试的性别、年龄、职业以及其与汉语和中国的关系如表 5-4 所示。

表 5-4　有声思维实验被试背景简介

被试	性别	年龄	国籍	职业	是否学过中文	是否来过中国
A	男	38	德国	软件开发员	是（半年）	是（3次共7个月）
B	男	26	德国	警察	否	否
C	男	22	德国	学生	否	否
D	女	27	德国	音乐老师	否	否

第三节　汉语文化负载词德语译本
接受情况及对翻译的修改建议

本部分将结合被试的有声思维实验和补充访谈的转录文本,对本小结研究的两个问题进行具体的分析与讨论。

一、汉语文化负载词德语译文的接受情况及话语分析

为了回答第一个研究问题,本研究将被试有声思维实验的转录语篇按照评价系统框架进行辨别和标注,然后通过统计态度、介入和级差各次系统在话语文本中的具体使用情况,总结被试对每个译文的认可结果。由于文化负载词一词多译的情况较多,因而将一词一译与一词多译分开考察。对于一词一译的文化负载词,当被试在有声思维实验中使用的正向词多于负向词,课题组就将其对于该译文的态度视为认可;一词多译的文化负载词的考察标准为:当被试能做出明确的选择,并且对该选项使用的正向词多于负向词时,课题组就将其对该译文的态度视为认可。最后,结合被试对于译文的理解情况(判断标准同流行词),总结被试对于译文的整体接受情况,并举例分析。以下以其中一位被试为例加以具体分析和说明。

首先,根据态度、介入、级差三个次系统的子系统,课题组成员对该被试一词多译的文化负载词的有声思维实验录音转写稿进行了辨别、标注和统计。下面将综合所有态度、介入和级差次系统的统计结果(见表5-5),将未被该被试选择译文的负向词计入其选择译文的正向词统计,得出该被试对于汉语文化负载词德语译文认可情况的最终结论,其中如果被试提出"这两个译文选项都不合适",此处将对"不合适"用于对指出的两个译文的并列修饰,因而在统计中计数为2,类似情况以相同方式处理。

如下表5-5所示,根据评价理论态度、介入、级差次系统的分析框架,被试对5个一词多译的文化负载词("胡同""宣纸""春节""农历"

表 5-5　一词多译文化负载词话语语料中态度、介入、级差次系统词汇分布汇总*

文化负载词及其德语译文	正面态度	正向介入	表正向介入或态度的级差	总计1	负面态度	负向介入	表负向介入或态度的级差	总计2
胡同 Hutong-Gassen	3	0	3	6	0	0	0	0
篆刻（被试未选择给定的译文）	0	0	0	0	3	0	6	9
年画 Neujahrsbilder	0	0	0	0	0	2	0	2
宣纸 Reispapier	1	1	0	2	0	0	0	0
春节 Neujahrsfest, Frühlingsfest	2	0	0	2	0	0	0	0
二十四节气 die Jahreszeiten Chinas	0	0	0	0	0	0	0	0
农历 chinesischer Mondkalender	2	0	1	3	0	0	0	0
科举制度 kaiserliche Prüfungssystem	1	0	1	2	0	0	0	0

* 说明：表中总计1为所有表示认可情况好的词汇总数；总计2为所有表示认可情况差的词汇总数。

"科举制度"）使用的正向词多于负向词，占比为62.5%；对1个词（"二十四节气"）译文使用正负向词汇相同，占比12.5%；对2个词（"篆刻""年画"）译文使用的负向词高于正向词，占比25%。综上，被试对于这8个德语译文的整体认可情况为"较好"。

结合"理解"和"认可"情况，课题组总结出了被试对于汉语文化负载词一词多译的接受情况，如表5-6所示。

如下表5-6所示，被试对6个一词多译的文化负载词（"胡同""宣纸""春节""二十四节气""农历""科举制度"）的接受情况为"好"/"较好"，占研究语料总词汇的75%；对2个词（"篆刻""年画"）的译文接受情况为"一般"，占总词汇的25%。综上，被试对于一词多译的汉语文化负载词译文的整体接受情况为比较理想。从高低频词汇来看，被试对其中一词多译的三个高频词汇（"胡同""篆刻""春节"）接受情况均为

表 5-6 被试对于汉语文化负载词一词多译德语译文的接受情况

文化负载词及其德语译文	理解情况	认可情况	是否一致	接受情况
胡同 Hutong-Gassen	正确	认可	一致	好
篆刻（被试未选择给定的译文）	正确	不认可	不一致	一般
年画 Neujahrsbilder	正确	不认可	不一致	一般
宣纸 Reispapier	正确	认可	一致	好
春节 Neujahrsfest，Frühlingsfest	正确	认可	一致	好
二十四节气 die Jahreszeiten Chinas	正确	中立	较一致	较好
农历 chinesischer Mondkalender	正确	认可	一致	好
科举制度 kaiserliche Prüfungssystem	正确	认可	一致	好

"好""一般""好"，与低频词汇接受情况差不多。

其次，根据态度、介入、级差三个次系统的子系统，课题组成员对被试一词一译的文化负载词有声思维实验转写稿进行了辨别、标注和统计。下面将综合所有态度、介入和级差次系统的统计结果（见表 5-7）。

表 5-7 一词一译文化负载词有声思维实验
话语语料中态度、介入、级差次系统词汇分布汇总

文化负载词及其德语译文	正向态度	正向介入	表负正介入或态度的级差	总计1	负面态度	负面介入	表负向介入或态度的级差	总计2
香云纱 Teeseide	1	0	0	1	0	0	0	0
刺绣 Stickereien	1	0	1	2	1	1	1	3
压岁钱 Neujahrsgeschenke	1	1	0	2	0	1	0	1
春联 Spruchbänder	1	0	0	1	0	1	1	2
五行 Fünf Elemente	0	0	0	0	0	0	0	0
温故而知新 Altes zu studieren und dadurch neue Erkenntnisse zu erhalten	2	0	2	4	0	0	0	0
一方水土养一方人 Jede Gegend bringt ihre eigene Art von Menschen hervor	1	0	0	1	0	0	0	0
编钟 Glocken	0	1	0	1	1	0	1	2

得出被试对于一词一译的汉语文化负载词的德语译文的认可情况的最终结论,并举例进行话语分析。

从表5-7中可看出,根据评价理论态度、介入、级差次系统的分析框架,被试在谈到4个文化负载词("香云纱""压岁钱""温故而知新""一方水土养一方")的德语译文时,使用的正向词多于负向词,占研究语料总词汇的50%;在谈到1个文化负载词("五行")的译文时,使用的正向词与负向词相同,占总词汇的12.50%;在谈到3个文化负载词("刺绣""春联""编钟")的译文时,使用的负向词高于正向词,占总词汇的37.50%。综上,被试对于一词多译的文化负载词的德语译文的整体认可情况为"较好"。

结合"理解"和"认可"情况,课题组总结出被试对于汉语文化负载词的接受情况,如表5-8所示。

表5-8 被试对于汉语文化负载词德语译文的接受情况

文化负载词及其德语译文	理解情况	认可情况	是否一致	接受情况
香云纱 Teeseide	正确	认可	一致	好
刺绣 Stickereien	正确	不认可	不一致	一般
压岁钱 Neujahrsgeschenke	正确	认可	一致	好
春联 Spruchbänder	正确	可	不一致	一般
五行 Fünf Elemente	正确	中立	较一致	较好
温故而知新 Altes zu studieren und dadurch neue Erkenntnisse zu erhalten	正确	认可	一致	好
一方水土养一方人 Jede Gegend bringt ihre eigene Art von Menschen hervor	正确	认可	一致	好
编钟 Glocken	正确	不认可	不一致	一般

被试(见表5-8)对于5个一词一译的文化负载词("香云纱""压岁钱""五行""温故而知新""一方水土养一方人")的接受情况是理想的,占研究语料总词汇的62.5%;对3个词("刺绣""春联""编钟")的译文接受情况为"一般",占研究语料总词汇的37.5%。综上,该被试对于一

词一译的汉语文化负载词译文的接受情况比较理想。

以下结合一词多译和一词一译的文化负载词译文的接受情况,运用评价理论的分析模式,必要情况下结合补充访谈,以"编钟"为例,对被试的有声思维实验语料进行具体的话语分析。

[有声思维]Da habe ich Beschreibung bekommen, wie das aussieht. Dann wäre es vielleicht Glockenspiel **besser.**[态度:鉴赏:+价值][级差:语势:强势]**Aber**[介入:收缩:-否认]das könnte auch Missverständnis führen, weil es in Deutschland einmal so Glockenspiel für Kinder gibt. Das ist billiges Instrument. Dann würde ich sagen, chinesisches Glockenspiel könnte als Vorschlag.

被试表示自己由于从文本中看到了对于"编钟"的描述,首先给出了一个建议性译文 Glockenspiel,体现了对原译 Glocken 的否定,然后再进一步的描述中又使用了介入否认(Aber)推翻了自己提出的译文 Glockenspiel,认为可能会引起歧义,最终被试建议 chinesisches Glockenspiel 作为参考性译文。

二、汉语文化负载词德语译文接受情况一般或较差的原因及修改建议

为了回答研究的第二个问题,本小节首先将总结出上四名被试对译文接受情况表示为"一般""较差"和"差"的德语译文,锁定分析对象。然后具体分析被试在有声思维实验和补充访谈中的口头话语语篇,尝试归纳出这部分译文接受不理想的原因。最后根据被试在有声思维实验和补充访谈中的口头评述,对这部分译文给出相应的修改建议。

根据上一小结的分析结果,四位被试均对"编钟"译文的接受不理想,此外有三位被试同时对"年画"的译文接受情况不理想,课题组将对这两个译文进行具体分析,探究其接受情况不佳的原因和其修改建议。

1. "编钟"

对于"编钟"一词,两位被试(A、D)对德语译文理解为"正确",但对译文的态度为"不认可",两位被试(B、C)对译文理解分别为"不理

解"和"部分理解",对译文的态度为"不认可"和"中立"。综合分析四位被试的有声思维实验和补充访谈可以发现,造成这个译文不被接受的主要原因在于该译文 Glocken 给被试造成了一定的困扰,编钟作为中国古代大型打击乐器在译文中无法得到体现。有被试提出仅从译文来看会理解为普通的铃铛。被试 B 在有声思维实验中直接用了介入宣称(Nein)与否认(keine Ahnung)表示出无法从译文与上下文中解读出任何信息(Nein, ich habe keine Ahnung)。被试 C 同样使用了介入否认表示出同样的困扰,无法从简单的 Glocken 里边看出与中国有何种关联(Aber[介入:收缩:-否认]leider weiß ich nicht[介入:收缩:-否认], wie es aussieht)。此外被试 A 和 D 在对译文理解正确的情况下,直接分别使用了负向态度(unpassend)和负向引发(vielleicht)表明了对译文的不认可并提出自己的观点(Das Glocken unpassend. Eine bessere Übersetzung wäre Glockenspiel; ... Dann wäre es vielleicht Glockenspiel besser ....)。由是观之,这个译文不被接受的根本原因在于无法体现中国特色,译者在翻译时仅考虑目的语读者的语用习惯,却忽略了源语言的文化背景,因此造成了理解上的困难与偏差。

作为参考性建议,被试 A 提出了 Glockenspiel,被试 B 在正确理解译文原文的含义后在补充访谈中提出了 chinesisches Glockeninstrument,被试 C 在正确理解后也提出了 Glockenspiel,被试 D 刚开始的建议与被试 A 和 C 一致,但后来又指出 Glockenspiel 比较容易引起误解,为了体现中国特色,她建议使用 chinesisches Glockenspiel 作为最终译文。课题组成员综合上述译文接受不理想的原因与被试的建议,认为 chinesisches Glockeninstrument 和 chinesisches Glockenspiel 不失为一个好的选择,既表达了乐器本身,同时体现了中国特色。

2."年画"

三位被试(A、C、D)对于"年画"一词的理解情况分别为"不理解""错误"和"正确",对译文的认可情况分别为"中立""认可""不认可"。综合分析三位被试的有声思维实验和补充访谈可以发现,造成这个译文最终接受不佳的原因可以总结为以下几点:首先,目的语读者对"年画"的具体含义不清晰。Neujahrsbilder 和 Neujahrsdrucken 两个译文均为直译,虽然目的语读者能体会到源语文化的异域性,但无法从译文中感受到文化负载词所蕴含的深层的文化背景和内涵,对目的语读者造成阅读障碍,导致不理解或理解错误。如被试 A 在有声思维实验中直接使用了负向态度(nicht genau)表明无法理解原文语义,因此无法对两个译文进行选择,也无法给出更好的建议(Ich weiß nicht genau, was diese Nianhua sind. Kann ich auch nicht sagen, A oder B, welcher besser geeignet ist)。被试 C 在有声思维实验中则使用了正向态度词(gut)表示对译文的理解,但在补充访谈中可以看出,被试 C 对译文的理解是错误的,他将"年画"理解为日历上的图片,因而选择了 Neujahrsbilder 这个译文(有声思维:Ok, klar. Neujahrsbilder würde ich da sagen. Das kann man sich gut vorstellen. 补充访谈:Das ist Kalender mit Bildern, schöne Frauen darauf oder?)。其次,被试 D 的话语显示,虽然她表示可以理解译文原文并选择了 Neujahrsbilder,但同时使用了介入宣称(eigentlich)和否认(nicht)表明自己事实上并不知道什么是"年画",因为德语中缺失对等概念(Ok, und dann die Übersetzung A, Neujahrsbilder. Eigentlich kenne ich das nicht. Ich glaube, es gibt in Deutschland nicht),这表明译者在翻译时忽略了目的语读者的期待视野。换言之,"译者未关注由读者文学解读经验所构成的思维定向或先在结构,对作品呈现方式、意义结构等的预测和期望"①。

  作为参考性建议,被试 C 提出了译文 Festtagesdrucken/Festtagesbilder,其余两位被试在补充访谈中均没有提出建议。本研究综合上述接受不佳的原因认为,被试 C 提出的译文同样具备上述疑似不明晰的问题,即 Festtagesdrucken/Festtagesbilder 均无法表达出译文原文的含义。因而课题组综合"年画"这词的特色与上述接受不佳的原因,

---

① 黄亚琴、芮渝萍:《接受美学视角下的文学翻译》,《现代语文(学术综合版)》,2014 年第 5 期。

以及归化与异化翻译策略的特点,最后决定将其译为 Chinesische Neujahrsdekoration,这样既能忠实于原文,又能够很好地保留与传达原文的文化内容,使译文具有异国特征,有利于跨文化交流,使译文读者更好地了解异国文化与习俗。

第四节 结束语

本节运用话语分析框架探讨了德语母语者对于外宣翻译中汉语文化负载词德语译文的接受情况。此外课题组发现易于被接受的翻译通常具有以下特点:

第一,能充分考虑到目的语读者的阅读感受,让其感受到自己并非是被动的参与的译文。换言之,译者能视读者为中心,且以读者的接受为目标,并能关注到目的语读者的期待视野,例如"胡同""春节"。

第二,能密切关注目标语读者的前知空白,并根据文化的区别与需要做适度调整的译文,即译者能根据需求灵活切换翻译策略,使译文既然符合译语文化价值观,又能尽可能地保留汉语文化负载词中所蕴含的中国文化元素与传统习俗,例如"温故而知新""一方水土养一方人"。

反之亦然,本章中接受较差的译文都有一个共同的特点,忽略了平衡翻译主体间性的关系。通常译文侧重于译者视角或读者视角,使译文无法达到"化境论"的境地,即"不因语言语文习惯的差异而露出生硬牵强的痕迹,又能完全保存原有的风味"[①],例如上述的"年画"和"编钟"。

总而言之,翻译对中国文化发展的建设性意义毋庸赘言,而以译文接受情况为研究视角既可以推动翻译策略的深化研究,又可以综合译者使用的翻译策略与目的语读者通过有声思维实验展现出来的心理活动推动"翻译主体间性"的研究。换言之,"从主体间性理论角度来看,

---

[①] 查明建、田雨:《论译者主体性——从译者文化地位的边缘化谈起》,《中国翻译》,2003年第1期。

'翻译'既是原作者与译者主体间共在的场所,也是译者与读者的相互交往方式"①。更确切地说,翻译是译者、作者、读者和文本四个有机与无机主体之间对话的具体体现,而对文本接受情况的研究拓展了翻译研究的视角,并在一定程度上坚定了翻译是一个多主体共同合作、平等对话的过程,也是推动译文达到信达雅的一个重要手段和通道。由上观之,不论是从外宣,还是从翻译的视角,对译文接受情况的研究具有重要的时代意义与理论意义。

---

① 查明建、田雨:《论译者主体性——从译者文化地位的边缘化谈起》,《中国翻译》,2003年第1期。

第六章 汉语语篇德语译本接受情况

对汉语语篇德语译本接受情况的研究将按照本书绪论第四节"语篇分析"说明的框架及具体实施步骤进行,这里不再赘述。本章重点呈现研究方法和译文语篇接受情况。

第一节 研究方法

本小节具体介绍研究任务、研究语料、被试、有声实验过程以及数据收集和分析情况。

一、研究任务

1. 概述语篇大意。
2. 指出能够理解的句子,并对句子进行释义。
3. 指出不能理解的句子,指出不理解的地方并说明原因。

二、研究语料

研究语料选自《孔子学院》期刊 2009 年至 2017 年德语对照版"历史""手艺""中国美食"栏目中的三篇文章(具体语料来源说明见附录1)。这三篇文章分别介绍了中国服装、篆刻和广州早茶。为了便于有声思维实验的开展,研究分别从三篇文章中选取了约 200 个汉字的段落,一共三段。这三个段落在内容上均能独立表达一个完整的主题,并且符合完整语篇的三大要素,即具有一个中心思想,具有连贯性和一致性。体裁均为说明文,目的均为向语篇读者介绍中国文化。

三、研究被试与材料收集

研究邀请三位德语母语者参与有声思维实验。实验前首先筛选实验对象,确保被试符合有声思维实验的条件①,并向被试介绍实验要求及需要完成的任务。最终确定的三位被试年龄在 30 岁左右,教育程度均较高。实验中被试不被打扰,并全程录音。在阅读完三篇语篇段落后分别按照要求完成任务。实验结束后允许被试对回答的问题进行修正和补充。

四、材料分析

材料分析分为三个部分。首先转写有声思维实验被试话语,然后将被试话语按照三个研究任务进行划分。第一个任务反映的是被试对译文语篇总体理解情况。研究者根据反馈情况可以大概了解被试对语篇整体大意是否理解正确,为后续具体分析两个任务奠定基础。其次,分别按照任务二和任务三,逐句分析被试的反馈,对于可以理解的部分,判断被试的释义是否正确,找出正确与错误的信息点;对于被试明确表示不理解的部分,归纳原因,备后续分析讨论时参照。第二,分别依据绪论中的语篇分析框架,结合汉语源语语篇及德语语篇特点,对源语及德语译文语篇做静态分析和对比,为后续动态分析做准备。第三,根据有声思维实验被试反馈信息,结合源语及译文语篇静态分析结果,讨论译文语篇接受情况、原因与翻译有效性问题。

---

① 郭纯洁:《有声思维法》,外语教学与研究出版社,2007 年,第 1 页。

第二节 汉语源语及德语译文语篇静态分析及对比

一、德语语篇特点

如前所述,语篇不同于句法学将句子作为孤立的语言单位去分析,语篇句法超越句子句法进入语篇语法,它"被理解为一个具有句法、语义和语用特征的单元,这些特征基本上可以用与句子的句法、语义和语用特征相同的手段来解释"[1]。语篇作为交际功能的语言单位,强调的是信息的完整性、内容的连贯性和逻辑性。

同欧洲其他民族一样,德意志民族的思维方式与印欧文化一脉相承,因此体现了古希腊、罗马文化以及基督教圣经文化和从柏拉图-亚里士多德到欧洲众多哲学家们的思想。德语也体现了比较典型的西方思维特点。在语篇结构方面,克莱恩(Clyne)指出,德语语篇呈曲线式的结构特点[2],表现在句子不一定以话题开始,信息也不一定从已知的现实到未知的现实。同时,语篇句子层次清楚,结构严谨,注重逻辑分析[3]。

此处将从衔接(Kohäsion)与连贯性(Kohärenz)两个方面展开德语语篇特征的分析。

1. 德语语篇的衔接手段

衔接(Kohäsion)或文本衔接(Textkohäsion)是一个来自篇章语言

---

[1] Viehweger, D., „Textlinguistik", *Kleine Enzyklopädie-Deutsche Sprache*, Hrsg. v. Wolfgang Fleischer, Wolfdietrich Hartung, Joachim Schildt, Peter Suchsland, Bibl. Institut, 1983, S.211—237.
[2] 见刘齐生:《汉德宣传性语篇结构差异的政治语法因素——汉、德"企业介绍"语篇研究》,广东外语外贸大学外国语言学及应用语言学博士论文,2009年。
[3] 李卡宁:《从汉德民族社交语用看东西方思维方式的差异》,《内蒙古大学学报(人文社会科学版)》,2005年第2期。

学(Textlinguistik)的术语,指的是口头或书面文本的衔接方式,这种衔接方式是由外部标记传达的,例如使用某些时态、代词或指称①。但语言衔接方式不仅局限于句法层面②。换言之,文本衔接一方面是"跨句"语法规律性的呈现,另一方面是一种通过句法和语义所呈现的"文本交织"现象③。鉴于此,此处将采用王京平的德语语言学语篇分析,将衔接手段归纳为以下四种基本方式:

(1) 逻辑链接,即"通过连词、副词或词组而建立连接关系"④。也就是说,德语语篇的连接词不仅包括传统的连词,还包括起连接作用的副词和短语等。换言之,逻辑链接这类衔接手段包括了韩礼德和哈桑所指出的英语语篇五大类衔接手段中的连接词语(conjunction)和词义衔接(lexical cohesion)。例如,Im Vergleich zu den geschmacklich »schweren« Küchen wie der Sichuan- oder der Shandong-Küche wird in der kantonesischen Küche Leichtigkeit groß geschrieben。(与"重口味"的川菜、鲁菜等不同,粤菜推崇清淡,致力于通过精细的烹调技艺激发食材的原汁原味。)例句中通过词组 Im Vergleich zu(与……相比)表达了一种比较的衔接关系。由于涉及逻辑链接的词汇众多,此处不一一通过语篇来展开分析,仅对相关词汇种类作简单的举例说明。常以逻辑链接出现的词汇有连词(und, aber, denn, sondern, oder)、副词(allerdings, außerddem, trotzdem, freilich, nur, dann, dennoch)、代副词(damit, daher, darum, dadurch)、形容词(speziell, genauer, kurz)、名词(Fazit)、介词短语(in der Tat, im Klartext, im Gegenteil, aus diesem Grund)或分词短语(anders ausgedrückt, kurz gesagt)⑤。

---

① https://de.wikipedia.org/wiki/Kohäsion_(Linguistik),2022 年 7 月 22 日。
② Harweg, R., *Pronomina und Textkonstitution*, Fink, 1968, S.148。
③ Vgl. Sommerfeldt, K./Starke, G., *Einführung in die Grammatik der deutschen Gegenwartssprache*, Niemeyer, 1988, S.257-284。
④ 王京平:《德语语言学教程》,外语教学与研究出版社,2003 年,第 188 页。
⑤ 孔德明:《德语常用语篇连接词语》,《江苏外语教学研究》,1997 年第 2 期。

(2) 指称连接,即"通过人称代词、指示代词(dieser,dieses,diese)、定冠词(der,das,die)和比较指称(例如 gleich,unterschiedlich,anders)"①。指称链接又可根据其所指称内容在句中出现的位置,以及其所内涵的文化词义分为前指、后指和外指三类。第一类"前指"指代前面已提到的内容,使用很广泛,适合于一般表述性文章。例如,In ganz China ist bekannt, dass das Angebot an Lebensmitteln in Guangdong außergewöhnlich reichhaltig ist, und Frische ist das Schlüsselwort, das dabei nie fehlen darf. (正如江湖传闻所云,广府的食材极为丰富,而"新鲜"则是不可或缺的关键词。)关系代词 das 从语法上分析指代前述名词"关键词",从语义上分析指代前述食材的"新鲜";第二类"后指"指代后面提及的内容。例如,Es ist schön, dass man ohne Visum in die EU-Länder einreisen kann。②(能够在没有签证的情况下进入欧盟国家旅游非常好。)此句中代词(es)指代后边的整个从句。第三类"外指",顾名思义是指篇章以外的事物,"包括自然知识、社会知识、文化和行为规范等"③。例如,文化负载词"希望小学""三低"对于不了解中国国情的外国人来说是很难理解其所具体指代的内容的。

(3) 省略。省略也是一个非常重要的衔接手段。"在前置主题元素中已经提到的或是已知的回指元素是可以省略的。"④德语语言学家布斯曼(Bußmann)也持有相同的观点。她指出,"当主题元素是必要的并可根据句法规则或词汇属性进行重构时,语言元素的省略就会发生"⑤。简言之,在上下文清楚的情况下,不必重复前面的某些部分,这是交际实践中常出现的语言现象。例如本研究所选语料中的 Das

---

① 王京平:《德语语言学教程》,外语教学与研究出版社,2003年,第188页。
② 同上书,第189页。
③ 同上。
④ Vgl. Wolf, N. R., „Funktionale Grammatik und Korpus. Notitzen nach erneutem Lesen", *Sprache, System und Tätigkeit*, Hrsg. v. K.-H, Siehr et al., 1996, S.256.
⑤ Bußmann, H., *Lexikon der Sprachwissenschaft*, Kröner, 2002, S.187.

Qipao veränderte nicht nur seine Silhouette, sondern erhielt auch durch Borten an Ärmeln und am Saum ein romantischeres, westliches Aussehen.（旗袍不仅改变了其外形,而且还采用滚边袖口、镶边下摆,从而拥有了一种更为浪漫的西式形象。）此处可见,由双连词 nicht nur ... sondern auch ...引导的两个并列句由于主语相同,后面部分的主语（Qipao）被省略。但从语境来看它既保证了主题的连续性,即信息的完整性,也未造成理解的困难。反之,使得语言更加简明。此外,除了省略重复或已知词汇外,德语中还有一些常用的表达省略的词汇,如 wie oben bereits angedeutet, wie in Kapitel 3 erwähnt, kurzgesagt, etc., usw[①]。

（4）词汇衔接,即"通过选择词汇,在篇章里建立一个贯穿全篇的链条,使篇章相互呼应、前后一致。词汇衔接关系主要通过重述手段,包括重复法、替换法和替代法"[②]。第一,重复法（Rekurrenz）又称之为"复现","在文本语言学中,复现是指相同的语言形式在文本中的重复出现,这些通常是相同的词或相同的短语"[③]。其呈现的是一种文本表层的句法-语义链接。但重复出现的文本部分不一定是指同一对象。例如,Der Computer ist schneller als der andere Computer。在这个句子中,两个 Computer 的出现并不是指同一个对象。第二,替换法（Substitution）,用同义词或上下义词（Oberbegriff und Unterbegriff）去替换之前出现的内容,通常是为了使语言更为丰富。例如,Das Gold wurde gestohlen. Keiner wusste, wo der Schatz war.（黄金被盗,没有人知道宝藏在哪里。）此处用宝藏（Schatz）替换了黄金（Gold）。第三,替代法（Pro-Formen）,通常是指用代词、副词（时间、地点）、代副词、指示代词去替代前文出现的内容[④]。

---

① 参见王京平:《德语语言学教程》,外语教学与研究出版社,2003年,第189页。
② 同上书,第190页。
③ https://de.wikipedia.org/wiki/Rekurrenz_(Linguistik),2022年7月22日。
④ 参见王京平:《德语语言学教程》,外语教学与研究出版社,2003年,第190页。

从上述分析可知,衔接主要涉及的是以文本为单位的语法关系,强调的是"事件的连续性",以确保"文本的稳定性"。整体如图6-1所示:

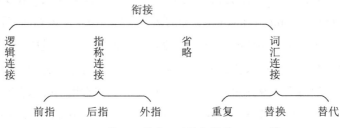

图 6-1　德语语篇表层结构衔接关系图示①

2. 德语语篇的连贯性呈现

博格朗德和德雷斯勒(De Beaugranden,Dressler)将"意义的连续性"定义为连贯性的基础,而且他们还把连贯性定义为"意义更新的结果,它追求的是产生意义的目的"②。布林克(Brinker)则将其定义为"概念和关系的基本情况"。连贯性不是句法或词汇手段的问题,而是逻辑-语义和(至少部分)认知语用方面的问题。此外,他指出,文本连贯性不需要"纯粹的语法"来理解,文本连贯性的语法条件不能正确地解释文本③。换言之,在他看来连贯性不同于前述的衔接手段,衔接所展现的语法与词汇上(外在的)连接手段,基本上是"重复,替换和连接"的表达;连贯性强调纯粹(内在的)内容上的关系,更准确地说是认知关系。此处将继续采用王京平的概括("篇章的深层结构"),将连贯性的呈现方式归纳为以下三种:

(1) 并列,即"建立空间、语境或主题方面语义的并排关联关系,多

---

① 王京平:《德语语言学教程》,外语教学与研究出版社,2003年,第191页。
② Vgl. De Beaugrande, R./Dressler, Wolfgang U., *Einführung in die Textlinguistik*, Niemeyer,1981,S.117.
③ Vgl. Brinker, K., *Linguistische Textanalyse. Eine Einführung in Grundbegriffe und Methoden*, Erich Schmidt,1997,S.18.

见于描述体文章"①。

（2）时序，"按时间顺序连接信息，主要用于叙述体文章。以时间为轴线。使叙述顺序和事件发展的顺序一致"②。

（3）因果，"这种方式用于论证体文章，阐述事情的因果关系、理由、结论、目的和条件等，文章的深层以解释事情的缘由为核心，以建立原因-结果关系"③。

（4）整体而言，衔接与连贯并非二元对立，它们之间是相互影响，相互作用，最终作为统一体构成语篇。按照英语的分类此处的连贯性更多的是表达一种"隐性的衔接"，强调的是文本的内在逻辑、修辞手法的运用和社会文化语境的影响。简言之，衔接、连贯性、语言以外的条件（自然知识、社会知识、文化和行为规范等）构成了德语语篇的三个维度，如图 6-2 所示：

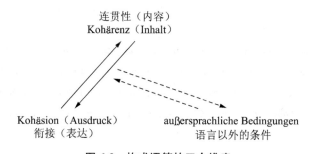

图 6-2　构成语篇的三个维度

二、汉语源语及德语译文语篇静态分析及对比

对汉语源语语篇的分析框架说明见本书绪论第四节"理论框架"中的"语篇分析"部分。以下具体呈现三篇汉语语篇和德语译文语篇的分析情况。

---

① 王京平：《德语语言学教程》，外语教学与研究出版社，2003 年，第 192 页。
② 同上书，第 193 页。
③ 同上。

（一）语篇 1①

1. 汉语

①20 世纪初，西方影响/在中国各大城市蔓延开来，<u>其中</u>/尤以对生活方式和时尚产生影响、被称为"东方巴黎"的上海为甚。②旗袍/不仅改变了其外形，而且还采用滚边袖口、镶边下摆，从而拥有了一种更为浪漫的西式形象。③<u>传统旗袍</u>/增加了垫肩，即<u>所谓的"美肩"</u>，配晚礼服/还要戴上及至肘部的手套，多排珍珠项链/给<u>旗袍</u>平添一种节日喜庆，丝袜、高跟鞋和西式面料图案/促成了创新的时尚风格。

2. 德语

① Zu Beginn des 20. Jahrhunderts | breitete sich | der Einfluss des Westens | in Chinas Großstädten | aus, insbesondere in Shanghai—dem »Paris des Ostens«|, <u>der</u> sich auf Lebensstil und Mode auswirkte.② Das Qipao | veränderte nicht nur seine Silhouette|, sondern erhielt auch durch Borten an Ärmeln und am Saum | ein romantischeres, westliches Aussehen.③ <u>Die klassischen Qipao</u> bekamen Schulterpolster|, sogenannte Schönheitsschultern.④ Für Abendroben wurden lange bis zu den Ellbogen reichende Handschuhe getragen, und **mehrreihige Perlenketten** ergänzten <u>die Kleider</u> zu festlichen Anlässen.⑤ Seidenstrümpfe|, Schuhe mit hohen Absätzen und westliche Stoffmuster trugen zu dem innovativen Modestil bei.

可以发现，德语不同于汉语的句群的特点，通常是由单句或复合句构成。由于句法结构与翻译策略的运用，汉语的句群与德语的句子结构不能——对应，且主位推进方式也不尽相同。如语篇 1 中，汉语的第三个句群描述的是德语句子三、四、五（简单句＋复合句＋简单句）中的内容。鉴于不同的句法结构，此处主要从语篇的主述位推进情况以及相关的信息类型和衔接手段来分析汉语语篇与德语语篇的不同之处。

汉语的第一个句群对应德语的第一个复合句，主位推进程序均为

---

① 说明：语篇中下划线为已知信息；粗体为新信息；同时标注下划线和粗体的为已知信息＋新信息。下同。

连续主位,话题为"西方影响"。德语译文与汉语保持了相同的语篇主位(20世纪初/Zu Beginn des 20. Jahrhunderts)、相同的话题主位(西方影响/der Einfluss des Westens),以及相同的人际主位(尤以……为甚/insbesondere)。此句唯一不同之处在于,较德语而言,汉语多了一个语篇主位(其中)。从信息类型方面来看,德语中出现了7个信息(6个新信息+1个已知信息):Zu Beginn des 20. Jahrhunderts(20世纪初)、breitete sich ... aus(蔓延开来)、der Einfluss des Westens(西方影响)、in Chinas Großstädten(在中国各大城市)、insbesondere in Shanghai—dem »Paris des Ostens«(尤其是在上海——"东方巴黎"、der(西方影响)、sich auf Lebensstil und Mode auswirkte(对生活方式和时尚产生影响)。汉语中出现了5个新信息:20世纪初、西方影响、在中国各大城市蔓延开来、其中尤以对生活方式和时尚产生影响、被称为"东方巴黎"的上海为甚。从所列信息来看,尽管信息数量不相统一、信息划分也非完全一一对应,但内容上译文信息并未出现缺失与增补的现象。从衔接手段上看,汉语的手段与德语采用的手段类似,均有上下义词、词义同现,以及相似的词义重复与词汇重复。

第二个句群对应德语的第二个复合句,主位程序均为"连续主位",话题为"旗袍"。汉语出现了四个相同的话题主位"旗袍",其中后三个话题主位可从其述位推出它们均采用省略的方式。对应的德语信息中则仅出现了两个相同的话题主位。在信息数量上,汉语为6个(新信息),德语为5个(4个新信息、1个已知信息);在信息转换上源语与译文的内容几乎保持一致,唯一不同之处在于汉语中"滚边袖口、镶边下摆"被译为 Borten an Ärmeln und am Saum,即从译文中无法体现出中国"滚边"与"镶边"这两种工艺的差别。衔接手段上,汉语和德语均采用了省略、连接词、平行结构以及词义同现。此外,汉语采用了照应(指称)手段,德语则多了一个逻辑链接。

第三个句群对应德语语篇剩余部分(三、四、五句)。首先,从主位推进程序来看,汉语为连续主位与跳跃主位,德语则为派生主位。具体而言,汉语中的"传统旗袍……平添一种节日喜庆"的话题均为"旗袍",

表达的是一种连续主位,而"丝袜、高跟鞋和西式面料图案"并未明确是直接针对"旗袍"而言的,具有一定的跳跃性。因而,人们需要自行根据上下文内容进行推断与补充缺失信息,主位推进程序为"跳跃主位"。相较于汉语,德语译文的主位推进则由于句法结构的差异性带来了不一样的结果:德语中的第三与第五为简单句形式,因此仅第四句的复合句具有主位推进程序,其话题主位分别为 Handschuhe 和 mehrreihige Perlenketten,其关系为并列关系,从 mehrreihige Perlenketten 的述位 ergänzten die Kleider zu festlichen Anlässen 可判断出这两个并列的主位是由"旗袍"所派生出来的,在此篇章中它们都作为旗袍的配饰出现,使其"促成了创新的时尚风格"。从信息类型与数量来看,如上表所示汉语与德语分别为 11 个(6 新、3 已知、2 已知+新)和 12 个(9 新、3 已知)。在信息转换上源语与译文的内容无缺失与增补。从衔接手段来看,此处德语所使用的手段比汉语更为丰富,比如德语中使用了连接词、省略、逻辑链接、词义同现、词汇重复、词汇替换等方法。

(二) 语篇 2

1. 汉语

①篆刻的独特/不但在于它集文学、美学于一身,还在于人们/往往可以通过作品了解作者的品格和性情,及其所要表达的情感:若是笔画/苍劲有力,布局/潇洒大气,则多表现作者/豪迈浓烈的情感;若是笔画/小巧精致,布局温婉秀气,则流露出作者恬静淡雅的气质。②反之,人们也认为,通过研习篆刻,可以提高自己的内在修养。

2. 德语

① **Siegelschnitzen** | ist nicht nur **die Verbindung von Literatur und Ästhetik, die das Siegelschnitzen so einzigartig macht** |, sondern auch **seine Tendenz, den Charakter, die Empfindungen und Gefühle des Autors auszudrücken** |: **Kühne, kräftige, ambitioniert arrangierte Schriftzüge** | verraten einen Künstler mit heroischen Empfindungen |; **zierliche, anmutig arrangierte Schriftzüge** | weisen auf inneren Frieden hin. ②Man | glaubt auch, dass das Studium des Siegelschnitzens zur Selbstkultivierung beitragen kann.

对第二篇汉德语篇的主述位推进情况以及相关的信息类型和衔接手段进行的分析如下：

汉语中的两个句群分别与德语中的两个复合句一一对应。第一个句群较长，尽管从句群分类的特点来看"篆刻的独特……恬静淡雅的气质"属于一个完整句群，但从其逻辑关系与内容分析又可将其视为三个"小句群"进行主位程序分析。如表所示，第一个小句群"篆刻的独特之处……所要表达的情感"都在围绕篆刻的独特之处进行描述，表达的是一个连续主位，在这个小句中出现了两个话题主位"篆刻的独特"以及"其"（指称手法，代指"篆刻的独特之处"）和一个语篇主位"往往"。第二个小句群"若是笔画苍劲有力……豪迈浓烈的情感"围绕着篆刻的"笔画"与"布局"展开的描述，属于"篆刻"所派生出来的两个概念，因而它的主位推进程序为"派生主位"。从主位类别上看此小句群出现了由三个话题主位组成的主位链"笔画""布局"，以及从内容衔接与连贯上可添加一个语义中被省略的"篆刻"。第三个小句群"若是笔画小巧精致……恬静淡雅的气质"承接了上一小句群，是继续对"笔画"与"布局"进行一种并列关系的描述，因而它的主位推进与主位类别与第二个小句群一致。从整个句群所对应的德语译文来看，德语复合句的主位推进程序为连续主位与派生主位，主位类别与汉语一样出现了话题主位链 Siegelschnitzen，Siegelschnitzen，Kühne，kräftige，ambitioniert arrangierte Schriftzüge 和 zierliche，anmutig arrangierte Schriftzüge，第一个和第二个话题主位呈现的是一个连续主位，第三个和第四个话题主位则展现了派生主位的关系。如表所示，这个复合句中没有出现语篇主位和人际主位。从其所采用的翻译策略来看，源语与译文的主述位表达一致，从信息内容来看，并未出现信息的缺失或增补。衔接手段上源语与译文也几乎保持了一致，都出现了连接词、词义同现、省略、词汇重复、上下义词，汉语较德语而言仅多了一个平行结构的修辞格。

第二个句群对应德语第二个句子（复合句），两者的主位推进程序均为连续主位。从主位类别方面来看，两者具有相同的语篇主位链"人们"/man，"研习篆刻"/das Studium des Siegelschnitzens。不同之处在于汉语多了一个表示对比的连接词"反之"作为其"语篇主位",以表示第二个句群在语义上与第一个句群形成对比,即前者说明篆刻作品反映作者的性格,而后者与之形成对比,即通过研习篆刻可以塑造性格。但德语译文并未出现"反之"这个对比的描述,而是用了副词 auch 作为逻辑链接,表达了一种承前的描述,其余信息均无缺失与增补。衔接手段上,源语比译文更为丰富,译文仅采用了逻辑链接与连词的手段,而汉语则还出现了照应、词汇重复等手段。

（三）语篇 3

1. 汉语

①<u>粤菜</u>/是中国八大菜系之一。②所谓食不厌精,脍不厌细——热爱生活的<u>广州人</u>/把<u>这</u>种精神发挥到了极致。③正如江湖传闻所云,<u>广府的食材</u>/极为丰富,而"新鲜"/则是不可或缺的关键词。④与"重口味"的川菜、鲁菜等不同,<u>粤菜</u>/推崇清淡,致力于通过精细的烹调技艺激发食材的原汁原味。⑤正宗的<u>广府餐馆里</u>,<u>菜色总</u>/是随着当下的时令而变:夏秋偏清淡,冬春偏浓郁。

2. 德语

① **Die Küche der Provinz Guangdong** ist eine der acht großen Küchen Chinas. ② Keine Mühen scheuen｜, kulinarische Köstlichkeiten zu erzeugen—diese Lebenseinstellung haben die lebenslustigen Kantonesen｜auf die Spitze getrieben. ③ In ganz China｜ist bekannt｜, dass **das Angebot an Lebensmitteln in Guangdong** außergewöhnlich reichhaltig｜ist, und **Frische**｜ist das Schlüsselwort, das dabei nie fehlen darf. ④ Im Vergleich zu｜den geschmacklich »schweren« Küchen wie der Sichuan- oder der Shandong-Küche｜wird <u>in der kantonesischen Küche</u> Leichtigkeit groß geschrieben. ⑤<u>Man</u>｜bemüht sich, durch feinste Garmethoden｜den Eigengeschmack der Zutaten zu betonen. ⑥ In den echten kantonesischen Restaurants ändern sich die Schattierungen und der Geschmack der Gerichte｜je nach Saison｜: im Sommer und Herbst zart und grün｜, im Winter und Frühjahr dunkler und herzhafter.

对第三篇汉德语篇的主述位推进情况以及相关的信息类型和衔接手段进行的分析如下:

汉语的第一个句子为单句,对应德语的第一个单句,因而两者均不存在主位推进程序。这两个句子的话题主位都为"粤菜",且都没有语篇主位与人际主位。信息方面,源语和德语译文无论是信息数量还是信息内容都完全统一。衔接方式亦然,均采用了上下义词。

汉语的第二个句群对应德语的第二个句子(主从复合句),两者的主位推进程序均为连续主位,但主位类别由于采取了一定的翻译策略以及二种语言的语法结构不同而不尽相同。汉语的话题主位为"广东人",其述位为"把……发挥到极致"。在德语的译文中话题主位则是 Keine Mühen scheuen, kulinarische Köstlichkeiten zu erzeugen—diese Lebenseinstellung(不遗余力地制作美食的这种生活态度),述位为 haben die lebenslustigen Kantonesen | auf die Spitze getrieben(被热爱生活的广东人发挥到了极致)。大致来说,汉语中的主述位与德语中的恰好相反。此外,汉语出现了语篇主位,德语则没有。在信息类型方面,德语在翻译时改变了一些信息表述方式,如"食不厌精,脍不厌细"采用了意译方法"不遗余力地制作美食"(Keine Mühen scheuen, kulinarische Köstlichkeiten zu erzeugen),并将其总结为一种"生活态度"(Lebenseinstellung),而汉语采用的则是"(这种)精神"。从衔接手段上看,汉语的手段比德语丰富一些,比如汉语中不仅运用了上下义词,还使用了平行结构、照应与概括词。

第三个句群对应德语第三个句子(复合句),两者的主位推进程序均为连续主位,主位类别方面除了各自的语篇主位不同外,其余话题主位(链)和人际主位都相统一。在信息转换方面,德语译文在翻译"正如江湖传闻所云"时将其译为 In ganz China ist bekannt(在中国众所周知),存在信息替换或丢失的现象,即"江湖传闻"并未在译文中体现出来。衔接手段上,源语与译文类似,但不尽相同。汉语与德语均出现了连接词与词义同现。与之相比的不同处在于德语中还采用了词汇替代的手段。

第四个句群对应德语第四个句子(复合句)与第五个句子(复合句),两者的主位推进程序均为连续主位。主位类别上均具有不同的话题主位链,汉语的两个主位话题均为"粤菜",且第二个采用了省略手段。德语的话题主位链则为 Leichtigkeit（清淡）和 geschmacklich »schweren« Küchen（重口味）。此外，汉语与译文的语篇主位不同，且均没有人际主位。汉语句群的最后部分"致力于通过精细的烹调技艺激发食材的原汁原味"属于话题主位链中第二个被省略话题"粤菜"的述位，对应了德语中的第五个（复合句），也就是说，汉语中的这个述位在译文中可重新分析其主位推进程序（连续主位），主位类型上译文同样出现了两个话题主位 man 和 feinste Garmethoden。在信息转换方面，整体上不存在缺失与增补的问题。从衔接手段来看，汉语所采用的手段较德语更为丰富，例如汉语中出现的省略和词汇重复手段是对应译文中不曾采用的。

第五个句群对应德语第六个句子（复合句），两者的主位推进程序依然是连续主位。汉语的主位类别分别为语篇主位"正宗的广府餐馆里"、话题主位"菜色"。而冒号后的内容"夏秋偏清淡，冬春偏浓郁"进一步解释说明了话题述位"总/是随着当下的时令而变"，可视作一个小句群来进行分析，其主位程序可理解为连续主位，无论是"清淡"还是"浓郁"都是对菜色（与口味）的描述。而主位类型则是出现了"夏秋"与"冬春"两个话题主位链。从整个句群所对应的译文来看，译文的语篇主位与汉语相同（In den echten kantonesischen Restaurants），话题主位则为 die Schattierungen und der Geschmack der Gerichte（菜肴的色泽与味道）。同样可以根据汉语的分析方法，将译文冒号后的内容进行进一步的分析，结果亦然。在信息转换方面，整体上不存在缺失与增补的问题。从衔接手段来看，大部分相同，但汉语所采用的手段较德语依然稍显丰富。

第三节　汉语语篇德语译本接受情况

上一节对汉德语篇进行了对比的静态分析，本节将借助有声思维实验被试对三个任务的反馈，并结合德语语篇的特点对德译本进行动态分析，讨论海外受众对译本的接受情况及翻译有效性的问题。

一、语篇 1

（一）语篇大意

从静态分析中可以看出，语篇 1 主要涉及话题主位"西方影响"，并以话题"旗袍"为例阐述了"旗袍"在西方的影响下所促成的创新时尚风格。其中"珍珠项链"、"丝袜、高跟鞋和西式面料图案"等话题主位构成了旗袍不同于传统的元素。从被试的总体反馈来看，对于语篇重要信息的掌握基本正确，都提及了西方对中国的影响，尤其是在时尚与生活方式方面，以及被试均对"旗袍的改变"进行了描述，这与源语和译文语篇的整体话题是一致的。也就是说，从有声思维实验的第一个任务（概述语篇大意）中被试对语篇整体的核心内容理解无误。以下将结合语篇静态分析结果具体分析和讨论。

（二）语篇可接受情况及原因

在完成有声思维实验的第二个任务（指出能够理解的句子，并对句子进行释义）时，被试 1 指出，他对语篇的大部分信息是理解的，而支持他对文本理解的一个重要原因在于他曾见过旗袍，对传统旗袍有一定的认知（Insbesondere weiss ich, was ein Qipao ist, weil ich das schon gesehen habe. Deswegen habe ich zumindest eine Vorstellung, wie ein Qipao normalerweise aussieht），并结合一些含有中国元素的西方影视，他能够从语篇的描述中对改造后的旗袍有一个大致的想象轮廓（Und auch die westlichen Einflüsse, die hier genannt werden, kann ich mir vorstellen, weil ich die betreffenden Kleidungsstücke wie z.B. diese lange Handschuhe schon mal in westlichen Filmen gesehen habe, die in dieser Zeit spielen）。除此之外，他还提到，译文语篇给他提供了一个可对比的想象空间，即 20 世纪初上海与巴黎的样貌对比（Genau so habe ich ein Gefühl dafür, was Paris Anfang des 20. Jahrhunderts für eine Bedeutung hatte und bekomme durch diesen Vergleich eine Vorstellung davon, wie das damals vielleicht in Shanghai war）。从被试 2 的第二个问题来看，他指出，整个译文是非常好理解的

(Gut verständlich find ich im Grossen und Ganzen eigentlich alles),综合他对文本的逐句的释义可知,其对信息的掌握不存在错误、缺失或增补的问题。被试3在对这个问题的回答上与被试2基本一致(Gut zu verstehen ist, was sich an den Qipao verändert hat und wie dadurch der Einfluss des Westens deutlich wird)。以下将通过具体示例来分析译本接受情况较为理想的原因:

德语译文:
Zu Beginn des 20. Jahrhunderts breitete sich der Einfluss des Westens in Chinas Großstädten aus, insbesondere in Shanghai—dem »Paris des Ostens«, der sich auf Lebensstil und Mode auswirkte.

汉语原文:
20世纪初,西方影响在中国各大城市蔓延开来,其中尤以对生活方式和时尚产生影响、被称为"东方巴黎"的上海为甚。

此处为汉语的第一个句群与相关译文,从其汉德静态分析的对比结果来看,译者做到了遵循源语的主题结构。主位推进程序与话题主位一致,均为"连续主位"与"西方影响",且在信息转换上源语与译文的文本内容保持了相统一。翻译策略上,译者在此处采用了直译方法,保留了源语的独特结构。其次,结合被试的阅读体验,此译文为目的语读者提供了一个较为符合其语用习惯的语篇,提升了文本接受度。

(三)语篇接受困难情况及原因

针对有声思维的第三个问题(指出不能理解的句子,指出不理解的地方并说明原因),被试提出以下存疑的地方:

例1
德语译文:
Das Qipao veränderte nicht nur seine Silhouette, sondern

erhielt auch durch Borten an Ärmeln und am Saum ein romantischeres，westliches Aussehen.

汉语原文：

旗袍不仅改变了其外形，而且还采用滚边袖口、镶边下摆，从而拥有了一种更为浪漫的西式形象。

此处为汉语的第二个句群与相关译文，从其静态分析来看，无论是源语言还是译文，"旗袍"均多次作为话题主位出现（汉语出现了四次，其中后三次可从其述位推出它们均采用省略的方式。对应的德语为两次，其中一次采用了省略的衔接手段）。但从翻译方式来看，译者对"旗袍"仅采用了音译（Qipao）的策略，从而导致不具有此知识背景的被试者均提出"旗袍"是理解此语篇的障碍。例如，被试2明确表明旗袍对于一个非中国人来说，从一开始就如同一块"绊脚石"（Allerdings für mich als nicht-Chinesen ist das Wort Qipao erst mal ein kleiner Stolperstein）；被试3表达了同样的阅读感受，由于自身对旗袍概念的缺失导致无法从文本的描述中对旗袍的外形进行有效的联想（Gestolpert bin ich nur über den Begriff Qipao，da ich nicht weiß，was das ist. Es lässt sich in etwa erahnen，aber ich kann es mir allein durch den Text nicht so richtig vorstellen）。因此，从被试的反映来看，类似于"旗袍"这样的文化负载词，简单的音译异化策略无法达到文化传播的效果。为了增强译文的可理解性与提高被接受度，被试表示可以对其加入简短的解释性话语（Klar kann man sich schon aus dem Kontext erschliessen，dass es sich um Kleidungsstücke handelt. Finde ich persönlich hätte man allerdings in einem kleinen Nebensatz kurz erklären können）。

此外，在信息转换上译者将源语中"滚边袖口、镶边下摆"译为Borten an Ärmeln und am Saum，即将中国的"滚边"与"镶边"这两种工艺无差别地译为 Borten（缝制在某物边缘作为装饰的窄条织物[①]），

---

① https：//www.dwds.de/wb/Borte，2022年7月31日。

尽管从内容上来说并未出现内容的缺失,但译文无法体现中文里"滚"与"镶"两种工艺的不同之处。被试也表示了对 Borten an Ärmeln und am Saum 的译文过于笼统,无法为目的语读者提供一个具体的想象空间(Und dann die Details in der Beschreibung bei dem Qipao, die Borten an den Ärmeln und am Saum weiss ich auch nicht ganz genau. Wie ich mir das vorstellen soll, habe ich wahrscheinlich auch noch nicht gesehen),阻碍了文本的理解。

二、语篇 2

(一)语篇大意

从静态分析中可以发现,语篇 2 汉语源语与译文语篇主要涉及了话题主位"篆刻的独特",并先后以连续主位和派生主位的推进方式对篆刻的独特进行了描述,即围绕着"文学"与"美学"、"笔画"与"布局"对篆刻的独特进行了刻画。从被试对一个任务的总体反馈来看,对于语篇重要信息的掌握基本正确,都提及了篆刻的独特与其表达方式。简言之,仅从内容的维度出发,被试对语篇整体的核心内容理解无误。以下将结合语篇静态分析结果具体分析和讨论。

(二)语篇可接受情况及原因

在完成有声思维实验的第二个任务时,被试 1 指出,他对中国的篆刻具有一定的背景知识(Ja. Ich habe auf jeden Fall verstanden was ein Siegel ist. Weil ich dieses Siegel schon gesehen habe),因此,他对整个语篇的理解是最为理想的,甚至他还提到这个承载中国文化内涵及采用了隐喻手法的标题 Die unermessliche Weite eines Zolls: Siegelschnitzen(篆刻:方寸之间天地宽)在他看来也是较为清晰明了的(Auch klar ist die Überschrift, weil die Größe solcher Siegel ja in etwa ein Zoll beträgt und auf dieser Fläche sich eben die ganze damit verbundene Kunst abspielt)。被试 2 指出,尽管自己不具备相关背景知识,但能够大致理解文章的意思(Auch hier für mich den Text im Grossen und Ganzen gut verständlich. Ich weiss jetzt natürlich nicht, wieder Kontext dieses Textes sein soll)。被试 3 则指出,文本的中间部分非常好理解(Vor allem der Mittelteil des Textes war sehr gut zu verstehen.)。以下通过具体示例分析译本接受情况比较理想的原因。

例 1

德语译文:

Siegelschnitzen ist nicht nur die Verbindung von Literatur und Ästhetik, die das Siegelschnitzen so einzigartig macht, sondern auch seine Tendenz, den Charakter, die Empfindungen und Gefühle des Autors auszudrücken: Kühne, kräftige, ambitioniert arrangierte Schriftzüge verraten einen Künstler mit heroischen Empfindungen; zierliche, anmutig arrangierte Schriftzüge weisen auf inneren Frieden hin.

汉语原文:

篆刻的独特不但在于它集文学、美学于一身,还在于人们往往可以通过作品了解作者的品格和性情,及其所要表达的情感:若是笔画苍劲有力,布局潇洒大气,则多表现作者豪迈浓烈的情感;若是笔画小巧精致,布局温婉秀气,则流露出作者恬静淡雅的气质。

此处为汉语的第一个句群与相关译文,从其汉德静态分析的对比结果来看,汉语主位推进程序为"连续主位→派生主位→派生主位",译文为"连续主位→派生主位"。此外,源语与译文的主述位表达也几乎一致。在信息转换上,源语与译文的文本内容也未出现有出入的情况。翻译策略上,译者在此处采用的直译异化策略,以源语文化为归宿,为目的语读者保留了异国情调。从阅读体验上,它激起了目的语读者的好奇心,对文化的输出与译文的接受起到了较为积极的正面效果。

(三)语篇接受困难情况及原因

针对有声思维实验的第三个任务,被试 2 提出对于文化负载词"篆刻"应该给予目的语读者一定的解释(Allerdings würde auch hier für mich als Europäer ein kurzer Nebensatz ganz willkommen sein, der einfach, ganz, ganz kurz und prägnant mal erzählt, was ist Siegelschnitzen überhaupt)。被试3表达了对标题的困惑与文本最后一句的无逻辑性问题(Den ersten Satz, die Überschrift, glaube ich, habe ich leider nicht verstanden. Und der letzte Satz war irgendwie etwas zusammenhanglos)。具体分析如下。

例1

德语译文：

Man glaubt auch, dass das Studium des Siegelschnitzens zur Selbstkultivierung beitragen kann

汉语原文：

反之，人们也认为，通过研习篆刻，可以提高自己的内在修养。

此处为汉语的第二个句群与相关译文，两者的主位推进程序均为连续主位，且具有相同的语篇主位链"人们"/man，"研习篆刻"/das Studium des Siegelschnitzens。其不同之处则在于"反之"这个作为语篇主位的连词，它表达了与整个语篇中第一个句群的对比关系，而译者恰好忽略了源语语篇中的这个对比逻辑，反而采用了一个承前描述的逻辑连词"auch"，从而导致了被试无法体验到文本在意义维度上的那种连贯性(Und der letzte Satz war irgendwie etwas zusammenhanglos)，造成了一定的理解障碍。

被试1还提出了一个关于语篇指称性不明的问题。他认为，文本中没有明确交代"篆刻的独特之处所体现的人物性格"的"人物"是指"印章的制作者"——刻章人，还是指"印章的使用者"。因为在他看来，不是每个使用印章的人都会篆刻之术，但每个人都可以根据自己的喜好、性格向篆刻从业者提出自己的需求，这样的话"篆刻是否真的能表达篆刻者的感受"对他而言是存疑的(Da ist mir nicht klar, ob damit der Hersteller des Siegels gemeint ist, also der Siegelschnitzer, oder ob damit die Person gemeint ist, die das Siegel verwendet [...] Der Siegelschnitzer, kann der verschiedene Stile und passt dann das Siegel an den Kunden oder den Empfänger an oder drückt das Siegel wirklich das Gefühl des Herstellers aus),从而也对译文的接受情况造成了负面的影响。

三、语篇3

(一) 语篇大意

被试认为,语篇3主要涉及话题"粤菜",汉语与德语通过不同的主述位方式围绕着"粤菜的特点"展开了描述。其中涉及"粤菜的烹饪手法""原材料的新鲜度""菜式的色调"及其与"季节的关联"等。总体上来看,被试的理解无误。以下将结合语篇静态分析结果具体分析和讨论。

(二) 语篇可接受情况及原因

在完成有声思维实验的第二个任务时,被试1指出,他对语篇信息是完全理解的。较之前两篇,与"饮食"相关的这个语篇对背景知识的要求较小(Ich würde auch hier behaupten, dass ich erst mal eigentlich alles gut verstanden habe. Ich denke, vor allem im Vergleich zu den beiden Themen zuvor ist Essen vielleicht ein Thema das weniger Vorwissen benötigt)。尽管如此,被试还提到他对中国菜系比较熟悉,因为他在中国遇到了很多喜爱川菜的朋友,由此语篇中的菜系词汇尽管采用了音译的方法,对其而言也不陌生。被试2指出,整个语篇自始至终都非常容易理解(Ich finde, dieser Text war durchweg sehr gut verständlich. Ich finde, war gut geschrieben. Ich persönlich konnte mir als Leser tatsächlich ein Stück weit diese Schattierungen der verschiedenen Zutaten vorstellen. Ja, gut geschriebener Text, alles verständlich)。被试3也同样指出,文本比较好理解。

此外,值得一提的是,较于前两个语篇,此语篇在文本中重新调整主述位的表达。例如,第二个句群(所谓食不厌精,脍不厌细——热爱生活的广州人把这种精神发挥到了极致/Keine Mühen scheuen, kulinarische Köstlichkeiten zu erzeugen—diese Lebenseinstellung haben die lebenslustigen Kantonesen ∣ auf die Spitze getrieben)中,汉语的话题主位为"广东人",其述位为"把……发挥到极致"。德语则恰好反之,即"Keine Mühen scheuen, kulinarische Köstlichkeiten zu erzeugen—diese Lebenseinstellung"(不遗余力地制作美食的这种生活态度)为话题主位,"haben die lebenslustigen Kantonesen ∣ auf die Spitze getrieben"(被热爱生活的广东人发挥到了极致)为述位,体现了主述位在翻译中的迁移现象。"从语言自身来说,迁移是句子结构在正常结构边界内的一次重新排列,从交际目的来看,它表明了交际双方对语言客体的能动性反应,以达到传递新信息适应新语境为交际目的"[1]。同时也说明了,"在翻译时,除了源语文本之外,还必须基于目的语的结构特点考虑其文本生成的具体要求"[2]。

整体而言,此语篇可被判定为"接受理想",其原因可以归纳为以下几点:首先,主题对背景知识要求较低,读者的心智,包括认知模式、推理能力等能够比较容易地激活[3];其次,综合其主位推进程序、主述位的展开方式以及所采用的翻译策略可知,译者在翻译过程中不仅在"纯粹的内容"方面,而且在"语言的结构上"都充分考虑到了译文与源语语篇的多维联系,使译文既能达到有效传播中国文化的作用,还使其符合目的语读者的语用习惯,为目的语读者提供了一次舒适的阅读体验。

---

[1] 何金娥:《试探主述位在翻译中的迁移效果》,《云梦学刊》,2000年第1期。
[2] Kvam S., „Translatorische Relevanz und Übersetzungsstrategie. Eine Fallstudie zur Übersetzungsdidaktik", *Hermes-Journal of Language and Communication in Business*, 2017(33), S.71-88.
[3] 朱长河、朱永生:《认知语篇学》,《外语学刊》,2011年第2期。

(三) 语篇接受困难情况及原因

针对有声思维的第三个问题,被试均表示,此文并不存在理解困难之处。

综上可知,首先,三篇译文的接受情况都比较好,尤其是第3篇。其次,译语语篇的接受情况不仅取决于译文本身,"目的语读者所处的语言语境、物理环境、文化语境,以及其自身的百科知识、对事物的认知模式和推理能力都构成了其理解文本不可或缺的要素"[1]。再者,译者在采用异化策略进行文化输出的时候,应充分考虑到目的语读者与源语读者(或目的语读者群)信息不对等的情况。例如,对一些文化负载词添加一个简短的释义能减少目的语读者在理解上的障碍,以便于更好地接受异域民族特征和语言风格特色。

第四节　结束语

基于上述语篇的分析可知,语篇的翻译过程不是源语语篇向译语语篇内容上的简单转换,新的语篇生成过程关涉多方面的因素,因为"大多数语言(交流符号)都是象征性的,即作为声音或书面符号的集合,它只有通过在交际场合中的使用者才被赋予意义。换言之,意义不是作为一个静态的、自主的系统存在于交流之外,而是在交流情境中由参与者自己动态地构成的,即交际中的参与者通过使用这些符号共同创造意义"[2]。由此可见,使用者的情境语境、文化背景等都与译文的接受情况密切相关。

同理可证,源语文本和目的语文本的生成与接受条件不同,目的语文本不可能是源语文本的直接复制,因此在翻译过程中应选择合适的翻译策略,使其译文对目的语读者既能做到"阅读友好",又能达

---

[1] 朱长河、朱永生:《认知语篇学》,《外语学刊》,2011年第2期。
[2] Kvam S., „Translatorische Relevanz und Übersetzungsstrategie. Eine Fallstudie zur Übersetzungsdidaktik", *Hermes-Journal of Language and Communication in Business*, 2017(33), S.71–88.

到文化传播的效果。总而言之,在每一种文本的生成中,都意味着一种新的意义构成,因而翻译作为文化输出的重要手段,"既是前瞻性的,也是回顾性的"①,它不仅要考虑到语篇在语义与结构上的特点,还需关注"语域变异"的情境②。

---

① Kvam S., „Translatorische Relevanz und Übersetzungsstrategie. Eine Fallstudie zur Übersetzungsdidaktik", *Hermes-Journal of Language and Communication in Business*, 2017(33), S.71-88.
② 语域变异:语域变异指语言在不同的语境中所出现的变体。语域可以定义为跟某一具体的语境构成相联系的语义构成,它同样具有词汇、语法、语音等表达意义的形式特征。参见周晓康:《韩礼德的〈语篇与语境〉简介》,《国外语言学》,1988年第2期。

第四部分
俄语译本海外受众接受情况研究

第七章 汉语文化负载词俄语译本接受情况

第一节 外宣汉译俄研究

进入二十一世纪,随着全球化的不断深入与改革开放的进一步深化,国际交往越发频繁,同时,改革开放四十年大大提高了中国的综合实力,也引起了世界对中国的关注。在这种情况下,外宣(внешний пропагандист)工作显得越来越重要。外宣的目的是"让世界了解中国",它既是对外塑造形象,也是传播形象的窗口,还是开展对外合作的基础。外宣翻译作为外宣工作的基础,是"把大量有关中国的各种信息从中文翻译成外文,通过图书、期刊、报纸、广播、电视、互联网等媒体以及国际会议,对外发表和传播"①。

一、外宣汉译俄研究现状

我国俄语界在外宣汉译俄领域不仅翻译了大量题材体裁各异的文本,而且还对此展开了研究工作。其中首推对政治文本的翻译研究。外交部外语专家陈明明指出,政治文献外宣翻译具有自己的特点。由于"政治文本,往往涉及国家政策方针、发展战略、主权利益和政治立场

---

① 黄友义:《坚持"外宣三贴近"原则,处理好外宣翻译中的难点问题》,《中国翻译》,2004年第6期。

等,具有鲜明的政治性,因此要求译者具有敏感的政治意识,确保政治信息的准确传达。我们翻译的目的是对外宣传,向语言文化背景迥异的外国受众讲述中国故事,传播中国声音,因此要求译者要有服务受众的意识,在忠于原文思想的前提下,顺应国外读者的语言、思维和文化习惯,以国外受众喜闻乐见的话语方式,产出通顺可读的译文,以实现宣传中国的目的"①。"准确性"与"接受度"是衡量政治文献外宣翻译的两大标准。

新疆大学高雅古丽·卡德尔和金莉指出,进行时政文本的汉俄翻译时,在一定的主题语境下,既要考虑译文读者的文化范围和文化接受能力,还要注重源语言文化"个性"的保留。此外,由于时政文本独有的语体特征,译者只有正确地处理语形、语义、语用三个层面的关系,才能准确地、无偏差地翻译出时政文本的内容。"在语义、句法结构上尽其可能地用译文允许的形式将原文语境意义准确表达出来"②。

于鑫对政治文本的俄译做了系列研究。他首先结合中国特色政治词语的汉译俄,探讨了归化和异化这两种翻译策略。他发现,在翻译中国特色政治词语时,中俄主流媒体对两种翻译策略的使用不尽相同。中国媒体采用了更多的异化策略。他认为,在翻译中国特色政治词语时,忠实性原则最为重要;其次,由于我国和西方在意识形态和政治制度领域有所不同,译者应当采取异化为主的翻译策略,而归化策略则是其有益和必要的补充。在具体操作时,译者应该根据具体语境选取合适的策略,寻找到中外认知的最佳契合点③。接着,他又以政治文献为例,探讨汉语成语俄译的翻译补偿问题。他总结了四种类型的成语翻译补偿,包括对语义、修辞效果、认知语境以及熟语性的补偿,具体手段则包括概括、增益、词语换用、直译、注释、形象转换、成语套用等。在翻

---

① 周忠良:《政治文献外译须兼顾准确性和接受度——外交部外语专家陈明明访谈录》,《中国翻译》,2020 年第 4 期。
② 高雅古丽·卡德尔、金莉:《时政文本的汉俄翻译机制及策略研究》,《中国俄语教学》,2015 年第 4 期。
③ 于鑫:《中国特色政治词语俄译的归化与异化》,《天津外国语大学学报》,2015 年第 4 期。

译过程中,译者在遵循"需求原则"的同时,应灵活运用各种翻译补偿策略,以达到原文和译文最大程度的功能对等①。最后,他从符号学视角出发,在对汉俄政治文献翻译情况进行研究的基础上,分析了翻译中的信息偏离与校正、跨越符号系统时的文化和语言干扰等问题②。

姜雅明则在探讨中央文献外译时指出,具有中国文化特色的词语翻译是重点,也是难点。在翻译中央文献的概念性词语时,应注重把握中国特色社会主义理论的实质与内涵;化"抽象"为"具象"是抽象性词语翻译的关键所在;而"达意"和"传神"则是改革新词、亲民词语翻译的核心;翻译成语及四字词组时,需要更重视"意合",而不是"形合"。只有灵活运用各种翻译手段和技巧,译文才能做到从内容到形式都既可以保持中国语言文化特色,又容易被外国读者理解和接受③。

其次,学者也对旅游文本翻译进行了研究。由于我国地大物博,历史悠久,优质的旅游资源众多。随着中国国际影响力的不断提高,越来越多的外国游客来华旅游,旅游外宣文本翻译地位越发重要。它不仅是不同社会文化背景下人们进行思想文化沟通的桥梁,还是增进各国人民相互了解的窗口,也成为我国俄语人研究外宣汉译俄语料的组成部分。白洁通过实地走访,发现乌兰察布虽然自然风光独特,民族风情浓郁,但旅游资源外宣翻译情况却并不乐观,一定程度上影响了旅游业的发展,旅游翻译水平的提升迫在眉睫。作者在翻译目的论理论框架下,对乌兰察布旅游资源外宣汉译俄进行研究与分析,力图找到适合该地旅游资源外宣汉译俄的有效翻译策略④。

还有学者对博览会、国际会展指南等外宣文本的误译进行了评析。安新奎以《欧亚经济论坛会议手册》俄语译文为例,指出其中的误译,强调翻译时只有规避正字法、语义、语用、语法、语体等层面的错误,才能

---

① 于鑫:《汉语成语俄译时的翻译补偿——以政治文献为例》,《中国俄语教学》,2016年第1期。
② 于鑫:《从符号学视角看汉俄政治文献翻译》,《解放军外国语学院学报》,2019年第3期。
③ 姜雅明:《中央文献词语文化特色的俄译问题》,《中国俄语教学》,2016年第2期。
④ 白洁:《目的论视角下乌兰察布旅游资源外宣俄译研究》,《作家天地》,2019年第19期。

确保译文转达信息准确无误,行文得体顺理,达到与原文等同的交际效果[1]。张洁也评析了亚欧博览会俄语门户网站外宣文本的误译[2]。

二、文化负载词汉译俄研究现状

语言是文化的载体,"最能体现一个国家独特的生态环境、物质文化、宗教信仰、风俗习惯、道德观念、思维方式等"[3]。外宣材料众多,具有中国文化特色的文化负载词也不在少数。文化负载词是某一民族语言中特有的词、词组和习语,充分反映了一个民族的历史背景和文化传统,承载着丰富的文化内涵,在外宣翻译中有着举足轻重的地位。但在翻译过程中,文化负载词的翻译有时也有可能成为跨文化交流的障碍。中国俄语界从2014年开始使用"文化负载词"这一术语,将"文化内涵词""民族特有事物词汇"等相同内涵的表述逐步统一为"文化负载词"。目前其俄语有多重表达方法,包括 культурно-маркированная лексика、слово с культурным коннотативным компонентом、слово, выражающее культуру 和 реалия。

截至2021年6月止,以"文化负载词""俄译"为主题词,在中国知网可以搜索到15篇论文,其中期刊论文4篇,硕士学位论文11篇,绝大部分发表在2015年以后。这些数据表明,对文化负载词的汉译俄研究正逐渐成为中国俄语翻译界的学术关注点之一。文化负载词大部分源自文学作品,有的出自儒学经典《论语》,聚焦《论语》中某一个核心文化负载词,如"义"[4]"信"[5]"仁"[6]。此外,中国现当代文学名著的俄译

---

[1] 安新奎:《国际会展指南误译评析——以〈欧亚经济论坛会议手册〉译文为例》,《西安外国语学院学报》,2006年第1期。
[2] 张洁:《亚欧博览会俄语门户网站外宣文本的误译评析》,《新闻研究导刊》,2017年第20期。
[3] 刘宝玉、陈娟:《基于平行语料库的〈生死疲劳〉俄译本中国文化负载词翻译策略与方法研究》,《中国俄语教学》,2018年第1期。
[4] 韩悦:《〈论语〉英俄译本中核心概念文化负载词"义"的翻译对比研究》,《中国俄语教学》,2019年第3期。
[5] 梁艺蓝:《〈论语〉中文化负载词"信"的俄译研究》,《北方文学》,2020年第6期。
[6] 钟雪、王金凤:《对比分析〈论语〉英俄译本中文化负载词"仁"字的翻译》,《时代文学(下半月)》,2015年第7期。

本也成为学者们关注的对象,如钱锺书先生唯一的一部长篇小说《围城》①。特别是 2012 年莫言获得诺贝尔文学奖享誉全球后,他的作品更引起了全世界的关注。莫言的小说《酒国》《生死疲劳》《丰乳肥臀》的俄译本于 2012 年后相继问世,作品中大量极具中国特色的文化负载词不仅是文学读本,也是解读中国文化的优秀文本。这些论文,或是从异化、归化的角度,或是从目的论视角,又或是从阐释学翻译理论探讨文化负载词的翻译。此外,还通过对同一个文本(如《论语》)英俄两种译本中的文化负载词翻译进行对比研究,分析译者在各个翻译步骤中的表现和采取的翻译策略以及表达效果,总结异同点。刘宝玉、陈娟自建语料库,根据文化负载词不同的分类方法,将其分成不同类型,就每一种类型的具体翻译进行分析和总结②。所有这些研究与探讨对未来文化负载词的翻译和推动中国文化"走出去"提供了参考与借鉴。

综上所述,中国外宣汉译俄研究相对集中在政治文本、旅游文本和展会文本上,相关学者总结了外宣翻译的策略和方法——直译、意译、音译、归化、异化等。对于汉语文化负载词的俄译研究,则聚焦在单独某部文学作品中文化负载词的翻译研究,总体数量不多。这些文学作品包括古典名著,也涉及现当代中国文学佳作。因此,本课题不仅具有较大的学术研究意义,还对提高外宣工作成效,讲好中国故事,推动中国文化"走出去"具有一定的翻译实践意义。

本章将《孔子学院》期刊俄文版作为原始语料,聚焦中国文化传播专栏,摘录文中的汉语文化负载词,各自形成语料库,随后,与本课题英文及法文子课题成员进行三角验证,选取一定数量的汉语文化负载词的俄文译文词条;通过对俄语母语被试进行有声思维采访和补充采访,形成有声思维采访与补充采访文字稿,并使用评价系统框架,分析具体语料,从而了解汉语文化负载词俄语译本在俄语母语者中的接受情况

---

① 李虹霖:《浅析钱锺书〈围城〉中文化负载词的翻译方法》,《译苑新谭》,2016 年第 1 期。
② 刘宝玉、陈娟:《基于平行语料库的〈生死疲劳〉俄译本中国文化负载词翻译策略与方法研究》,《中国俄语教学》,2018 年第 1 期。

并试图分析其原因,同时为翻译水平的进一步提升提出一些改进意见与方法策略。

第二节　汉语文化负载词俄语译本接受情况

本小节从研究方法、结果与讨论两方面着手探讨汉语文化负载词俄语译本的接受情况。第一部分具体呈现研究问题、研究语料来源与锁定过程、有声实验方法及过程,研究被试情况与数据收集处理。第二部分介绍有声思维实验和访谈的结果,并结合本节研究问题进行讨论。由于研究方法与上一节基本相同,对相同内容不再赘述,只突出汉语文化负载词俄语译本研究中独有的方法与数据。需要指出的是,所有数据均只针对本次有声思维实验。

一、研究方法

（一）研究问题

本研究运用评价系统框架进行话语分析,考察俄语母语者对于汉语文化负载词俄语译本的接受情况。具体研究问题如下:

1. 评价系统理论视角下,俄语被试者汉语文化负载词俄语译文接受度与其话语的匹配度如何？其表现如何？

2. 根据话语分析结果,汉语文化负载词俄语译文的成功范例与尚需改进之处有哪些？影响接受度的原因是什么？

3. 根据本研究有声思维实验及访谈,汉语文化负载词俄语译文的改进策略与方法有哪些？

（二）研究语料

本研究原始语料出自《孔子学院》期刊俄文版 2010 年第 1 期至 2017 年第 1 期,共 40 期,以"印象九州""当代中国""中国风尚""文化博览""说古论今""本期人物""畅游中国"和"汉语课堂"等专栏中的汉语文化负载词及其俄语译文作为语料,自建数据库。需要特别指出的是,在本课题组成员进行杂志中俄文阅读时,发现有多篇文章的译者是俄罗斯人,即俄语母语者,与本课题其他语种大为不同。经过课题组成员讨论决定,锁定语料必须同时满足作者是汉语母语者、译者是俄语母语者的双重条件。

按照课题组所确定的汉语文化负载词的概念和六大类型,经过课题小组成员三角验证,梳理并整理收集了其中所有的文化负载词,总共得到 17 个生态词、195 个名物词、229 个社会词、57 个宗教词、63 个语言类词和 62 个历史典故词。建立语料库,所得词汇总量为 623 个。手动逐一输入经过人工辨识和团队成员三角验证的汉语文化负载词,统计出这些词汇的频率、分布,并找出所有对应的俄语译文,包括一词一译和一词多译。课题组成员根据前期文献梳理得到的文化负载词概念、特点及分类,将所得文化负载词按照不同类型加以分类,计算出各类型词语出现的比例并得出各个类型文化负载词的高低频词数量。高频和低频词的判断标准为 0.5,数值越接近于 1 则词频越高,数值越接近于 0 则词频越低。最终确定了高频词共 40 个,占比 7%,低频词共 583 个,占比 93%。决定同时考察高频词和低频词,是因为高频词翻译的接受情况仅仅是翻译可接受性的一部分,通过考察低频词,使文化负载词翻译可接受性研究更为完整。

按照文化负载词类型划分,在《孔子学院》期刊俄文版的所有文化负载词中,社会词占比最大,为 37%,其次是名物词,为 31%。由于最终所得高频词为 40 个,低频词为 583 个,数量太大,不适合后期的问卷和有声思维实验,因此,研究依据以下标准,对所有文化负载词的俄文翻译进行再次梳理和挑选:1)已经约定俗成的译文不列入;2)一词多译的一定列入;3)每一类文化负载词都应该予以考察;4)同等频次应考虑语篇数量。依据以上四个标准,按照汉语文化负载词的六大类型以及各类型在原始数据中的比例,最终确定了 17 个汉语文化负载词的俄语译文作为后期有声思维实验的语料。其中,7 个为高频词,10 个为低频词。7 个高频词中 5 个词语有多种翻译,一词多译(10 个)的词语中社会词(5 个)所占比例最大(表 7-1)。

表7-1 有声思维实验汉语文化负载词及所属类型和数量*

类　型	数量	文化负载词
生态词	1	**鸳鸯**(2)
名物词	6	*旗袍*(57),*胡同*(49),**漆器**(33),**火锅**(10),早茶(6),宣纸(7)
社会词	7	*春节*(84),*科举*(43),**皮影戏**(33),红包(13),相声(6),"花儿"(45),舞狮(6)
宗教词	1	**生肖**(9)
语言类词	1	甲骨文(3)
历史典故词	1	杏坛(4)

* 说明:表中斜体词为高频词(7个),粗体词为一词多译(10个),括号里的数字为该词的词频。

（三）研究工具

本研究分为两个阶段,每一个阶段运用了不同的研究工具。第一阶段运用有声实验方法,第二阶段为访谈。第一阶段的目的是收集被试对17个汉语文化负载词俄语翻译的接受情况,第二阶段的访谈作为补充,进一步深入了解有声思维实验中收集的话语材料。

1. 有声思维实验

有声思维实验材料包括问题、选择与回答。所有文化负载词尽量还原其在《孔子学院》期刊俄文版原文中的语境与解释。针对单一文化负载词译文提问:您能够理解被标注的词语的意思吗？觉得该词与解释相符吗？针对一词多译的汉语文化负载词,请被试根据释义和图片,选出各自认为最好、最能被理解的翻译。如果所有翻译均不合适,则需要提供自己认为恰当的表达。

2. 实验被试

参加本次有声思维实验的被试一共5人。4人来自乌克兰,1人来自俄罗斯;男性4人,女性1人;4人是外教,1人是大学生。

二、结果与讨论

(一)实验结果

1. 汉语文化负载词俄语译文接受度与其话语的匹配度及其表现

本部分将回答研究问题一,课题组成员以评价系统为框架,对5位被试的有声思维访谈进行逐词逐句分析,标注反映其接受度的态度子系统及介入子系统中各类词汇情况,发现俄语母语被试者对汉语文化负载词俄语译文接受度呈现以下几种表现形式:

第一种,被试对汉语文化负载词俄译接受情况较好。由于译文用词准确,符合俄语的习惯,语义透明度高,很容易让受众联想到本国类似的事物或文化现象,或者被试根据自己的生活经历与背景,在一定语境下或进行相关解释即可理解。此时,表示正面、积极态度的词汇和表示赞同的宣称介入词汇相对较多,而表示负面、消极态度的词汇、表示否认收缩的介入词汇以及表示不确定的引发拓展词汇则相对较少。17个文化负载词俄译中,"宣纸""春节""红包""皮影戏""生肖"和"早茶"等属于这种情况。第二种,被试对汉语文化负载词的俄译接受情况不太好。即使放在特定语境下或看过相关解释后,仍然表示不太理解或不太赞同译文。此时,表示正面、积极态度的情感、鉴赏词汇和表示肯定的宣称介入词汇相对较少,而表示负面、消极意义的态度词汇和表示否认收缩的介入词汇以及表示不确定的引发拓展词汇则相对较多。这种情况在本次实验中出现不多。

课题组成员根据被试话语,按照以上分类,罗列了5位被试对17个汉语文化负载词俄译的接受情况。5位被试对17个汉语文化负载词俄语译文的接受情况中,第一种情况较多,有63个,第二种情况有22个。可以看出,接受情况较好约占总体接受情况的74%。其中,被试者接受状况不佳的集中在 комический монолог и диалог «сяншэн»/сатирический диалог «сяншэн»/юмористическая зарисовка(相声)、«цветы»("花儿")、танец льва(舞狮)和 абрикосовый алтарь(杏坛)4个文化负载词上。这4个词中,除"相声"外,其他3个都只有一种译法。

从文化负载词分类上可以看出,这4个词分属社会词(3个)和历史典故词(1个)。从被试身份看,四位外教由于在中国居住两年以上,对中国文化有所了解,因而对汉语文化负载词的接受程度较高,但与未去过中国的乌克兰学生比较相差不大,这也从一定侧面反映随着外宣的加强,中国文化"走出去"初见成效。

课题组成员又从不同角度分类统计了文化负载词俄语译文的接受情况。首先,从词频角度看汉语文化负载词俄语译文的接受情况。在7个高频词中,4个词被所有被试接受,占比57%。10个低频词中3个被所有被试接受,占比30%。低频词中"相声"一词被试的理解是错误的,因此可以统计为接受人数0。对于剩余的低频词,5名被试理解情况各异。因此,总体看来,高频词接受情况较好,低频词的接受情况有所差异。同时,一词多译词的接受情况也较好。

其次,从文化负载词类型角度统计不同类型汉语文化负载词俄语译文的接受情况。名物词译文的接受情况最好,6个名物词接受度均在80%以上,其次是社会词,7个社会词半数以上的接受度是80%,这也表明名物词和社会词是一个民族社会文化的重要体现,进一步证明了名物词和社会词在文化中的重要作用。接受情况较差的类型为语言类词、历史典故词,还必须考虑到被试中多人到访过中国,或有较长的中国旅居史,对中国文化有一定的了解与认可。

从以上研究可以得出如下结论:首先,在评价系统框架下,俄语被试者汉语文化负载词俄语译文接受度与其话语的匹配度较高,呈现出接受度较好与较差两种类型,每种类型具有独特的话语评价系统子系统构成形式;在接受度较好的被试话语中,表示正面、积极态度的词汇和表示赞同的宣称介入词汇相对较多,而表示负面、消极态度的词汇和表示否认收缩的介入词汇以及引发拓展词汇相对较少;而在接受情况不佳的被试话语中,则情况完全相反。

2. 汉语文化负载词俄译具体接受情况及话语分析实例

为了回答第二个研究问题,研究运用评价理论的分析框架,考察态度和介入次系统的情况,具体分析被试在有声思维实验中的口头话语语篇,从有声思维实验语料态度及介入次系统词汇分布情况与汇总中,揭示话语背后被试汉语文化负载词俄语译文接受度的具体情况以及原因。

针对 17 个文化负载词俄文翻译的接受情况,被试话语中所有表示消极、负面态度,否认以及怀疑、不确定的词汇总数为 55 个,平均数是 3 个,但主要集中在 абрикосовый алтарь(7)、надпись на черепашьих панцирях(9)、комический монолог и диалог «сяншэн»/сатирический диалог «сяншэн»/юмористическая зарисовка(9)、танец льва(9) 和 «цветы»(7)5 个词,从话语分析中可以看出其接受情况较差。与问题一研究结果进行印证,发现基本吻合,低频词相对接受情况较差;从文化负载词分类上看,历史典故词和语言类词接受情况较差,接受较差的词中社会词也占有一定比例。

同理,被试话语中所有表示积极、正面态度,赞同以及肯定的词汇总数为 141 个,平均每个文化负载词所使用的态度及介入词为 8 个,超过该平均数的文化负载词译文有 5 个,分别是 улочка/переулок хутунг/переулок/хутунг(10)、китайский лак(18)、утренний чай(15)、сюаньчэнская бумага(15)、конвертик из красной бумаги/красный конвертик(20)。此外,在谈及"春节""皮影戏""生肖""旗袍"这 4 个文化负载词,被试话语中虽然表示正面、积极态度,赞同及肯定的词汇未到平均数,但是其表示消极、负面态度,否认及怀疑、不确定的词汇非常少,也可以认为这几个词的接受程度比较好。高频词和名物词接受情况普遍较好。

(二) 分析与讨论

1. 接受情况较好的译文及其话语分析实例

根据统计结果,5 个译文的接受情况较好,分别是 улочка/переулок хутунг/переулок/хутунг、китайский лак、утренний чай、сюаньчэнская бумага、конвертик из красной бумаги/красный конвертик。多数属于名物词。其中,улочка/переулок хутунг/переулок/хутунг、китайский лак 是高频词。下面运用评价理论的分析模式,结合补充访谈的信息,以"早茶"

为例进行详细分析和讨论。

(有声思维实验)—Из этого предложения，**да**[介入：收缩：+宣称]，в принципе утренний чай，**да**[介入：收缩：+宣称]，утренний чай подразумеет，в русском языке есть такое понятие，подразумеет не только чаепитие，как род употребления чая с какими рода закусками，печеньем，конфетами，сладостями，поэтому утренний чай，**да**[介入：收缩：+宣称]，**вполне**[级差：语势：+强势] возможно，**да**[介入：收缩：+宣称]，звучит в русском языке，есть такое понятие《утренний чай》。

5位被试对"早茶"一词的俄语译文接受情况均较好，使用了表示肯定的宣称介入(да/в принципе/конечно)词汇，还使用强势级差词汇(вполне)加强肯定的语气，同时还使用了表示正面、积极态度的词汇(понятно)。被试明确表示在俄语中有类似的表达，人们不仅喝茶，还品尝甜点、糖果、饼干等。整段话语中，没有出现表示负面意义的态度词和否定收缩的介入词汇。该译文接受情况较好，主要是因为在俄语中有近乎对等的常用表达方式。俄罗斯也是一个酷爱喝茶的国家，把喝茶作为一种交际方式，还把茶作为三餐外的垫补，甚至还可代替其中的某一餐，常伴以大盘小碟的茶点等，以茶、食共进，有很浓的本土特色①。在日常生活中，俄罗斯的茶可以根据饮用时间分为早茶、日茶和晚茶。早茶在俄罗斯人的日常生活中有着重要的功能，被称为早晨的"第一缕阳光"。清晨时分，阳光照耀在俄式茶炊上，铜制的茶炊反射出柔和的晨光，把早晨的第一缕阳光洒在餐桌周围。全家人齐聚一堂，温馨地围坐在餐桌旁饮茶、交谈。早茶就像清晨的第一缕阳光，使睡意未醒的人们逐渐醒来，精力充沛地开始一天的工作与学习。尽管中国广东地区的"早茶"与俄语国家的 утренний чай 在具体茶食内容、品种上不尽相同，但相似的表达方式使受众产生共情，跨文化交际毫无障碍。

这一部分对5个话语分析统计数据显示接受情况较好的俄文翻译

---

① 褚敏：《俄罗斯的饮茶文化》，《俄罗斯文艺》，2001年第1期。

进行了进一步的分析和讨论,可以发现,名物词接受情况较好,造成接受情况比较好的原因大致有三个。第一,俄语中有相似的表达方式;第二,译文具有较高的语义透明度,给予受众最直接的参照,产生正面、积极的联想;第三,由于俄语国家具有相近的文化国情和社会风俗,从社会文化认知上更容易接受。在一词多译时,被试更倾向意译,但为保留源语言原汁原味的文化特色,又能帮助目标语读者理解译文语义,要做到直译、音译和意译的正确选择,归化与异化的有机结合。

2. 接受情况较差的译文及其话语分析实例

根据统计结果,5个译文的接受情况较差,分别是 абрикосовый алтарь、надпись на черепашьих панцирях、комический монолог и диалог «сяншэн»/сатирический диалог «сяншэн»/юмористическая зарисовка、танец льва 和«цветы»。下面运用评价理论的分析模式,结合补充访谈的信息,以"花儿"为例进行详细分析和讨论。

例1(有声思维实验) Понятно ли мне, что такое значит «цветы». Ну, из описания, которое здесь приведено, что это какое-то пестопение, народности Китая в различных провинциях. Вот, к сожалению, я **не** знаком[介入:收缩:-否认] с этим творчеством. Вот, поэтому честно говоря, то есть я **не**[介入:收缩:-否认] готов сказать про, как будет звучать, правильно бы можно было бы перевести эти песни, возможно по-китайски …

(补充采访) Вот. Возможно было бы сказать «цветые песни», «песнь цветов». В русском языке ещё употребляет не песни, а из церковного, видимо, пришло слово «песнь». «Песнь цветов», это вот как, вот так, именно вот действительно что-то возвышенная, благородная. «Песня»—это такой общеупотребительно получается, а «песнь», с мягким знаком на конце и вот можно было, наверное, можно было бы его использовать. Можно было бы использовать «песнь цветов». Вот, я с ним не знаком, поэтому могу только сказать своё мнение.

«цветы»的俄语译文接受情况不太好。被试声称不了解这种艺术创作,所以对此无法评价,即使了解释义后,也不太认同译文。话语中多次出现否定的介入收缩词汇(не знаком/не готов сказать/не понял/не будет/не так говорят)表明接受情况较差。«цветы»采用直译的方式,接受情况不佳的原因基本相同。被试1针对"花儿"一词尝试提出更好的翻译方案 песнь цветов。仔细分析,这是解释加直译的方法,既保留了"花儿"的直译,同时又说明了这是一种歌曲形式;更妙的是采用了 песнь 一词表示歌曲,而未使用通用词 песня。尽管两词差别不大,只是最后一个字母 я 变成软音符号 ь,但是修辞色彩发生了变化,песнь是古旧词汇,具有某种崇高文雅的修辞色彩。两者组合起来,既兼顾语义,又体现修辞,不失为优秀的译文。

这一部分对话语分析统计数据显示接受情况较差的文化负载词俄文翻译进行了进一步的分析和讨论,可以发现,接受情况比较差的几个俄文翻译大多是一词一译,以历史典故词、语言类词和社会词居多,以低频词为主。这几个俄语译文大多采用直译方法,导致接受情况较差的原因首先是由于目标语受众对中国语言和文化了解较少造成的认知困难;其次,俄语中缺失对等的语义表达,某些直译方法不符合俄语的表达习惯,或缺少必要的补充解释;最后,译文的语义透明度低,尤其是复合词的语义透明度较低。

3. 一词多译的总体接受情况及其推荐译法

本次有声思维实验中,17个文化负载词有10个存在一词多译现象,占比59%。在有声思维实验和补充访谈中,被试对具有不同译法的汉语文化负载词提出了自己的意见和建议,可以为今后汉语文化负载词的翻译提供一些思路与借鉴。

首先,在一词多译所涉及的不同翻译方法中,直接音译应当避免,接受度较差。其次,意译的接受情况最好。该结果与大多数翻译方法研究的结论一致,也符合跨文化传播的基本规律。表7-1的17个文化负载词中,半数以上被试选择意译的方法。再次,某些词如"鸳鸯""科举""花儿"的不同译法中,被试提出用意译加解释或直译加解释的译法。由于目标语受众在思维习惯、认知背景、价值观等都与汉语使用者有较大差别,考虑到受众的潜在需求,在翻译同时增加必要的解释,提供相关背景知识,提供充分的语境效果,解释可能存在的文化缺失,填补信息传播中的空缺,使译文与译文读者产生充分的关联,为目标语读者扫除理解障碍,从而提升信息传播效果。

例如,对于"鸳鸯"一词,尽管在俄语国家的动物园可以见到,在俄语中也有相对应的术语 мандаринка,但目标语受众并不了解该动物在中国文化中的象征意义,所以大部分被试选择了具有中国文化特色的意译 утка 加解释 неразлучница 的译法;还有一位被试提出意译 утка 加直译 мандаринка 加解释 неразлучница 的方法,但词条过于冗长,不一定能被其他受众接受。针对"胡同""相声""皮影戏"的俄译,有被试提出意译加音译的翻译方法,这也是在翻译中为保留中国文化的原汁原味所采取的一种策略。意译让受众获取正确信息,而音译则有效填补了目标语与源语言之间的空缺。例如,针对"相声"一词,有被试提出 юмористическая сценка «сяншэн» 的译法,前一部分是意译,让目标语受众明白这是一种小型的幽默表演,后一部分音译 сяншэн 则让受众感受到异国情调,保留了中国文化特色。同理,也有被试对"胡同"和"皮影戏"提出类似的译法 переулок хутонг 和 театр теней Пиингщи。

此外,在《孔子学院》期刊俄语版中,除了对汉语文化负载词直接翻译外,还采用了在文章中进行解释,增加脚注、尾注或者图片等多种方法。这些方法对实现理解基础上的文化传播,也不失为行之有效的良好手段。

由于目标语受众在思维习惯、认知背景、价值观等都与汉语使用者有较大差别,文化负载词的翻译并非易事。这要求翻译工作者在翻译过程中将直译、音译、意译、归化与异化等翻译策略有效结合,而不能简单拘泥于其中某一种,尽量做到既保留中国文化的原汁原味,又让目标受众产生正面、积极的联想,做到信息的有效传输。

第三节　结束语

本章从外宣的意义开篇,梳理了我国在外宣俄语翻译领域研究的脉络,发现外宣俄语翻译中对政治词汇和旅游词汇的俄译研究较多,相关学者总结过外宣翻译的策略和方法——直译、意译、归化、异化等。对于汉语文化负载词的翻译研究,仅限于单独某部文学作品中文化负载词的翻译研究,总体数量不多。这些文学作品包括古典名著,如《论语》,也涉及现当代中国文学佳作,如钱锺书的《围城》和诺贝尔文学奖获奖者莫言的小说《生死疲劳》等。因此,本课题研究外宣材料——《孔子学院》期刊俄文版中汉语文化负载词俄语译文,不仅具有较大的学术研究意义,填补了本领域国内研究的空白,而且对于推动中国文化"走出去"具有一定的翻译实践意义。

本研究不是单纯从翻译学角度出发,而是另辟蹊径,以《孔子学院》期刊俄文版为原始语料,自成语料库,利用有声思维实验和补充访谈,以评价系统为框架,直接分析被试话语,以定性研究为主,定量研究为辅,研究俄语母语者对汉语文化负载词的接受情况。通过研究发现以下三点。

首先,在评价系统框架下,俄语母语被试者汉语文化负载词俄语译文接受度与其话语的匹配度较高,不同接受类型具有独特的话语评价系统子系统构成形式。在接受情况较好的被试话语中,表示正面、积极态度的鉴赏和情感词汇和表示赞同的宣称介入词汇相对较多,而表示负面、消极态度的词汇和表示否认收缩的介入词汇以及引发词汇相对较少;而在接受情况不佳的被试话语中,则情况完全相反。通过对汉语文化负载词总体接受程度的分析还发现,一词多译、高频词和文化负载词中的名物词接受度普遍较好,而历史典故词和语言类词的接受情况较差。

其次,通过对评价系统态度及介入次系统词汇分析与汇总,研究得出接受度较好的汉语文化负载词俄语译文,同时发现决定接受情况比较好的原因大致有三个：第一，俄语中存在对等的表达；第二，译文具有较高的语义透明度；第三，俄语国家有相似的文化国情，从社会文化认知上更容易接受。同样，接受情况比较差的俄文翻译基本都采用直译方法，导致接受情况较差的原因主要是俄语中缺失对等的语义表达，不符合目标语的表达习惯，或缺少必要的补充解释；其次，译文语义透明度低，尤其是复合词的语义透明度较低，未能有效弥补缺失的语义；最后则是文化差异造成认知的不对等。

  第三，通过对汉语文化负载词俄语译文优秀范例的分析，试图为接受情况较差的译文提出部分修改意见，并为今后的外宣俄语翻译工作提出一些建议：尽量避免纯粹的音译，从归化角度，尽量使用与目标语对等的表达方式，做到语义透明；针对语义或文化缺失的现象，在尊重目标语使用习惯的基础上，尽可能使用便于目标语受众合理联想的搭配，给予最直接的参照；当出现源文本与目标语语言文化完全不对等的情况，则建议采用意译加解释、音译加解释等翻译方法，在帮助目标语受众构建正确认知的同时保留源语言或文化的异国特色。

第八章　汉语语篇俄语译本接受情况

对汉语语篇俄语译本接受情况的研究将按照本书绪论第四节中"语篇分析"说明的框架及具体实施步骤进行,这里不再赘述。本章重点呈现研究方法和译文语篇接受情况的分析和讨论。

第一节　研究方法

本小节具体介绍研究任务、研究语料、被试、有声实验过程以及数据收集和分析结果。

一、研究任务

1. 概述语篇大意。
2. 指出能够理解的句子,并对句子进行释义。
3. 指出不能理解的句子,指出不理解的地方并说明原因。

二、研究语料

研究语料选自《孔子学院》期刊 2010 年至 2017 年俄语对照版"文化博览""印象九州"栏目中的三篇文章。这三篇文章分别介绍了青花瓷器、太极拳和中国美食。为了便于有声思维实验的开展,研究分别从三篇文章中选取了约 200 个汉字的语篇,各自为一个段落。这三个段落在内容上均能独立表达一个完整的主题,并且符合完整语篇的三大要素,即具有一个中心思想,具有连贯性和一致性。体裁均为说明文,目的均为向语篇读者介绍中国文化。

三、研究被试与材料收集

研究邀请三位俄语母语者参与有声思维实验。实验前首先筛选实验对象,确保被试符合有声思维实验的条件①——三位被试的教育程度相当,年龄在30岁左右,硕士以上学历,两名大学教师,一名医生。实验前首先向被试介绍了实验要求及需要完成的任务。实验中被试不被打扰,并全程录音。在分别阅读完三篇语篇段落后按照要求完成任务。实验结束后允许被试对回答的问题进行修正和补充。

四、材料分析

材料分析分为三个部分。第一,对有声思维实验被试话语进行转写,然后将被试话语按照三个研究任务进行划分。第一个任务反映的是被试对译文语篇总体理解情况。研究者根据反馈情况可以大概了解被试对语篇整体大意是否理解正确,为后续具体分析两个任务奠定基础。其次,分别按照任务二和任务三,逐句分析被试的反馈。对于可以理解的部分,判断被试的释义是否正确,找出正确以及有错误的信息点;对于被试明确表示不理解的部分,归纳原因,备后续分析讨论时参照。第二,分别依据"绪论"语篇分析框架,结合汉语源语语篇及俄语语篇特点,对源语及俄语译文语篇做静态分析和对比,为后续动态分析做准备。第三,根据有声思维实验被试反馈信息,结合源语及俄语译文语篇静态分析结果,讨论译文语篇接受情况、原因以及翻译有效性问题。

---

① 郭纯洁:《有声思维法》,外语教学与研究出版社,2007年,第1页。

第二节　汉语源语及俄语译文语篇静态分析与对比

一、俄语语篇特点

1. 俄语思维对语篇的影响

俄罗斯地处东西方交界带，文化独具特色，其西部以拉丁文化为主，东部则以东亚文化为主。两种文化的交叉和融合形成了俄罗斯文化中的二元性、矛盾性、冲突性和边界线。同时，俄罗斯文化的宗教性也使他们"构建了一整套以人为中心的人格主义哲学，关注历史的意义、人类的前途、生命的存在、神与人的关系、世界的命运等问题"，这种人本精神也促成了俄罗斯民族寻求绝对自由、绝对神圣、绝对理想的价值取向[1]。俄罗斯独特的文化产生了其特有的思维方式，即以主客观对立为出发点，对外部事物的反映不是靠直觉和感性的认识，而是依赖抽象理性的表述，表现为分析性的逻辑思维模式，通过一系列相互对立的概念和范畴把客观事物分解成各个组成部分，将个体与部分置于集体和整体之上[2]。

在俄语中，语篇被认为是最大的言语单位，词则是组成语篇的构建材料。从词到语篇，中间的环节包括句子、超句体、片段、节和章。其中在一个片段内，词、句子和超句体（小主题）共同组成了这个片段的大主题。因此，俄语语篇结构具有"多层次性和复杂性"[3]。其中，"在语篇中超句子体不是孤立存在的，通常一组超句体在意义上或相互融会，或相互对立，形成某种更为复杂的意义联系"[4]。

---

[1] 汪成慧：《俄汉文化差异与思维方式》，《重庆师范大学学报（哲学社会科学版）》，2004年第2期。
[2] 同上。
[3] 吴贻翼、雷秀英、王辛夷等：《现代俄语语篇语法学》，商务印书馆，2003年，第142页。
[4] 同上书，第142—143页。

2. 俄语语篇的衔接与连贯

俄罗斯语言学界对语篇衔接和连贯的研究是在借鉴西方语篇研究理论的基础上发展而来的,其在衔接手段的归纳与分类、句际关系模式分析等方面的研究成果与西方差别不大,因而"从总体上看,俄罗斯语言学界对语篇衔接和连贯的理解与西方基本相同"①。但这并不意味着两者毫无差别。譬如,在衔接手段方面,由于俄语的动词具有独特的时、体特点,因而动词体时亦可作为俄语语篇的一种衔接方法,尤其是"在文学作品中,动词体和时间的变换,往往意味着一个相对独立的小主题的结束或开始"②。

3. 俄语语篇的实义切分特点

俄语语篇实义切分的基本单位是句子,分为简单句和复合句两种情形。简单句的主述位切分方式与英语中的小句基本相同,而复合句则略微复杂些,分为主从复合句和并列复合句。"主从复合句与并列复合句在实义切分上的区别在于多极切分与单极切分的对立,即前者是多极切分,而后者是单极切分。"③换句话说,并列复合句在实义切分中被视为两个句子,将分别进行主述位切分;而主从复合句则被视为一个句子,从句在第一级切分中直接进入主位或述位(取决于其位于主句前或后),下一级的实义切分则在主句和从句内部进行④。例如,弗·维·奥尔洛夫的诗句"Я узнал, что у меня есть огромная семья"是一个主从复合句,其实义切分如下所示:

---

① 李锡奎、史铁强:《语篇衔接与连贯研究进展及趋势分析》,《中国俄语教学》,2015 年第 3 期。
② 李玲君:《俄语语篇分析中的衔接与连贯》,《内蒙古大学学报(人文社会科学版)》,2008 年第 1 期。
③ 吴贻翼、雷秀英、王辛夷等:《现代俄语语篇语法学》,商务印书馆,2003 年,第 88 页。
④ 参见陈国亭《句子实义切分的认知标记与适用文本》,Мамедов Н. Ш., "Проблемы Актуального Членения Сложного Предложения в Русском Языке", *Автореферат Диссертации на Соискание Ученой Степени Д.Филол.Н. Специальность 10.02.03*, Баку, 2012, с. 69 以及 Гапонова Т. Н., "Актуальное Членение Сложносочиненных Предложений с Соединительным Союзом И", *Наука и Мир в Языковом Пространстве: Сборник Научных Трудов V Международной Научной Конференции*, 2019, с.31 - 35。

汉语翻译：	我	//发现，	我	//有一个大家庭。
俄文原句：	Я	//узнал，	/что у меня	//есть огромная семья.
一级切分(/)：	主位 T		/述位 P	
二级切分(//)：	主位 t1	//述位 p1	主位 t2	//述位 p2

  值得一提的是，俄语中的形动词和副动词具有"述谓性"或"半述谓性"特征，可以做句子的次要谓语，表示与主要行为平行的次要行为，用来进一步扩展句子的内容①。因此，带有形动词、副动词等说明语法主语的独立结构的简单句被称为繁化句，其在语义层面上接近多述谓的复合句②，即可以将这类独立结构视为主从复合句中的从句。故而这类结构与主从复合句中的从句一样，在多级切分时成为第一级切分的主位或述位，而且还有可能在其内部进行下一级的切分。这里需要强调的是，虽然副动词都是说明语法主语的独立结构，但形动词除说明语法主语外，还可以修饰补语、状语等其他句子成分，而形动词只有在说明语法主语的时候才具有"述谓性"或"半述谓性"特征。

  4. 俄语语篇的结构特点

  大多数研究俄语语篇的学者认同句子是语篇的基本单位，再由句子构成超句统一体、片段/章节、语篇③，但也有部分学者认为语篇的构筑单位是超句统一体，因为句子无法脱离上下文语境，而超句统一体才是脱离具体语境后仍具有结构独立性和完整性的最小单位④。虽然学者对于超句统一体在语篇结构中的位置意见不一，但对于其地位的重

---

① 参见段世骥《用作次要谓语的俄语副动词》(《外语教育与研究》，1962 年第 2 期)和齐光先《现代俄语中的次要主语》(《外语教育与研究》，1980 年第 1 期)。

② 周海燕：《俄语副动词(短语)的半述谓性研究》，《语言学研究》，2016 年第 2 期。

③ 参见 Солганик Г.Я., *Стилистика Текста*，М.，Флинта；Наука，2001；Болотнова Н. С.，*Филологический анализ текста*，М.，Флинта；Наука，2009，с.520；史铁强、安利《语篇语言学概论》，外语教育与研究出版社，2012 年；以及吴贻翼、雷秀英、王辛夷等《现代俄语语篇语法学》，商务印书馆，2003 年。

④ 参见王福祥、白春仁：《话语语言学论文集》，外语教学与研究出版社，1989 年，第 241—242 页；Болотнова Н.С.，*Филологический Анализ Текста*，М.，Флинта；Наука，2009；以及陈洁：《俄汉超句统一体对比与翻译》，上海外语教育出版社，2007 年。

要性却毫无异议,正如上海外国语大学陈洁教授所说:"俄语篇章语言学研究在世界语言史上写下了令人难忘的一页,其突出贡献在于对超句体有关问题的深入探讨。"①

超句统一体是大于句子的结构—语义统一体,由两个或两个以上语义上和句法上互相紧密联系的句子借助一定的语法或词汇衔接手段构成,可以理解为"拥有共同小主题的句子的总和"②。一个超句统一体可以大于、等于或小于一个段落,其基本特征是意义向心性、表达连贯性和形式联系性。在划分统一体时,最根本的是依据意义特征,即根据小主题的变换来划分③。

二、汉语源语及俄语译文语篇静态分析及对比

语篇分析框架说明见本书绪论第四节"理论框架"中的"语篇分析"部分。以下具体呈现三篇汉语语篇和对应的俄语译文语篇的分析情况。

(一)语篇1④

1. 汉语

①青花瓷工艺独特,白色的瓷胎上用毛笔沾上专用颜料,勾出曼妙图案,或精致或典雅或奔放,经1200度高温烧制后原先的灰黑色颜料便呈现出蓝白相间的条纹,宛如中国传统水墨画,行云流水间流淌着明净和素雅、含蓄和柔和。②明代永乐之前,绘制在瓷盘上的青花图案全部以写实为主,而到了永乐年间出现了花果并存的图案,人们把自然界的四时之景浓缩在一个画面中,借以寄托对美好事物的向往。③此外,青色在古代中国也有特殊的含义:古时的读书人希望"青出于蓝而胜于蓝",走上仕途后便有"青云直上"的愿望。④"青"在中国人心中的分量可见一斑。

---

① 陈洁:《俄汉超句统一体对比与翻译》,上海外语教育出版社,2007年,第32页。
② 吴贻翼、雷秀英、王辛夷等:《现代俄语语篇语法学》,商务印书馆,2003年,第99—100页。
③ 史铁强:《超句统一体的基本属性及其界限划分》,《中国俄语教学》,1990年第3期。
④ 说明:语篇中下划线为已知信息;粗体为新信息;同时标注下划线和粗体的为已知信息+新信息。下同。

2. 俄语

①**Техника создания фарфора «цинхуа» уникальна.** На <u>необожженное изделие кисточкой наносят специальные красители на основе кобальта, создавая наброски изящных рисунков, ажурных, утонченных или в свободном стиле,</u> а после обжига при температуре 1200 ℃ изначальный **черный цвет кобальтового красителя** проявляется в виде **синей росписи по белому фону**, напоминающей традиционную китайскую **монохромную живопись.** <u>В этих плавных и текучих линиях</u> чувствуется **чистота, изысканность, сдержанность и мягкость.** ②<u>До периода Юнлэ(1402—1424)</u> во время династии Мин рисунки <u>на фарфоровых блюдах в стиле «цинхуа»</u> отличала **реалистичность**, а в период <u>Юнлэ</u> появились **рисунки в виде цветов и фруктов**; мастера изображали на одной картине сразу все четыре времени года, выражая тем самым свое стремление к прекрасному. ③**Кроме этого** <u>синий цвет</u> в Древнем Китае имел **особое значение.** В древности **образованные люди надеялись, что «синяя краска превзойдет индиго».** Эта <u>идиома</u> означала, что **ученик превзошел своего учителя**, а **начинающий чиновник** жаждал, чтобы «**поднялись синие облака**», поскольку так говорили о <u>головокружительной карьере</u>, и даже **те, кто уходили в отставку с военной службы, лелеяли надежду, что их имена будут увековечены в «синих летописях»**, поскольку именно так по-китайски называли <u>исторические анналы.</u> Уже по этим примерам понятно, <u>насколько важен был</u> **синий цвет для китайцев.**

可以发现,总体来看,汉语由于逗号使用的特点,形成了句群这一独特的语法现象,即一个句号为一个句群,句群中有可能只包含一个单句或者复句,也可能由若干个单句或者复句组成。如第一个句群"青花瓷工艺独特,白色的瓷胎上用毛笔沾上专用颜料,勾出曼妙图案,或精致或典雅或奔放,经1200度高温烧制后原先的灰黑色颜料便呈现出蓝白相间的条纹,宛如中国传统水墨画,行云流水间流淌着明净和素雅、含蓄和柔和"中,"青花瓷工艺独特"是单句,"经1200度高温烧制后原先的灰黑色颜料便呈现出蓝白相间的条纹"是复句。这个汉语语篇由四个句群组成,每一个句群用句号隔开,分别表达了"青花瓷工艺"

"青花瓷图案""青色的含义"以及"青色的重要性"的句群话题,句群间的话题链呈现派生主位和连续主位的推进程序模式。而俄语则有超句统一体的概念,即"拥有共同小主题的句子的总和"。一个超句体可以大于、等于或小于一个段落①。可以发现,俄语的超句统一体聚焦的是主题,整个译文语篇由三个超句统一体组成,分别体现了"青花瓷工艺""青花瓷图案的演变""青色在中国文化中的含义"三个小的主题。因此,从源语语篇和译文语篇的语篇话题链组成来看,译文很好地转换了源语的信息。

下面具体分析第一篇汉俄语篇的主述位推进情况以及相关的信息类型和衔接手段。

汉语的第一个句群中,主位推进程序为简单线性模式,俄语译文与汉语相同,即译文话题保持了源语话题。但是在信息类型方面,俄语翻译时在句子中增加或改变了一些信息或信息的表述方式,如"白色的瓷胎上用毛笔沾上专用颜料",翻译时增加了"含钴"(кобальта)的信息。"原先的灰黑色颜料便呈现出蓝白相间的条纹"中改变了"蓝白相间"的表述,用了俄语 синей росписи по белому фону,相当于汉语"白底蓝纹";汉语"行云流水间流淌着明净和素雅、含蓄和柔和"一句中,"行云流水间"则采用了释义的方法,解释成"在这些流动的线条中"(В этих плавных и текучих линиях)。从衔接手段上看,汉语和俄语各有特色,如汉语运用了词义同现、省略、平行结构和隐喻,俄语一方面也运用了词义同现和隐喻,同时还运用了同义近义词(рисунков/росписи)、词汇重复(кобальт, красителя)和指示指称(этих)。

第二个汉语句群中,主位程序为"连续主位+跳跃主位",俄语译文也是一致的,即话题都由"青花"到"花果"再跳跃到"四时之景"。在信息转换方面,俄语译文将汉语的"花果并存的图案"译为 цветов и фруктов,相当于汉语"花果图案",丢失了"并存"的语义。衔接手段上,译文比源语多用了人称指称(свое)和词汇重复(рисунки)。

---

① 吴贻翼、雷秀英、王辛夷等:《现代俄语语篇语法学》,商务印书馆,2003 年,第 99 页。

第三个句群(超句体)中,汉语和俄语都是"分裂主位"的主位推进程序,从第一句的述位"特殊的含义"分裂出"读书人"的新主位,并且由该主位引出不同的述位。从翻译方法上看,俄语译文在这个超句体内有比较大的变化。首先,对应汉语"古时的读书人希望'青出于蓝而胜于蓝'",俄语将汉语的偏正结构"古时的读书人"改为 В древности,成为介词结构,信息没有变化,但是从句子主位来看,汉语的话题主位变成了俄语的语篇主位。其次,俄语采用了增译的方法,在"青出于蓝而胜于蓝"这个汉语俗语后面增加了对它的解释 Эта идиома означала, что ученик превзошел своего учителя,意思是"这句熟语的意思是学生会胜过自己的老师";汉语"走上仕途后便有'青云直上'的愿望"这一句则翻译成 а начинающий чиновник жаждал, чтобы «поднялись синие облака», поскольку так говорили о головокружительной карьере(而刚走上仕途的官员渴望"青云直上",因为这意味着飞黄腾达)。可以发现,译文把"走上仕途"改变成修饰语,然后增加了中心词"官员",但是这种改变仍然保留了源语的主位状态;其次,译文增加了对"青云直上"的补充说明 поскольку так говорили о головокружительной карьере(因为这意味着飞黄腾达)。而在这个补充说明之后,译者还增加了一个相当长的句子 и даже те, кто уходили в отставку с военной службы, лелеяли надежду, что их имена будут увековечены в «синих летописях», поскольку именно так по-китайски называли исторические анналы,意思是"就连那些即将退伍的军人也希望自己的名字能永垂'青史',因为在中国就是这样称呼史书的"。在衔接手段上看,汉语和俄语都使用了连接词、词汇重复、同义近义词和词义同现的方法。同时,俄语译文还增加了替代(те/кто; Древнем/древности; надеялись/лелеяли надежду; Китае, по-китайски, китайцев)、隐喻(головокружительной)和人称指称(своего, те, их)的衔接手段。

汉语的第四个句群对应于俄语仍然是第三个超句统一体,是该统一体的最后一句话。在翻译中,译者将汉语的述位"可见一斑"调整为语篇主位 Уже по этим примерам понятно(从这些例子可以就看出来)。

（二）语篇 2

1. 汉语

①练习过太极拳的人们都不难发现，太极拳以开步抬手为起势，收步落手为收势，运动轨迹多为圆形，且动作前后呼应。②"这象征着世间万物的周而复始。"③袁道长解释，一套太极拳是一个整体，讲究连贯一气，节节贯穿。④而这样的运动，可以让身体中的"气"在延续的同时得到增长，这也就是太极拳的奥妙所在。⑤因为通常的打击会耗掉身体的"气"。⑥但太极拳出拳不是为了打人，而是为了把"气"行走一圈，让它既没有损伤，又得到补足，因此对人体有益而无害，还能起到疏通经络、强身健体的作用。

2. 俄语

①Тот, кто когда-либо занимался тайцзи, знает, что начальная форма—это расправиться и поднять руки, а заключительная форма—остановиться, собрав руки; все движения совершаются по кругу, постоянно чередуется поступательность вперед-назад. ②«Это символизирует круговорот всего в природе и постоянное возвращение к исходной точке». ③Настоятель Юань поясняет, тайцзи—это целый, неделимый комплекс упражнений, где каждый этап взаимосвязан и поэтому следует соблюдать порядок их выполнения. ④Такие круговые движения позволят энергии ци расти в нашем теле постоянно и довольно долго, в этом и состоит секретное знание тайцзи. Частые удары в значительной мере расходуют энергию ци у человека, а в тайцзи движения кулаками рассчитаны не на удар противника, а на выпуск вовне энергии ци, которая сделав круг, восполнится и вернется к нему, что естественно окажется очень полезно для здоровья, прочистит его каналы и укрепит физическую форму человека.

以下分别从主位推进程序、信息类型和衔接手段三个方面对语篇 2 进行分析。总体来看，汉语句群数量为六个，分别表达了"太极拳动作特点""太极拳的象征意义""太极拳的要领""太极拳使'气'得到增长""太极拳打击的特点"和"太极拳的独特之处"的内容，而俄语超句体的数量为四个，分别包含了"太极拳的动作描述""太极拳的文化象征"

"太极拳的练习要领"和"太极拳的气"四个小主题。由于俄语超句统一体的概念以小主题为划分依据,而汉语的句群以句号为标志,造成了二者数量上的不一致,但就内容而言,源语和译文语篇不论是呈现的顺序还是数量都是一致的。

下面具体分析第二篇汉俄语篇的主述位推进情况以及相关的信息类型和衔接手段。

汉语的第一个句群中,主位推进程序为简单线性模式,俄语译文与汉语相同,即译文话题保持了源语话题,述位也一致。信息类型方面,俄语译文中改变或增加了一些信息的表述方式或信息内容,如:汉语太极拳的术语"起势""收势"分别对应的俄语是"最初的形式"和"最终的形式",从翻译方法上看采用了释义的方法;汉语的"开步"由俄语"伸展"的语义取代、"收步"则译为俄语"停步"的语义;汉语中的"动作前后呼应"译为俄语"按照顺序不断交替"的语义。在衔接手段方面,源语与译语都采用了词义同现、平行结构和连接词,汉语使用了词义重复,俄语则运用了人称指称(тот)、替代(кто)和指示指称(все, это)。

汉语的第二个句群只有一个单句,没有主位推进程序,俄语译文与之保持一致,即话题都由太极拳开始,述位涉及太极拳的文化象征意义。在信息转换方面,俄语译文在翻译"周而复始"时采用了释义方法,译为 круговорот всего в природе и постоянное возвращение к исходной точке(资本循环,不断回到起点)。衔接手段上,汉语运用了照应(指示代词)和引用,译文则没有使用引用符号,但是增加了隐喻的修辞格(возвращение к исходной точке)。

第三个句群(超句统一体)中,汉语的主位推进程序是"分裂主位",从第一句的述位分裂出袁道长解释的具体内容,俄语则是分裂主位+跳跃主位模式,前面的分裂主位与汉语一致,进一步说明袁道长解释的内容,但是在后半句则采用释义方法,增加了"不可分割的一套练习",以及"每个阶段都是相互联系的,因此要遵守其动作完成顺序"的内容。因此,与源语比较,译文增加了主位推进程序模式和信息量。衔接方面,汉语多次重复"太极拳",形成语篇连贯,俄语除了也重复这个关键词以外,还因为增加了句子,使用了指示指称(это)、替代(где)、连接词(и поэтому)和人称指称(нашем,нему,его)形成语篇连贯。

与俄语第四个超句体"太极拳的'气'"对应的汉语句群是第四句到第六句。俄语这个超句统一体的主位推进程序是简单线性主位+连续主位,汉语总体上看呈现连续主位推进的模式。信息类型方面,译文采用增译法,在翻译"这样的运动"时,重复了上文中"循环/圆形"的语义。这里译文出现了两个涉及太极拳概念方面的错误。第一,在翻译汉语"通常的打击"时,将其解释为"频繁/密集的打击",而汉语"通常的打击"应该指"与太极拳不同的其他运动方式中的打击";第二,汉语中"把'气'行走一圈",意思是太极运动能使人身体内产生气,并且在打拳的过程中,气在体内行走,同时得以补充和保持,连绵不断。俄语将其译为"太极拳出拳的目的是向外释放气能量,这个能量转了一圈后,得到补充并回到体内"。显然这里不仅漏译了"没有损伤",还在语义上发生了偏差。衔接手段上,汉语运用了连接词、指称、词汇重复,俄语除了这些方法以外,还增加了替代(круговые,круг)和同义近义词(тело,физическая форма)。同时需要注意的是,汉语在"而这样的运动,可以让身体中的'气'在延续的同时得到增长"中使用了连接词"而",通过上下文语境可以看出,这里的"而"不表示转折,而是承接上文。因此,俄语中省略了与之对应的连接词。相同的情况还发生在汉语"因为通常的打击会耗掉身体的'气'"一句中,俄语译文省略了连接词"因为"。

(三)语篇3

1. 汉语

①中和之美是中国菜的制作原则,也是中国传统文化的最高审美理想。②古文《尚书·说命》中就有"若作和羹,惟尔盐梅"一句。③意思是要做好羹汤,关键是调和好咸酸二味,以此比喻治国。④烹调中的辩证法,表现在许多地方,选料的素与荤,刀口的大与小,烹饪时的水与火,调味的淡与浓,质感的软与脆,上菜时的冷与热,都颇有讲究。⑤烹饪者要使五味调和,必须掌握好"调"的本领,以达到"和"的极致。⑥例如,中国人爱吃的火锅里的鸳鸯锅,锅底用铁片框成太极图的造型,一边是红汤,一边是清汤,一边是火辣一边是清淡,最好的

<u>诠释</u>了<u>中和的含义</u>。

2. 俄语

①**Красота гармонии**—это **принцип** китайской кухни, а также **наивысший эстетический идеал** традиционной китайской культуры. ②**В главе «Юэ мин»** (**«О жизни»**) канона Шу-цзин есть **фраза: «Чтобы сделать годную похлебку, сбалансируй вкус соли и сливы»**, то есть <u>ключевым моментом для супа является гармония соленого и кислого вкусов</u>. Хотя это, конечно, был **намек на грамотное управление страной**. ③<u>Диалектика присутствует во многих аспектах кулинарии: ингредиентами становятся и овощи, и мясо, куски бывают и мелкие, и крупные, в приготовлении участвуют и вода, и огонь, обильная и легкая приправа, еда получается нежной и мягкой и с хрустящей корочкой, ее можно подавать горячей или холодной</u>—все это **очень важно**. ④ <u>Повар</u> должен обладать умением **сбалансировать пять вкусов**, чтобы <u>достичь предельной гармонии</u>. ⑤ Например, <u>китайцы</u> очень любят есть «**мандаринок в котелке**»; <u>котелок</u> разделен листом железа на две части в форме инь и ян на символе Великого предела, бульон в котелке **красный с перцем** <u>в одной части</u> и **прозрачный, без приправ**, <u>в другой</u>. Это **нагляднее иллюстрирует** <u>концепцию гармонии</u>.

下面从主位推进程序、信息和衔接手段三个方面比较语篇3的源语和译文语篇。该汉语语篇有六个句群,分别包括"中和之美""引经据典""做羹汤的关键""烹调中的辩证法""烹调的调与和""鸳鸯锅"的内容;俄语译文则由五个小主题构成,分别是"中和之美""引经据典""烹调中的辩证法""烹调中的调与和""鸳鸯锅"。可以发现,汉语的第三个句群"烹饪的关键"从内容来看,是对前一句引用的解释,源语这里用句号似有不妥。俄语译文以主题划分超句统一体后将该句并入下文,阐释烹饪调与和的辩证思想。以下按照句群(超句统一体)具体加以分析。

汉语的第一个句群是一个并列复句,共用一个主位"中和之美",述位分别是"中国菜的制作原则"和"中国传统文化的最高审美理想",主位推进程序模式是连续主位,指出了"中和之美"的重要性;俄语译文主位和述位总体与源语一致,因为采用了简单句形式,无推进程序。信息方面，译文丢失了"制作"，直接译为"中和之美是中国菜的原则"。衔接方面，汉语运用了省略和连接词，俄语译文也同样运用了省略和连接词，同时增加了指示指称（это）。

汉语第二个句群是一个单句，无主位推进，通过引经据典，用做汤羹的例子阐释"中和之美"；第三个句群如前面所述，是对引用文字的解释，与第二个句群中间用句号似有不妥。俄语译文在这里对源语作了调整，一方面通过增加连接词"即"直接将汉语的第二个句群和第三个句群合并为一句话，指出"汤的关键是咸味和酸味的协调"，另一方面，俄语对应的译文通过简单线性的主位推进程序解释了源语所引用的古文的意思。信息方面，首先，译文对源语中的"尚书"进行了替换，采用了俄语"圣书《书经》"的概念，同时翻译"说命"时运用了释义法（关于生命）。译者翻译《书经》和《说命》时还采用了音译法，其中《书经》的音译在俄语中已被广泛接受，无须另加解释，也没有用书名号，直接用首字母大写表示专有名词（Шу-цзин）。在翻译"以此比喻治国"时，将源语的动词"比喻"更换为俄语名词"暗语"。在衔接方面，汉语使用了上下义词（古文/尚书·说命）以及引用，译文与源语一致，但是在翻译"以此比喻治国"时，将源语的目的关系"以……"改成了让步关系"虽然如此"。在翻译"调和"时增加了词汇重复（гармония/вкус）、同义近义词（вкус соли и сливы/соленого и кислого вкуса；гармония/грамотное）的使用以及替换（соли/соленого）。

汉语第四个句群与俄语第三个超句统一体对应。汉语主位推进程序为分裂主位模式，即前面的述位分裂出后面若干个主位。俄语译文保持了相同的主位推进程序。在信息类型方面，源语的这个句群包含了比较多的与烹饪相关的专有名词，如"选材""刀口""质感"，译文分别对应的俄语词义为"食材""切块""食物"，虽然具体用词发生了一些变化，但是从信息类型来看无变化。衔接方面，汉语运用了概括词、平行结构、词义同现，俄语也保留了同样的衔接手段，同时还增加了人称指称 ee（它）。

汉语第五个句群对应俄语第四个超句统一体，前者主位推进程序为跳跃主位模式,后者与源语一致,即前一句主位为"烹饪者",述位为"掌握好'调'的本领",然后在下一个述位"达到'和'的极致"前缺少一个"烹饪"的主位。信息类型方面,俄语译文用 Повар(厨师)代替了源语的"烹饪者"。衔接手段方面,源语使用了连接词和词汇重复,译文与源语一致。

汉语最后一个句群用"鸳鸯锅"为例,进一步说明"中和"的含义。主位推进程序为简单线性模式,译文与此保持一致。信息类型方面,译文将"鸳鸯锅"译为"锅里的鸳鸯",将"框成太极图的造型"释义为"分为两个部分,形成太极符号上的阴和阳",将"一边是红汤,一边是清汤,一边是火辣一边是清淡"翻译为"锅里的汤,一边是红色的、含辣椒,另一边是透明的、没有调味料",将"最好的诠释了中和的含义"译为"这更直观地诠释了和谐的概念"。可以发现,作者多采用释义的翻译方法,在这一过程中,绝大部分的信息类型没有发生变化,但"鸳鸯锅"的信息出现了错误,没有将源语中隐喻的语义进行有效转换。衔接方面,汉语运用了连接词、平行结构和隐喻,俄语缺失了隐喻(鸳鸯锅),增加了比较指称(нагляднее)、指示指称(это)、词汇重复(части/гармония/котелок)、上下义词(две части/в одной части ... в другой)、省略(части)和替代(китайской/китайцы)。

第三节 汉语语篇俄语译本接受情况

本小结按照有声思维实验三个任务的顺序,对照上文对于汉语源语和俄语语篇的静态分析结果,结合被试反馈信息,举例分析俄语译文语篇的接受情况及其原因,探讨翻译有效性问题。

一、语篇1

(一)语篇大意

上文对汉语源语及俄语译文语篇的静态分析显示,语篇1主要涉及了"青花瓷工艺""青花瓷图案的演变历史""青色的含义和重要性"这几个方面的内容。从被试的总体反馈来看,对于语篇重要信息的掌握基本正确,都提及了"瓷器""工艺""技艺""图案""演化""历史""漂亮""蓝色"等关键词,这与源语和译文语篇的整体话题是一致的。但值得注意的是,并不是所有被试都捕捉和正确理解了所有的关键信息,尤其是"青"的文化含义。具体见第二和第三个任务的分析。

(二) 语篇可接受情况及原因

例 1

俄语译文:

На необожженное изделие кисточкой наносят специальные красители на основе кобальта, создавая на броски изящных рисунков, ажурных, утонченных или в свободном стиле, а после обжига при температуре 1200 ℃ изначальный черный цвет кобальтового красителя проявляется в виде синей росписи по белому фону, напоминающей традиционную китайскую монохромную живопись.

汉语原文:

白色的瓷胎上用毛笔沾上专用颜料,勾出曼妙图案,或精致或典雅或奔放。经1200度高温烧制后原先的灰黑色颜料便呈现出蓝白相间的条纹,宛如中国传统水墨画。

这部分是汉语的第一个句群,介绍了青花瓷的工艺。俄语译文保留了源语的"简单线性"主位推进模式,但在信息方面发生了一定的变化。根据静态分析,译文分别增加(含钴)和改变了"蓝白相间"(白底蓝纹)信息。被试提及,"关于含钴颜料的部分,我理解起来很容易。因为我们有一种叫作格热利的民间工艺品①。人们制作格热利陶瓷产品也

---

① 格热利陶瓷器(格热利是莫斯科州的一个村庄)是陶瓷制的餐具和玩具。格热利瓷器一般是白底蓝花纹,蓝色有不同色调。

是用钴画图,也就是说,我们都很熟悉它"。译者在这里采取了增译的方法,即补充了"含钴"这个新的信息。通过被试反馈可以看到,这个增加的概念信息有利于唤起被试自身的背景知识,并与其熟悉的文化发生了关联和互动。也就是说,通过增加关键性的概念,使被试原有的关于格热利陶瓷器的认知与新的关于中国瓷器的概念联系在一起,已知概念投射到未知事物上,并且激发了一系列的对已知概念的关联,如图案、颜色、漂亮等,大大激活了受众的心智,从而降低了对语篇理解的难度①。显然,译者不仅了解中国瓷器的工艺,更了解其与格热利陶瓷器的相似性,并且充分考虑到译文读者的需求,因此所采用的增加新信息的方法起到了较好的效果②。

(三) 语篇接受困难情况及原因

例 1

俄语原文:

Эта идиома означала, что ученик превзошел своего учителя, а начинающий чиновник жаждал, чтобы «поднялись синие облака», поскольку так говорили о головокружительной карьере, и даже те, кто уходили в отставку с военной службы, лелеяли надежду, что их имена будут увековечены в «синих летописях», поскольку именно так по-китайски называли исторические анналы.

汉语原文:

此外,青色在古代中国也有特殊的含义:古时的读书人希望"青出于蓝而胜于蓝",走上仕途后便有"青云直上"的愿望。

这是汉语源语语篇中的第三个句群,从瓷器的"青"引申到"青"的文化含义。源语的主位推进程序为分裂模式,后面句子的主位是

---

① 朱长河、朱永生:《认知语篇学》,《外语学刊》,2011年第2期。
② 俄语译者均为俄语母语者。

对前面句子述位的进一步说明。静态分析显示,这里译者增加了好几个比较长的句子,用以解释"青出于蓝而胜于蓝"和"青云直上",并且因此改变了源语的词汇、句子结构、句子的主位情况,同时还增加了关于"退伍军人"的信息。被试大致从以下几个方面进行了反馈:首先,增加的信息有助于他们理解源语。这里增加的信息所对应的汉语大概的意思是"这句熟语的意思是学生会胜过自己的老师","而新手官员渴望'青云直上'(这里译文中增加了一个隐喻修辞格 головокружительной,意思是"令人头晕目眩的高度",帮助读者理解汉语的语义),因为这意味着飞黄腾达"。另一个增加的句子是"就连那些即将退伍的军人也希望自己的名字能永垂'青史',因为在中国就是这样称呼史书的"。被试认为,这里增加的句子太复杂,不容易理解;个别用词,如 чиновник(官员)、анналы(编年史、纪年史)比较生僻,造成了一定的理解障碍。

  关于语篇理解存在的问题,被试还涉及整个语篇的结构布局问题。如被试认为,整个语篇的意思都能明白,但这个语篇没有被划分成几个语义段落。也就是说,俄语有超句统一体的概念,语篇应该按小主题划分,以便于理解。而这个译文内容太多了,在阅读时,没有段落与段落之间的停顿,不利于理解文章内容。所以建议,这个语篇可以划分成三个段落:第一段介绍青花瓷的造瓷技术;第二段介绍青花瓷图案,因为在中国文化中,瓷盘上描绘的图画起着特殊的作用;第三段谈论"青"的文化内涵和哲学思想。另外,这是一篇科普类型的文章,是面向大众的,分段会更容易让普通读者理解,而且最好不用太复杂的句子。

  以上例子表明,翻译过程中,语篇的布局结构也应该考虑目标语的特点,更符合目标语思维习惯,而不是拘泥于源语语篇结构。同时,当需要补充的文化信息较多,篇幅较大时需要考虑到普通读者的实际需求,尽可能用更加通俗易懂的语言形式(词汇、句子)呈现信息。

二、语篇 2

（一）语篇大意

通过对语篇 2 汉语源语及俄语译文语篇的静态分析可以发现，语篇 2 主要涉及了"太极拳的动作特点""太极拳的文化象征""太极拳的练习要领"和"太极拳的气"四个主要内容。从被试对语篇大意的反馈来看，他们基本掌握了语篇整体的信息，比如被试认为，语篇大致是关于太极拳是一种特殊的运动形式，对身体健康有益，表示一种中国文化。但是，与语篇 1 情况类似，并不是所有被试都能捕捉到所有的关键词，尤其是关于太极拳"气"的相关信息。具体见第二和第三个任务的分析。

（二）语篇可接受情况及原因

以下结合被试反馈具体分析可接受的语篇情况。

例 1

俄语译文：

Настоятель Юань поясняет, тайцзи—это целый, неделимый комплекс упражнений, где каждый этап взаимосвязан и поэтому следует соблюдать порядок их выполнения.

汉语原文：

袁道长解释，一套太极拳是一个整体，讲究连贯一气，节节贯穿。

这是汉语源语语篇中的第三个句群，引用袁道长的话说明太极拳的特点。汉语的主位推进程序是分裂主位，俄语则是分裂主位＋跳跃主位。译者在翻译这个句群时采用了释义法和增译法，增加了"不可分割的一套练习"，以及"每个阶段都是相互联系的，因此要遵守其动作完成顺序"的内容，既增加了主位推进程序，也增加了信息量。通过被试对译文的解释可以发现，他们能够理解这句话，指出"所有动作必须连续，单个动作是不起作用的"。由此可见，释义法在这里起到了比较好的效果,有助于被试理解语篇。这里需要补充说明的是对太极拳的"节节贯穿"中"节"的概念的翻译。太极拳讲究节节贯穿,指打拳时身体的各个部位,如脚、踝、膝、胯、腰、背、肩、肘、腕以及手的各个关节都要彼此相通、产生连锁反应①。因此,这里将太极拳"节"译为"阶段"是错误的,但是有被试将其理解为动作反而比较贴切。

(三)语篇接受困难情况及原因

俄语译文:

Частые удары в значительной мере расходуют энергию ци у человека, а в тайцзи движения кулаками рассчитаны не на удар противника, а на выпуск вовне энергии ци, которая сделав круг, восполнится и вернется к нему, что естественно окажется очень полезно для здоровья, прочистит его каналы и укрепит физическую форму человека.

汉语原文:

因为通常的打击会耗掉身体的"气"。但太极拳出拳不是为了打人,而是为了把"气"行走一圈,让它既没有损伤,又得到补足,因此对人体有益而无害,还能起到疏通经络、强身健体的作用。

这是俄语最后一个超句体中的一个句子,继续解释太极拳的"气"。需要强调的是,即使在汉语里,"气"也是一个比较难以解释清楚,也更加难以理解的概念。静态分析显示,首先,译者将"通常的打击"解释为"频繁/密集的打击",与源语的语义不符,属于误译;其次,对于源语"把'气'行走一圈,让它既没有损伤,又得到补足"的翻译,不仅漏译了"没有损伤",还在语义上发生了偏差。被试表示这个部分难以理解,其中的第一个原因正好与静态分析的结论一致。被试对一系列概念的翻译表示不理解,如"气"译为"气能量","行走一圈"译为"绕了一圈","经

---

① 侯松华:《谈太极拳的节节贯穿》,《健身科学》,2006年第2期。

络"译为"通道/水渠/灌溉系统"。这些太极拳中本身就比较难懂,也不太容易解释清楚的概念对于俄语译者来说确实难度较大,需要译者查阅专业的资料并消化吸收,甚至需要请教练习过太极拳的人士才有可能译好,因为翻译过程中"深入文本的途径都是知识、熟悉和再创作的直觉三者复杂的混合体"。①其次,根据被试反馈,造成这个部分译文难以理解的原因还在于句子结构太复杂,增加了阅读的难度,因此,被试建议多运用简单句。第三,被试还从语篇布局的角度指出了译文较难理解的原因。被试指出,标题"太极拳——流传千年的武术传奇"告诉读者,这是一篇关于中国太极拳的文章。因此,语篇首先应该解释太极拳为什么具有传奇色彩,然后如何练习,然后强调其文化意义。但是现在的语篇开头直接介绍了太极拳的技术特点,中间又提到太极拳的文化含义,最后又提到"气"的问题,不太好懂。

总体看来,语篇2的接受情况与第一个语篇相比,虽然也采取了释义、增译等翻译方法,但是由于源语语篇中许多概念涉及了太极拳这一独特的事物,对于汉语母语者而言也具有一定的难度,对于目标语译者和读者而言就更不容易,加之译文语篇布局没有能够充分考虑到目标语读者的预期,忠实地保留了源语的语篇布局,也造成了语篇理解的难度。

三、语篇3

(一)语篇大意

对语篇3汉语源语及俄语译文语篇的静态分析显示,该语篇主要介绍了中国美食的中和之美。从被试对第一个任务的完成情况来看,他们从整体上都能较好地理解语篇的中心思想,都提及了中国的美食文化十分注重"调和""和谐"的原则。如被试指出,总体来说,三个语篇中最喜欢这个语篇,语言很地道,布局合理完整,包含了引言、主体和结论三个部分,内容也很容易懂,读起来很有趣。

---

① 乔治·斯坦纳:《巴别塔之后:语言及翻译面面观》,孟醒译,浙江大学出版社,2020年,第32页。

(二) 语篇可接受情况及原因

以下通过实例具体分析可接受的语篇情况及原因。

俄语译文：

Красота гармонии—это принцип китайской кухни，а так же наивысший эстетический идеал традиционной китайской культуры.

汉语原文：

中和之美是中国菜的制作原则，也是中国传统文化的最高审美理想。

这是语篇的第一个句群，指出中国美食注重"中和之美"。俄语译文采用了简单句形式，用"和谐之美"翻译"中和之美"，主位和述位直接对应转换。被试认为，这是一个非常清楚的引言，解释"和谐之美"的概念，并指出"和谐之美"是中国美食的（制作）原则。虽然译文并没有译出"制作"这个信息，但不影响被试对整个句子的理解。

(三) 语篇接受困难情况及原因

俄语译文：

Например，китайцы очень любят есть «мандаринок в котелке»，……

汉语原文：

例如，中国人爱吃的火锅里的鸳鸯锅，……

这是源语语篇的最后一个句群，通过"鸳鸯锅"进一步举例说明"中和之美"的原则。源语和译文的主位推进程序模式一致，但在信息转换方面发生了比较大的变化。译文将"鸳鸯锅"译为"锅里的鸳鸯"，被试看到这个译文立即联想到自己熟悉的一种也叫鸳鸯的鸭子，误以为这道被分为两个部分的菜是用鸭子做的。也有被试一开始误将俄语"鸭子"（мандаринка）当成了"橘子"（мандарин），因为俄语中这两个词拼写有些相似,尤其是变格以后。被试建议,这里增加一个解释,说明源语中"鸳鸯"的真正语义,即解释出源语中"鸳鸯锅"的隐喻义,以免读者看到这个信息的时候产生误解。

总体来说,语篇3的源语语篇布局结构比较符合俄语母语者的阅读习惯,因此在语篇整体把握上是三篇中效果最好的。这就提示,在语篇翻译中译者首先要考虑源语和目标语语篇结构的特点,以帮助目标语读者从整体上正确把握语篇的主题思想和整体内容。同时,与前两篇语篇类似,翻译过程中对于存在文化缺失和信息不对等的地方,译者需要补充必要的文化信息,帮助读者消除理解障碍。

第四节　结束语

由于汉语语篇和俄语语篇既各具特点,又有共同之处,从语篇语义的整体接受情况来看,被试比较关注语篇中各个超句体的语义以及相互关系,那些符合俄语语篇结构的语篇,被试理解情况更好一些。具体来看,首先,从两种语言转换过程中的主位推进程序上看,源语和译文既有一致的情况,也有不一致的情况。其中当主位程序一致,或者通过释义法增加主位推进时可以帮助读者理解语篇语义。但有时汉语源语语篇由于单句较多,前后句主位推进不明显,如果译者没有做适当的弥补可能造成译文语篇接受者理解障碍。因此,译者需要灵活处理,既要充分理解源语语义与文化内涵,又要正确预判受众的情况。当译者能够从与原语文本相类似的观点出发去展示译文文本时,其对源语语篇主位结构的保留和补充是有益的;当直接转换存在难度时,则需要做必要的调整和重构,使译文语篇既保留自己的主题结构,又不歪曲源语语篇的结构[1]。

从信息的转换来看,那些能够激活语篇接受者的语言语境、物理环境、文化语境、百科知识、认知模式、推理能力等的概念和信息接受情况

---

[1] 刘鸿庆、张晓光:《布拉格学派信息流处理方法对语篇翻译的启示》,《齐齐哈尔大学学报(哲学社会科学版)》,2021年第1期。

较好,比如"中国美食"中一系列涉及烹饪的概念就比较容易被读者理解和接受,而译者在翻译这些概念时根据文化对等性原则,有的直译,有的意译,效果较好。而"太极拳"语篇的翻译似乎验证了"翻译者都是在同一片雾霭中相互摸索的人"[①]的说法。被试对太极拳本身不了解,译者在翻译中也存在对相关概念的误解和误译,造成语篇存在比较多的空环,给语篇一些细节概念的理解造成了一定的障碍。

  衔接手段方面,俄语译文总体来看与源语保持一致,在显性衔接手段方面,保留了语法(如连接词)、词汇(如词汇重复、词义复现、同近义词),但是俄语也比较多地使用了替换的语法手段。后者在被试的反馈中没有专门提出,如不同词性词语之间的替换,但从被试对句子整体意义的把握来看,没有出现理解障碍。同时,替换的使用既避免了词语使用的重复,也强化了语篇连贯中的相似性原则,增强了语篇的密度。

---

① 乔治·斯坦纳:《巴别塔之后:语言及翻译面面观》,孟醒译,浙江大学出版社,2020年,第67页。

第五部分
法语译本海外受众接受情况研究

第九章　汉语文化负载词法语译本接受情况

第一节　汉语文化负载词外宣法译研究

目前我国学术界对汉语文化负载词外宣法译的关注非常有限,截至 2021 年止,在百度学术全网的搜索中,仅有 1 篇文献从翻译美学的角度出发,以《舌尖上的中国》英、法两个译版为例,探究应如何在外宣翻译中实现音韵美、意境美与文化美的传递①。除此之外,暂未查阅到关注外宣法译的相关文献。但是关于汉语文化负载词法译策略的研究已起步,目前有相关文献 12 篇,如宋健、余力涵、于晓杰分别对我国四大名著中《红楼梦》《三国演义》《西游记》法译本中的文化负载词翻译策略进行了分析研究。其中宋健分析了《红楼梦》法译本中文化负载词异化与归化两大翻译策略所产生的翻译效果,最后提出了跨文化翻译应以异化为主,归化为辅的原则②;余力涵分析了《三国演义》巴维译本的具体翻译实践与整体翻译策略,得出了在翻译实践中直译与意译、异化与归化并非二元对立的翻译策略,应视具体情况具体选择以及应尊重不同的文化背景,宁可多翻(必要时提供多种译法或注释)不可漏翻的结论③;于晓杰

---

① 贾慧:《翻译美学视角下的外宣翻译——〈舌尖上的中国〉英法译版对比研究》,北京外国语大学法英汉同声传译专业硕士学位论文,2015 年。
② 宋健:《〈红楼梦〉法语译本文化负载词翻译策略研究》,《法语学习》,2013 年第 6 期。
③ 余力涵:《探微〈三国演义〉法译第一版——从文化负载词出发》,《法国国家与地区研究》,2021 年第 1 期。

对比分析了《西游记》三个法译本,总结出文化负载词主要翻译方法各自的利弊,提出应根据语境灵活选择和搭配,必要时辅以不同形式的注释做进一步的介绍和说明①。此外,郭静基于功能对等理论,对杨绛的小说《洗澡》的英、法译本中的文化负载词的翻译策略进行了比较研究②;韩尧③、雷美玲④、刘金鹏⑤分别对莫言的小说《酒国》《蛙》《丰乳肥臀》法译本中的文化负载词的翻译策略进行了分析研究。综上所述,这些成果几乎都是基于文学翻译实践的研究而非基于外宣翻译实践,都是从译者或文本的视角出发,缺乏对目标语受众对译文接受情况的关注。

第二节 研究方法

本节将具体呈现研究问题、研究语料来源及锁定过程、有声实验方法及过程、研究被试情况以及数据收集及处理。

一、研究问题

本研究旨在考察法语母语读者对于汉语文化负载词法语译本的接受情况。汉语文化负载词法语译本选自《孔子学院》期刊 2010 年第 1 期至 2017 年第 1 期的所有法语版文章。研究根据汉语文化负载词的定义和分类,从中选取了 15 个文化负载词作为语料,采用定性研究的方法,运用有声实验和访谈方法,考察法语母语者对这些文化负载词译

---

① 于晓杰:《文化负载词的汉法翻译研究:以〈西游记〉三个法语译本为例》,《法国研究》,2021 年第 1 期。
② 郭静:《基于功能对等理论分析〈洗澡〉英、法语译本中文化负载词的翻译策略》,北京外国语大学外国语言学及应用语言学硕士学位论文,2014 年。
③ 韩尧:《〈酒国〉法语译本中汉语文化负载词翻译案例分析》,《文学教育》,2017 年第 2 期。
④ 雷美玲:《莫言〈蛙〉英、法译中文化负载词的比较研究》,南京大学汉语国际教育硕士学位论文,2018 年。
⑤ 刘金鹏:《〈丰乳肥臀〉中汉语文化负载词汉译法赏析——以杜莱特夫妇的法译文为例》,《法国国家与地区研究》,2019 年第 4 期。

文的接受情况,具体回答以下两个问题:

1. 在评价理论话语分析的框架下,被试对汉语文化负载词的法语译文认可情况如何?实际接受情况如何?是如何在其话语中体现的?

2. 某些文化负载词法语译文接受情况不理想的原因为何?根据被试的口头评价,应如何对这些译文进行改进?

二、研究语料

本研究以《孔子学院》期刊 2010 年第 1 期至 2017 年第 1 期中的文化负载词及其法语译文作为语料,自建数据库。首先,按照第一章所确定的文化负载词的概念和六大类型,经过课题小组成员三角验证,梳理并整理收集了所有的文化负载词,总计 404 个,其中 2 个生态词、164 个名物词、151 个社会词、32 个宗教词、32 个语言类词、23 个历史典故词。第二,将经过处理的汉语文章和对应的法语译本分别导入 AntConc 语料库搜索软件,建立语料库。第三,手动逐一输入经过人工辨识和团队成员三角验证的汉语文化负载词,运用软件统计出这些词汇的频率、分布,并找出所有对应的法语译文,包括一词一译和一词多译的情况。第四,课题组成员根据前期文献梳理得到的文化负载词概念、特点及分类,将所得文化负载词按照不同类型加以分类,计算出各类型词语出现的比例。第五,得出各个类型文化负载词的高低频词数量。高频和低频词的判断标准为 0.5,数值越接近于 1 则词频越高,数值越接近于 0 则词频越低。

最终确定了高频词共 35 个,占比 8.66%,低频词共 369 个,占比 91.34%(如表 9-1 所示)。之所以同时考察高频词和低频词,是因为高频词翻译的接受情况仅仅是翻译可接受性的一部分,通过考察低频词,为文化负载词翻译可接受性研究提供更为完整的描述。

由于最终所得高频词为 35 个,低频词为 369 个,数量太大,不适合后期的有声思维实验,因此,研究依据以下标准,对所有文化负载词的法语译文进行了再次梳理和挑选:第一,已在目标语文化中成为外来词或已被目标语文化广泛接受并认同的不列入,例如"阴阳""豆腐""太

表 9-1 《孔子学院》期刊汉语文化负载词分布情况

类型	数量(%)	高频词数量	低频词数量
生态词	2(0.5%)	1	1
名物词	164(40.59%)	14	150
社会词	151(37.38%)	14	137
宗教词	32(7.92%)	3	29
语言类词	32(7.92%)	1	31
历史典故词	23(5.69%)	2	21
合计(%)	404(100%)	35(8.66%)	369(91.34%)

极""麻将""故宫""长城""《红楼梦》"等；第二，在目标语文化中有对应的事物只是存在一定差异，或在产地上带有国俗色彩的不列入，例如"腊肠""屏风""川菜""粤菜""蜀锦""豫园"等；第三，一词多译的高频词一定列入；第四，按照汉语文化负载词的六大类型在原始数据中的比例予以考察。依据以上四个标准，同时兼顾语篇主题出现频率的影响以及后续质性研究的可操作性，最终确定了 15 个汉语文化负载词的法语译文作为后期有声思维实验的语料（表 9-2）。

表 9-2 文化负载词及其法语译文

序号	文化负载词	法语译文
1	热闹	ambiance animée ambiance animée et conviviale ambiance festive et animée
2	辞旧迎新	être le moment où l'on quitte l'ancienne année pour accueillir la nouvelle symboliser l'adieu au passé et l'accueil du nouveau, soit le commencement d'une nouvelle année
3	春联	distique (c'est la coutume d'afficher, sur les deux montants de la porte, deux vers de poésie exprimant les souhaits de bonheur pour la nouvelle année) chunlian (c'est la coutume de coller des sentences parallèles du Nouvel an)

续表

序号	文化负载词	法语译文
4	年年有余	préjuger que l'on ne manquera de rien signifier vivre dans l'abondance d'une année à l'autre représenter l'abondance
5	天人合一	harmonie entre l'homme et la nature harmonie de l'homme et de la nature union de l'homme avec le ciel
6	年糕	gâteau de riz gâteaux de l'An
7	养生	préserver sa santé préservation de la santé prendre soin de sa santé
8	推拿	massage Tui-Na massage thérapeutique 6 (le massage thérapeutique chinois)
9	古琴	instrument guquin (cithare chinoise) instrument de musique traditionnel
10	红包	enveloppe rouge
11	宣纸	papier de riz
12	龙袍	robe « dragon »
13	功夫茶	« thé travaillé »
14	茶马古道	La Route du Thé et des Chevaux
15	四合院	maison carrée

其中,3个为高频词,12个为低频词;3个高频词中有3个为一词多译,一词多译的词语中社会词所占比例最大(表9-3)。

表9-3 有声思维实验汉语文化负载词及所属类型和数量*

类型	数量	文化负载词
生态词	0	
名物词	6	**年糕**(16)、**古琴**(2)、功夫茶(10)、四合院(8)、宣纸(2)、龙袍(3)

续表

类 型	数量	文化负载词
社会词	6	**热闹**(13)、**辞旧迎新**(5)、**春联**(3)、**养生**(8)、**推拿**(14)、**红包**(2)
宗教词	1	**天人合一**(4)
语言类词	1	**年年有余**(4)
历史典故词	1	**茶马古道**(6)

* 说明：表中斜体词为高频词，粗体词为一词多译词，括弧里的数字为该词的词频数。

三、研究工具

本研究同样采用有声思维实验和补充访谈两种研究工具。

四、研究被试

本研究参加有声思维实验的人数为3人，均为法语母语者。3位被试的性别、年龄、职业以及其与汉语和中国的关系如表9-4所示。

表9-4 有声思维实验被试背景简介

被试标号	性别	年龄	国籍	职业	是否学过中文	是否来过中国
A	男	51	几内亚	商务部研究员	否	是(一周)
B	男	43	科特迪瓦	商务部研究员	否	是(一周)
C	男	33	几内亚	记者	否	是(一周)

第三节　汉语文化负载词法语译本的接受情况及对翻译的修改建议

本节将结合被试有声思维实验和访谈的结果，研究被试对汉语文化负载词的接受情况，举例对此进行话语分析，并对接受情况不理想的译文提出修改意见。

一、法语母语被试对汉语文化负载词法语译文的接受情况及话语分析

为了回答研究问题1,我们首先将在具体分析有声思维实验口头话语语篇的基础上,考察被试话语中态度、介入和级差次系统的分布情况,总结被试对每个译文的认可情况。对于一词多译的文化负载词,当被试能做出明确的选择,并且对该选项使用的正向词多于负向词时,我们就将其对该译文的态度视为认可;对于一词一译的文化负载词,当被试在有声思维实验中使用的正向词多于负向词时,我们就将其对于该译文的态度视为认可。接着,结合被试对于译文的理解情况,总结被试对于译文的接受情况。最后,结合有声思维实验和补充访谈的语料,对被试话语进行具体的分析。以下以其中一名被试为例,具体呈现一词多译及一词一译文化负载词法语译文的接受情况。

首先,根据态度、介入、级差三个次系统的子系统,课题组成员对该被试一词多译的文化负载词的有声思维实验录音转写稿进行了辨别、标注和统计。下面将综合所有态度、介入和级差次系统的统计结果(见表9-5),将未被该被试选择译文的负向词计入该被试选择译文的正向词统计,将其提出自己的译法时所使用的肯定词汇计入负向词总数,从而得出该被试对于汉语文化负载词法语译文认可情况的最终结论,并举例进行话语分析。

表9-5 一词多译文化负载词有声思维实验
话语语料中态度、介入、级差次系统词汇分布汇总*

汉语文化负载词及其法语译文	正面态度	正向介入	表正向介入或态度的级差	总计1	负面态度	负向介入	表负向介入或态度的级差	总计2
热闹 ambiance animée	5	2	3	10	1	0	0	1
辞旧迎新(未选择,提出自己的译法)	0	0	0	0	2	0	0	2

续表

汉语文化负载词及其法语译文	正面态度	正向介入	表正向介入或态度的级差	总计1	负面态度	负向介入	表负向介入或态度的级差	总计2
春联 chunlian (c'est la coutume de coller des sentences parallèles du Nouvel an)	2	0	2	4	0	0	2	2
年年有余 signifier vivre dans l'abondance d'une année à l'autre	5	4	8	17	1	1	1	3
天人合 harmonie entre l'homme et la nature	1	3	0	4	0	0	0	0
年糕 gâteaux de l'An	0	0	0	0	1	2	1	4
养生 préserver sa santé	1	0	0	1	0	0	0	0
推拿 massage Tui-Na	1	2	1	4	0	0	0	0
古琴 instrument guquin (cithare chinoise)	0	0	0	0	2	1	2	5

* 说明：表中总计1为所有表示认可情况好的词汇总数；总计2为所有表示认可情况差的词汇总数。

如表9-5所示，根据评价理论态度、介入、级差次系统的分析框架，该被试对于8个一词多译的文化负载词的译文都做出了明确的选择，仅存在一个没有做出选择的译文。在这8个选项中，对其中2个选项（"年糕""古琴"）使用的负向词都多于正向词。该被试对于这9个一词多译的文化负载词的法语译文的整体认可情况较好。此外，9个译文的含义也都被准确理解。综上，该被试对于这9个一词多译的文化负载词法语译文的整体接受情况较好。

其次，根据态度、介入、级差三个次系统的子系统，课题组成员对该被试一词一译的文化负载词有声思维实验录音转写稿进行了辨别、标注和统计。下面将综合所有态度、介入和级差次系统的统计结果（见表9-6），得出该被试对于一词一译的汉语文化负载词的法语译文的认可情况的最终结论,并举例进行话语分析。

表 9-6　一词一译文化负载词有声思维实验
话语语料中态度、介入、级差次系统词汇分布汇总*

汉语文化负载词 及其法语译文	正向 态度	正向 介入	表负正 介入或 态度的 级差	总计 1	负面 态度	负向 介入	表负向 介入或 态度的 级差	总计 2
红包 enveloppe rouge	0	1	0	1	0	0	0	0
宣纸 papier de riz	0	0	0	0	0	1	0	1
龙袍 robe « dragon »	0	1	0	1	0	1	0	1
功夫茶 thé travaillé	0	1	0	1	0	2	0	1
茶马古道 Route du Thé et des Chevaux	0	0	0	0	1	0	0	1
四合院 maison carrée	0	0	0	0	0	0	0	0

* 说明:表中总计 1 为所有表示认可情况好的词汇总数;总计 2 为所有表示认可情况差的词汇总数。

如表 9-6 所示,根据评价理论态度、介入、级差次系统的分析框架,该被试在谈到 1 个文化负载词("红包")的法语译文时,使用的正向词多于负向词,占研究语料总词汇的 16.67%;在谈到 3 个词("龙袍""功夫茶""四合院")的译文时,使用的正向词数量等于负向词,占研究语料总词汇的 50%;在谈到 2 个词("宣纸""功夫茶")的译文时,使用的负向词多于正向词,占研究语料总词汇的 33.33%。综上,该被试对于一词一译的汉语文化负载词的法语译文的整体认可情况较差。

结合理解情况,我们总结出被试对于汉语文化负载词法语译文的接受情况,见表 9-7。

表 9-7　被试对于汉语文化负载词法语译文的接受情况

法译文	理解情况	认可情况	是否一致	接受情况
红包 enveloppe rouge	理解	认可	一致	好
宣纸 papier de riz	不理解	不认可	一致	差
龙袍 robe « dragon »	理解	中立	一致	较好

续表

法译文	理解情况	认可情况	是否一致	接受情况
功夫茶 thé travaillé	不理解	不认可	一致	差
茶马古道 Route du Thé et des Chevaux	有偏差	不认可	一致	较差
四合院 maison carrée	不理解	中立	一致	较差

如表 9-7 所示,被试对 2 个一词一译的文化负载词("红包""龙袍")的接受情况是好或较好的,占研究语料总词汇的 33.33%;对 4 个词("宣纸""功夫茶""茶马古道""四合院")的译文的接受情况是差或较差的,占研究语料总词汇的 66.67%。综上,被试对于一词一译的汉语文化负载词法语译文的接受情况较差。

以下结合被试对一词多译和一词一译文化负载词译文的接受情况,我们认为,被试对文化负载词译文的整体接受情况一般。下面运用评价理论的分析模式,结合补充访谈,以"功夫茶"为例,对被试的有声思维实验语料进行具体的话语分析。

Donc « le thé travaillé », ça je connais **pas**[介入:收缩:-否认]. Parce que je me dis … c'est un thé qui a … **si**[介入:扩展:-引发] je le définis en fonction de ma compréhension, tout simplement, c'est un thé qui a … qui a subi beaucoup de … de travail, c'est-à-dire ils ont porté beaucoup d'expérience là-dedans. C'est-à-dire parce qu'il y a processus qui est là:il y a la cueillette;quand il vient, il faut le sécher;quand tu finis de le sécher, il faut bien le confectionner;le mettre dans un emballage. Donc je me dis que là c'est un travail qui est là, il est travaillé **au fait**[介入:收缩:+宣称], alors que les autres ne sont pas travaillés.

可以看到,被试不接受将"功夫茶"译为 thé travaillé。在理解情况上,可以从整段阐述中看出被试无法把握功夫茶一词译文的含义。在认可情况上,由于其无法理解该译文的含义,被试首先使用了否认介入词(pas),明确表示不理解。接着在其推测过程中,使用了引发介入词来表示对其推测的不确定,避免过于肯定的表述。综上所述,被试对"功夫茶"一词的接受情况是差的。

二、汉语文化负载词法语译文接受情况一般或较差的原因及修改建议

为了回答研究问题2,本部分将具体分析被试在有声思维实验和补充访谈中的口头话语语篇,尝试归纳出这部分译文接受不理想的原因。最后根据被试在有声思维实验和补充访谈中的口头评价,对这部分译文给出相应的修改建议。根据上一小结的分析结果,被试接受情况一般、较差或差的译文原文为"辞旧迎新""年糕""古琴""宣纸""功夫茶""茶马古道""四合院"。此处以"功夫茶"为例进行具体分析。

被试无法准确理解该译文,对此的认可情况分别为认可、中立、不认可。通过分析被试有声思维实验的话语语料,我们发现造成该译文接受情况不理想的主要原因在于被试无法准确理解该译文的含义,从而导致接受情况不佳。而造成理解情况不佳直接原因在于 travaillé 一词。被试无法猜测到 travaillé 一词是对饮茶仪式——茶道的描绘,无法通过译文联想到"功夫茶(Kongfu Tea)讲究的是'品饮工夫',是一种功夫茶艺"[①],而认为功夫茶与一般茶的区别在于生产的制作工艺上。他们猜测功夫茶是经过加工或特殊加工制作而成的,而其他的茶(thé)指未经加工的,不能即食的茶叶本身。如被试 C 谈到,Donc je me dis que là c'est un travail qui est là, il est travaillé au fait, et les autres ne sont pas travaillés。可以看到,同宣纸一样,功夫茶在法语文化中没有对等物,而译者忽视了受众东西方文化背景的差异,没有想读者之所想,急读者之所急,从而造成读者理解上的障碍。

如上文所言,travaillé 一词是导致该译文理解情况不佳,进而导致

---

① 陈凡:《茶名对外宣传问题与对策讨论》,《福建茶叶》,2016 年第 2 期。

认可和接受情况均不佳的直接原因,对于我们的修改意见也集中于此。被试 A 提议修改为 le thé traité,他认为 traité 比 travaillé 更明了,内含多道工序之意。尽管如此,这一修改仍无法明示多道工序是针对饮茶仪式,而非制作工艺的。被试 B 在得知了该词的含义后表示原译文是可行的。被试 C 提议修改为 le Thé Kongfu。

我们认为,"茶名不仅表现出茶外观,也表现出其内在的文化,因而我们在进行外宣翻译时,让国外人士了解茶名的同时也要将茶的内在文化表达出来"①。我们比较赞成被试 C 的修改意见,正如陈小慰所言,"译者的'以受众为转移',并非一味迁就,抹杀和回避差异。对一些明显、重要和有趣的文化差异,译者均用受众熟悉的语言,给予充分保留和展示"②。一方面,译文 le Thé Kongfu 中 Kongfu 一词保留了明显的中国特色,可以激发读者对中国文化的好奇心,引导受众正确了解中国文化,如果读者对此感兴趣,可自行去查阅相关资料,得到全面的信息。另一方面,thé 给出了清晰的类别范围,且 le Thé Kongfu 整体的表达符合法语的习惯结构;再者,这一表达与通用的英语译文相对应,统一、规范的茶名外宣翻译有利于我国茶文化在国际上的广泛传播。在此,我们没有再借助括号对功夫茶的内涵进行补充说明是为了满足"经济简明"的原则,该原则是指"以尽可能少的文字准确地传达相应的信息值,让受众以尽可能低的成本(指信息处理时间和精力)获取最明快流畅(相对于冗长累赘)的信息值"③。

第四节　结束语

本研究运用有声思维实验和补充访谈的实验工具,通过分析被试

---

① 陈凡:《茶名对外宣传问题与对策讨论》,《福建茶叶》,2016 年第 2 期。
② 陈小慰:《文化外译受众意识的样本分析——以〈中国文化读本〉英译为例》,《中国翻译》,2015 年第 4 期。
③ 曾利沙:《从认知角度看对外宣传英译的中式思维特征——兼论应用翻译技术理论范畴化表征与客观理据性》,《广西民族大学学报(哲学社会科学版)》,2009 年第 6 期。

话语来判定读者对汉语文化负载词法语译文的接受情况。首先,以评价理论为分析框架,采用定性分析和定量统计相结合的方法,判定被试对法语译文的认可情况,并举例进行了话语分析。其次,结合被试对法语译文的理解情况,总结出被试对译文的实际接受情况,并举例进行了话语分析。最后,分析了接受情况不佳的法语译文,并尝试提出修改意见。以下为主要研究发现:

首先,用评价系统来进行话语分析是一种有效的、细致的研究方法,可以准确地探究语言使用者对于事物的态度和立场。在本研究中,按照评价系统态度、介入、级差三个次系统对被试话语进行辨别、标注与分析,研究结果反映出语言使用者是如何通过言语对事物做出评价的。但是基于评价系统进行的话语分析只聚焦于语言使用者通过语言赋予语言对象的价值意义,不能反映出语言使用者对于事物的认知状态。因而,在进行外宣翻译的接受研究时,需要单独分析外语母语者对于译文的理解情况,以作为探析译文实际接受情况的补充和完善。

我们发现,能被被试理解但不被认可的译文可以分为两种情况:一种情况是译文表达本身存在一定问题,但被试可以推测出其语义。对于这类译文存在的具体问题和对其的修改意见我们均在文中进行了分析说明,后文将会总结。另一种情况是译文表达本身没有问题,但是这类事物对于被试而言较为陌生,被试对该译文的词义没有十足的把握,从而在有声思维实验中使用了一系列表示不确定的引发介入词,从而导致认可情况不佳。我们认为,对于这类译文,被试已经从译文中得到了应该得到的信息,且在补充访谈中,当被试确认了译文的含义后,皆表示认可该译文的表达,因而我们认为这类译文达到了应有的外宣传播效果,是可以接受的,无须作出调整。

理解情况不佳但被认可的译文的共同特征是译文表达本身符合目的语语用习惯,但译文过于注重传播效果,造成了"文化失真"。汉语文化负载词通常都带有显著的中国特色,要求译者对翻译活动的跨文化属性有充分的认识。为了探讨文化翻译,我国学者左飚提出了"文化传真"和"文化适应"的翻译策略,以对应以文化转化为重点的"异化"和

"归化"的翻译策略。"'文化传真'是尽可能保存和传达原作的文化意蕴(包括文化内涵、文化形式和文化意境)的翻译策略。"①而"'文化适应'是为适应目标读者的文化观念和期待视野而把原作的文化信息融入译语文化的翻译策略"②。无论是"文化传真"还是"文化适应"都不应牺牲过多的源语信息,造成受众理解的偏差和错误。不被目标语读者理解却被其认可的译文通常属于"文化失真"的情况,对于这类译文的修改,我们也已在文中进行了分析,且会在下文进行总结。

其次,从汉语文化负载词法语译文的接受情况来看,缺乏对目标语受众意识的重视是译文接受不理想的主要原因。外宣翻译的目的"是要让译文话语及其呈现方式对国际受众真正产生影响力、感召力和吸引力,让世界正面理解中国而不是误解中国"③。外宣翻译的目的要求译者必须具有受众意识。上海外国语大学长期致力于新闻编译和外宣翻译等实用译学研究的张健教授也明确指出,"重视最终的实际传播效果,讲求最终的实际传播效果,是做好对外宣传工作必须依据的原则和准绳",而译文的"实际传播效果"就是指"外国受众对于中国国内人士利用各种新闻媒介传出的对外宣传是否接受",这是"对外宣传的核心"④。因此,在外译过程中,应具备敏锐的读者意识,充分考虑到读者的接受,"从跨文化语境、读者认知心理与视野融合等维度进行读者关照"⑤。

在本研究中,我们发现,一些词语的译文忽视了跨文化语境下的读者关照,没有充分考虑到译者与读者所处文化语境的差异,译文表达不符合目的语的语用习惯和外国受众的思维习惯,从而导致译文接受情况不理想;另一些词语的译文没有做到对读者认知、心理的关照,没有

---

① 左飚:《文化翻译的策略及其制约因素——以〈红楼梦〉两个全译本对原文本文化信息的处理方式为例》,《上海翻译》,2009年第1期。
② 同上。
③ 陈小慰:《对外宣传翻译中的文化自觉与受众意识》,《中国翻译》,2013年第2期。
④ 胡兴文、张健:《外宣翻译的名与实——张健教授访谈录》,《中国外语》,2013年第3期。
⑤ 尹佳:《从读者接受理论看外宣翻译中的读者关照——黄友义、徐明强访谈录》,《中国翻译》,2016年第5期。

意识到《孔子学院》期刊的受众不是少数外国专家,而是广大的普通民众,对目标读者的相关知识储备的预判不够准确,高估了法语母语者的英语语言能力,从而导致译文接受情况不佳;还有一些词语的译文则没有积极地将原文视野与读者期待视野融为一体,从而导致读者在理解上出现偏差,难以透彻地把握原文。

总之,对读者接受的关照要求译者具备敏锐的读者意识。具体来说,就是要认识到外宣翻译跨文化交流的属性,才能在保障准确翻译核心内容的前提下,尽量贴近目标语的表达习惯;要认识到外宣翻译的语境和时代背景,充分了解目标语受众的认知水平和理解能力;要基于传播效果的考量,让目标语受众愿意看且看得懂,从而构建融通中外的话语体系。

最后,从翻译策略上来说,应意识到"'译+释'并举的翻译策略是外宣翻译的'必须'"①。"译者的文化背景、翻译的目的或任务以及译本的目标读者是确定策略的主要制约因素。"②《孔子学院》期刊中法版属于外宣材料,其翻译目的在于实现交流,沟通信息,其本质是信息性翻译,其功能是信息传播。"从译者角度讲,外宣翻译提倡无我……从审美的方面看,外宣翻译注重朴实的美。"③此外,汉语文化负载词大多都极具中国特色,在法语中没有对应的表达,若"直接翻译过去,国外读者绝对看不懂。怎么办?我们的做法是尽量采用解释性的翻译"④。译释并举的翻译策略既可以兼顾外宣翻译"更关注目标受众和信息传达,旨在取得最佳传播效果"的特点⑤,又可以兼顾汉语文化负载词的中国特色,"操作性强、适用面广,能切实满足关联理论所谓的'最大最小'原则:为读者提供最大语境关联,是读者付出最小的努力就能达到

---

① 卢小军:《外宣翻译"译+释"策略探析》,《上海翻译》,2012年第2期。
② 左飚:《文化翻译的策略及其制约因素——以〈红楼梦〉两个全译本对原文本文化信息的处理方式为例》,《上海翻译》,2009年第1期。
③ 胡兴文、张健:《外宣翻译的名与实——张健教授访谈录》,《中国外语》,2013年第3期。
④ 尹佳:《从读者接受理论看外宣翻译中的读者关照——黄友义、徐明强访谈录》,《中国翻译》,2016年第5期。
⑤ 胡兴文、张健:《外宣翻译的名与实——张健教授访谈录》,《中国外语》,2013年第3期。

预期的理解"①。但需要特别指出的是,在实践译释并举的翻译策略时,也不应忽略了"经济简明"的原则,以实现一种"清新明快的美感和张力……给予受众认知能力发挥的空间"②。

在本研究中,我们对文化负载词的译文修改建议归纳为以下几点:采用了类别名词进行归纳概括;借助括号引导注释性的说明;借助语法手段如使用关系从句,做出解释性的翻译;借助名词补语,为读者提供了更为完整的信息。以上译释并举的翻译策略都是为了给读者提供最佳关联语境,以消除他们认知语境中的障碍,从而改善我们对外宣翻译的传播效果。总之,外宣翻译是一种"目的-需求性很强的社会活动……侧重于传递以客观事实为主的'信息',注重对外宣传的社会效应/度,而文字符号所荷载的美学意义或个性特征则往往处于从属地位"③,这就要求我们重视译释并举的翻译策略,以更好地实践习近平总书记所提出的"讲好中国故事,传播好中国声音"的新思想。

---

① 卢小军:《外宣翻译"译+释"策略探析》,《上海翻译》,2012年第2期。
② 曾利沙:《从认知角度看对外宣传英译的中式思维特征——兼论应用翻译技术理论范畴化表征与客观理据性》,《广西民族大学学报(哲学社会科学版)》,2009年第6期。
③ 曾利沙:《从对外宣传翻译原则范畴化看语用翻译系统理论构建》,《外语与外语教学》,2007年第7期。

第十章　汉语语篇法语译本接受情况

对汉语语篇法语译本接受情况的研究将按照本书绪论第四节中"语篇分析"说明的框架及具体实施步骤进行,这里不再赘述。本章重点呈现研究方法和译文语篇接受情况。

第一节　研究方法

本小节具体介绍研究任务、研究语料、被试、有声实验过程以及数据收集和分析情况。

一、研究问题

1. 概述语篇大意。
2. 指出能够理解的句子,并对句子进行释义。
3. 指出不能理解的句子,指出不理解的地方并说明原因。

二、研究语料

研究语料选自《孔子学院》期刊 2010 年至 2017 年法语对照版"文化博览""学者观点""天"栏目中的三篇文章。这三篇文章分别介绍了春节期间的潮汕美食、由围棋引发的美学思考及中国神话中的动物。为了便于有声思维实验的开展,研究分别从三篇文章中选取了约 200

个汉字的段落，一共三段。这三个段落在内容上均能独立表达一个完整的主题，并且符合完整语篇的三大要素，即具有一个中心思想，具有连贯性和一致性。体裁均为说明文，目的均为向语篇读者介绍中国文化。

三、研究被试与材料收集

研究邀请三位法语母语者参与有声思维实验。实验前首先筛选实验对象，确保被试符合有声思维实验的条件[①]，并向被试介绍实验要求及需要完成的任务。三位被试年龄在30岁左右，均为大学教育程度。实验中被试不被打扰，并全程录音。在阅读完三篇语篇段落后分别按照要求完成任务。实验结束后允许被试对回答的问题进行修正和补充。

四、材料分析

材料分析分为三个部分。第一，转写有声思维实验被试话语，然后将被试话语按照三个研究任务进行划分。第一个任务反映的是被试对译文语篇总体理解情况。研究者根据反馈情况可以大概了解被试对语篇整体大意是否理解正确，为后续具体分析两个任务奠定基础。其次，分别按照任务二和任务三，逐句分析被试的反馈，对于可以理解的部分，判断被试的释义是否正确，找出正确以及有错误的信息点；对于被试明确表示不理解的部分，归纳原因，备后续分析讨论时参照。第二，分别依据绪论中的语篇分析框架，结合汉语源语语篇及法语语篇特点，对源语及法语译文语篇做静态分析和对比，为后续动态分析做准备。第三，根据有声思维实验被试反馈信息，结合源语及法语译文语篇静态分析结果，讨论译文语篇接受情况、原因以及翻译有效性问题。

[①] 郭纯洁：《有声思维法》，外语教学与研究出版社，2007年，第1页。

第二节　汉语源语语篇及法语译文语篇静态分析与对比

一、法语语篇特点

语篇分析在法国语言学领域内通常被称为篇章分析。法国篇章分析最早发端于 1969 年对美国语言学家、结构主义代表人泽利格·哈里斯(Zelig Harris)刊于 1952 年的《话语分析》一文的法译①。而近年来法国篇章研究的代表人物是米歇尔·夏罗尔(Michel Charolles),他从功能主义角度研究篇章,并提出了话语范围导入词理论②。作为话语分析的分支,语篇分析认为语言的单位是大于句子的语篇,语篇的组织结构规律成为其研究对象。连贯和衔接是语篇研究中的两大核心概念。在此我们将重点分析法语中连贯和衔接的手段。

1. 法语中的连贯手段

夏罗尔认为"篇章是超越句子的、分层次的、呈现级差状态,因人而异,有多变性;但是从另一个角度出发,它又是一个整体,具有连续性、连贯性、衔接性"③。一个篇章的成立在于其连贯性,而一个语篇想要连贯,需要满足以下条件:重复特性、推进特性、连贯特性、认同特性。其中重复特性是指篇章注定要包含一些重复的内容,推进特性是指篇章的语义必定是推进的,连贯特性是指篇章的信息不应该互相矛盾,认同特性是指篇章的信息对读者是明晰的④。连贯的策略总是在推进特性的形式下展开的,也就是说,连贯的策略总是遵循推进—分裂—融合这样的过程⑤:要么从分裂(被陈述的事实之间没有关联,分离的分句或是不连贯的话语)走向融合(被陈述的事实成为同一个语境中的一部

---

① 见田俊雷:《语言篇章研究的传承与发展论述》,《三峡论坛》,2019 年第 2 期。
② 同上。
③ 见王秀丽:《当代法国语言学研究动态》,北京语言大学出版社,2010 年,第 242 页。
④⑤ 同上。

分,它们可以在同一个时空中展开,尽管不在相邻的话语中,但这些分句被一种逻辑联系起来);要么相反,从融合走向分裂。在这种推进中,我们不断地进行这个过程:选定一个话题,再离开这个话题从而到达由这个话题引入的新元素中。法语中连贯的策略可以分为以下五种情况①:

① 它可以是直接的,例如:En 1999, les femmes actives passaient chaque jour 3 heures 48 à s'occuper de ma maison, les hommes actifs, 1 heures 59;

② 它可以通过并列关系来实现,也就是说,两个分句构成一对协调的成分,它们共同成为一个复合事实的表达,例如:Ils ont arrêté de fumer et continué de lire;

③ 它可以通过从属关系来实现,也就是说,不同的事实之间并不平等,而是存在层级性的从属关系,对一件事实的称述是对另一件事实的进一步说明,例如:Il est très fatigué, il doit se reposer;

④ 它可以通过结合关系来实现,也就是说,一个事实不过是对另一个事实的某个方面的详细说明,例如:nous avons besoin d'un employé qui connaisse la situation du marché;

⑤ 它可以还省略来实现,例如:nous avons besoin d'un employé connaissant la situation du marché。

2. 法语中的衔接手段

衔接是指使用基本的词汇、句法,达到篇章语义连贯的手段②。下面主要介绍法国语言学家帕特里(Patry)和梅阿尔(Méhard)于1985年提出的法语中的词汇和语法衔接手段,以及夏罗尔对其的发展和补充。法语中主要的语法衔接手段有六种③:

① 主有代词,例如:mon chat est noir, le sien est blanc;

---

① 王秀丽:《法语语言学教程》,外语教学与研究出版社,2006年,第117页。
② 王秀丽:《当代法语言学研究动态》,北京语言大学出版社,2010年,第243页。
③ 王秀丽:《法语语言学教程》,外语教学与研究出版社,2006年,第118页。

② 泛指代词,例如:Que de personnes! Et je n'en connais pas une;

③ 主有形容词,例如:Cher monsieur, j'ai bien reçu votre lettre;

④ 某些副词,例如:Il est allé à Londres et de là à New York;

⑤ 连词,例如:Il pleut mais il se promène quand même;

⑥ 省略,例如:Cet enfants aiment et respecte ses parents。

法语中主要的词汇衔接手段有五种①:

① 明确的重复(réitération explicite),例如:Ils aiment leur chat. Le chat est obéissant;

② 非明确的重复(réitération non explicite),例如:Elle achète une robe, c'est tellement beau, la robe;

③ 二元语义组合(mots en relations sémantiquement binaires),例如:Lui, il pose la question, et elle, elle y répond;

④ 非二元语义组合(mots en relations sémantiquement non binaires),例如:Il mange toujours trop, ce mangeur prend tout ce qui est sur la table;

⑤ 词汇回指(anaphore lexicale),例如:Le loup était déjà chez le grand-mère, puis la grosse bête voulait manger la petite fille。

词汇回指是衔接的主要手段,也是篇章分析研究的主要内容之一,"因为回指手段的使用是产生篇章和理解篇章的中心要素"②。它又分为代词回指(anaphores pronominales)、名词回指(anaphores nominales)、动词回指(anaphores verbales)和副词回指(anaphores adverbales)。其中,代词回指又可细分为整体表征(représentation totale)和部分表征(représentation partielle),名词回指又可细分为忠实性回指(anaphore fidèle)、非忠实性回指(anaphore infidèle)、概念回指(anaphore conceptuelle)和联合回指(anaphore associative)③。其中

---

① 王秀丽:《法语语言学教程》,外语教学与研究出版社,2006年,第118页。
② 王秀丽:《篇章分析中的概述回指》,《当代语言学》,2012年第3期。
③ 王秀丽:《法语语言学教程》,外语教学与研究出版社,2006年,第120—121页。

概念回指也被称为概述回指(anaphore résomptive),它首先被法国篇章分析学家夏罗尔注意到,其主要手段是概述性指示代词(领属名词)+抽象名词,"这种回指的指称对象是对前文的一个思想或事件的总结,它重在概述前面的信息,而不是重提前文中的某一个词"①。概述回指有其自身的特征,"如果说其他类别的回指是一种程序性的东西(如第三人称回指),有认知努力很小、语义弱、书写形式单薄的特性(il/he),而概述回指则表示了较强的语义、书写、语用特征和较强的认知付出。因为在概述回指中,作者让读者回忆的是整个前句的大部分成分和这些成分的组合。经过隐含的认知推理,进行概括性重述,这种凸显的认知操作实际上意味着篇章当前展开链条的部分继续,但是有偏移改变,有较强的启动另一个局部话题的意味,有时甚至会改变当前的话题,形成篇章旧指称链条的终结点和指称链条新的起点"②。也就是说,概述回指虽然建立在重述之上,但这种重述是对前文的重新处理和重新认识,能在某种程度上标记和改变篇章前进的方向,从而实现前文和新信息之间在认知层面和篇章层面的衔接。对于指称表达,夏罗尔根据其指称能力,给出了以下概述图③:

此外,夏罗尔对范围表达副词进行了综合概括和系统划分。他首先将句子间的关系划分为衔接关系(relations de connextion)和指示关系(relation d'indexation)。指示关系具有非等级性、从上至下运作、在下方开放(非二重性)的特征,而衔接关系具有等级性、溯源性和紧密连接性的特征④。在指示性关系中,罗夏尔把"承担篇章过渡的各种环境因素统称为话语范围导入词,其形式标记是位于句首,属于就信息启动话题的那一种"⑤。话语范围导入词通常由副词或副词性短语构成,属于衔接的标志,主要有四类,分为是引导主题、引导篇章结构、引导发

---

① 王秀丽:《篇章分析中的概述回指》,《当代语言学》,2012年第3期。
② 同上。
③ 王秀丽:《法语语言学教程》,外语教学与研究出版社,2006年,第121页。
④ 王秀丽:《当代法国语言学研究动态》,北京语言大学出版社,2010年,第246页。
⑤ 同上书,第250页。

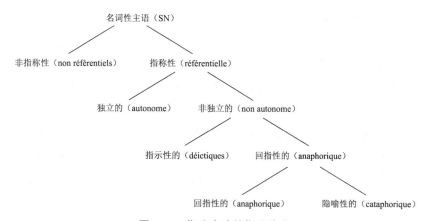

图 10-1　指称表达的指称能力

话和引导时间、空间的话语范围导入词。

前文在对语篇分析框架进行说明时有讲到,韩礼德把英语句子的衔接手段分成五大类①:照应、省略、替代、连接词语和词义衔接。前三种属于语法衔接。词义衔接包括词义复现和搭配,前者包括重复、同义词近义词、上下义词和概括词,后者包括词义同现,指属于同一语义场的词,统称为共下属词②和具有结伴共现关系的词汇③。由于英、法两门语言具有一定的相似性,我们完全可以将法语中的主有代词、泛指代词、主有形容词和一些副词都划分到韩礼德和哈桑提出的照应中去。此外,法语中的非重读人称代词、直接宾语人称代词、间接宾语人称代词、副代词也都属于照应。法语中的省略等同于韩礼德和哈桑提出的省略;法语中的连词等同于韩礼德和哈桑提出的连接词语。帕特里和梅阿尔提出的五种词汇衔接手段都属于韩礼德和哈桑提出的词义衔接。其中明确和非明确的重复都属于韩礼德和哈桑提出的重复;二元语义组合属于韩礼德和哈桑提出的词义同现;非二元语义

---

① Halliday, M. A. D. & Hasan, R., *Language, Context and Text*, Victoria: Deakin University Press, 1985, pp.288—289.
② 林纪诚:《英语语篇中词汇衔接手段试探》,《外国语》,1986 年第 5 期。
③ Firth. J., *Papers in Linguistics*, Oxford University Press, 1951.

组合属于英语衔接手段中的隐性衔接手段:修辞中的同源词;回指中除概念回指以外都属于韩礼德和哈桑提出的照应,而概述指称属于韩礼德和哈桑提出的概括词。此外,夏罗尔提出的话语范围导入词属于韩礼德和哈桑提出的连接词语。综上所述,我们可以看到,相较于帕特里和梅阿尔对于法语衔接手段的划分,韩礼德和哈桑对于英语衔接手段的划分摆脱了词性的限制,是从功能的角度进行的更为系统的划分。而夏罗尔对于指称表达和话语范围导入词的分析虽然更为细致,但同样可以套用韩礼德和哈桑对于衔接手段的分类框架。因而我们在前文的静态语篇分析中借鉴了英语中衔接手段的划分方法和表述,以尽量保持与其他语种语篇静态分析的一致。而在后文结合有声思维实验的结果进行动态分析时,我们会更加聚焦于某个特定的衔接手段,因而彼时会以夏罗尔更为细致的指称表达理论和话语范围导入词理论为依托。

二、汉语源语语篇及法语译文语篇静态分析与对比

对语篇的分析参考本书绪论第四节"理论框架"中的"语篇分析"部分,同时结合法语语篇特点。以下具体呈现三篇汉语源语语篇及法语译文语篇的分析情况。

(一) 语篇1①

1. 汉语

①像麒麟一样,凤凰的出现预示着好事即将来临。②人们普遍认为,<u>她</u>是**古代的风神**。③从汉代开始,龙象征着皇帝,而**凤凰象征**皇后,因此<u>他们</u>会被分别绣在皇帝和皇后的礼服上,以显示帝王的地位。④<u>中国古代称红鸟、朱雀</u>,为南方之神,属火,<u>它</u>与青龙(东方之神,属木)、白虎(西方之神,属金)和黑龟、玄武(北方之神,属水),形成"四灵神兽",是<u>东南西北</u>和**季节**的<u>象征</u>(在中国传统里"中"是第五方位,属土,是由<u>黄龙</u>表示)。

---

① 说明:语篇中下划线为已知信息,粗体为新信息,同时标注下划线和粗体的为已知信息+新信息。下同。

2. 法语

①Tout **comme le qilin, l'apparition du phénix** 凤凰, oiseau mythique par excellence, est le signe d'un événement exceptionnel à venir. ②On s'accorde à penser qu'il aurait été dans l'Antiquité **la divinité du vent**. ③Tout **comme le dragon symbolisera l'empereur** dès les Han, le phénix symbolisera **l'impératrice** et sera à ce titre souvent **représenté sur les vêtements de cérémonie**. ④Souvent **assimilé à l'Oiseau rouge** 朱雀, au sud et au feu, il forme avec **le Dragon vert** 青龙（rattaché à l'Est et au bois）, **le Tigre blanc** 白虎（l'Ouest et le métal）et **la Tortue noire** 玄武（**le Nord et l'eau**）les «**Quatre Esprits** 四灵», symboles des points cardinaux, des éléments et des saisons（le cinquième orient dans la tradition chinoise est le centre, il représente **l'élément terre et est symbolisé par un dragon jaune**）.

可以发现，汉语中句群这个相对独特的语法现象可以同法语中的并列复合句和主从复合句对应起来。这个汉语语篇由四个句群组成，每个句群用句号隔开，分别表达了"凤凰预示着好事将近""凤凰是古代的风神""龙和凤凰分别象征着皇上和皇后，被绣在礼服上"以及"凤凰同青龙、白虎、黑龟形成'四灵神兽'，是方位和季节的象征"的句群话题，句群间的话题链呈现连续主位—跳跃主位—派生主位的推进程序。法语译文语篇同样由四个句群组成，每个句群用句号隔开，分别表达了"凤凰预示着好事将近""凤凰是古代的风神""凤凰象征着皇后，被绣在礼服上"以及"凤凰同青龙、白虎、黑龟形成'四灵神兽'"的句群话题，句群间的话题链呈现连续主位的推进程序。因此，从源语语篇和译文语篇的语篇话题链组成来看，译文完整地转换了源语的信息，并且由于法语译文只有连续主位的推进，主位保持不变，只有述位变化，因而比原文的信息传达更为统一、流畅。

下面具体分析第一篇汉法译文语篇的主述位推进情况以及相关的信息类型和衔接手段。

在汉语的第一个句群中，主位推进程序为连续主位，法语译文与汉语原文保持了一致，都是以"凤凰"为主位，以"像麒麟一样""预示好事将近"为述位，译文话题保持了源语话题。在信息类型方面，法语译文增加了一个新的信息 oiseau mythique par excellence,意思是"一种神话中的鸟",并且将"好事"的语义改为"非同寻常的事"。在衔接手段上看,法语译文中使用的手段与汉语原文一致,都使用了连接词和词义同现。

汉语的第二个句群的主位推进程序为简单线性主位,法语译文与汉语原文一致,即前一句的述位"凤凰"成为下一句的主位。在信息转换方面和衔接手段上,法语译文都与汉语原文一致。

汉语的第三个句群中,主位推进程序为跳跃主位—连续主位:首先在"龙象征着皇帝"和"凤象征着皇后"这两个话题中,主位由"龙"跳跃到"凤凰",然后,龙和凤共同作为主位,"象征……"和"被印上……"构成变化的述位,因而构成连续主位。而法语译文中主位推进程序为简单线性主位—连续主位:首先,"凤凰像龙""凤凰"是主位,"龙"是述位,接着"龙象征着皇上",前一句的述位"龙"构成了该句的主位,因而是简单线性的推进程序;其次,"凤凰象征皇后"与前句保持同样的主位,述位由"像龙"变化为"象征皇后",因而构成连续主位。虽然在汉语原文和法语译文中主位推进程序不同,但是译文话题保持了源语话题,只是句子的重心发生了改变,译文反倒比原文更统一,流畅。在信息转换方面,法译译文丢失了"龙被绣在皇帝的礼服上"和"绣在礼服上的龙和凤彰显帝王的地位"这两个信息。在衔接手段上,由于信息的丢失,法语译文的衔接也比汉语原文简单一些,没有使用照应的衔接方法。

汉语第四个句群的主位推进程序为简单线性主位—连续主位—跳跃主位—连续主位—简单线性主位—跳跃主位—连续主位。首先,在"中国古代'称凤凰为'红鸟"这一话题中,"中国古代"为主位,"红鸟"为述位,接着在"红鸟为……,属……,与……构成'四灵神兽'"这一话题中,"红鸟"是主位,是上一句的述位,因而首先构成了简单线性主位;其次,"为……""属……"与……构成'四灵神兽'"是同一主位的变换述位,因而构成连续主位;再次,"青龙(是)东方之神,属木""白虎(是)西方之神,属金""玄武(是)北方之神,属水"这三个话题中分别出现了主位"青龙""白虎""玄武",因而构成跳跃主位的推进关系,并且在话题内部,同一主位又有变化的述位,因而又构成连续主位的推进程序;最后,前一句的述位"四灵神兽"在下一个句子中构成主位,形成了简单线性主位的推进程序;此外,在这一话题内部,出现了一个新的主位"中",构成了跳跃主位,并且,该主位后又有变换的述位"是第五方位","属土","由黄龙表示",因而再次构成连续主位。法语译文主位推进程序为连续主位—跳跃主位—连续主位—简单线性主位—跳跃主位—连续主位。可见,法语译文基本保持了与汉语原文一致的主位推进程序,唯一的差别在于第一个话题,汉语中多了一个"中国古代'称凤凰为'红鸟"的话题,因而多了一个简单线性主位的推进程序,而在法语中第一个话题为"凤凰被视为红鸟,(被视)为南方之神……",因而直接是连续主位。虽然法语译文与汉语源语在主位推进程序上有些许不同,但译文与原文基本保持了相同的话题。在信息转换方面,相较于中文原文,法语译文缺失了"中国古代"这一信息,而明确地表达出"四灵神兽四元素的象征"这一信息。在衔接手段上,译文与原文基本保持一致。

(二)语篇2

1. 汉语

①在古代中国,围棋是文人雅士所必修的琴棋书画"四艺"之一,其审美观念也体现了古代文人所推崇的简单(黑白两色)、自然、优雅、天人合一。②在围棋中,有"愚型"一说,就是指棋子所形成的形状不够匀称、和谐,不符合美学原理。③而这种不符合审美要求的棋,通常也是愚笨的,没有效率的,最终会招致失败。④形容一盘下的好的棋,常用的比喻是"行云流水"。⑤而一步破坏了美感的棋,则常常被称为"滞重","扭曲"。

2. 法语

①Le jeu de Go est en Chine ancienne l'un des «quatre arts» que se doit de pratiquer tout érudit et homme de lettres, avec la calligraphie, la peinture et la musique. ②Les considérations sur l'esthétisme qui l'accompagnent illustrent l'estime portée par ces derniers à la simplicité (deux couleurs, le blanc et le noir), au naturel, à l'élégance et à l'union de l'homme avec le ciel. ③C'est ainsi que **les formes asymétriques, manquant d'harmonie**, ou non **conformes aux principes d'esthétique** sont nommées **«mauvaises formes»**. ④Il s'avère par ailleurs que ces formes dites mauvaises engendrent **un jeu dit «stupide» et «inefficace»**, qui mène souvent à **la défaite du joueur**. ⑤Au contraire, **un jeu** dont **les formes sont en harmonie avec les règles d'esthétisme** sera nommé «partie fluide sans coups forcés, à l'image des nuages courant dans le vent et de l'eau glissante». ⑥**Un coup qui brise les règles de l'esthétisme** sera taxé de «lourd», ou de «prématuré».

　　汉语语篇2由五个句群组成,分别表达了"围棋是四艺之一,其审美观念体现了古代的美学思想""围棋中有愚型""不符合审美的围棋会失败""下得好的棋是行云流水般的"以及"下得不好的棋是滞重、扭曲的"的句群话题,句群间的话题链呈现为连续主位—简单线性主位—跳跃主位—跳跃主位的推进程序。而法语译文语篇由六个句子组成,分别表达了"围棋是四艺之一""围棋的审美观念体现推崇简单、自然、优雅和天人合一""一些形式被称为'愚型'""愚型会导致一盘愚笨的、没有效率的棋""下得好的棋是行云流水的"以及"下得不好的棋是滞重、扭曲的"的句群话题,句群间的话题链呈现派生主位+派生主位+简单线性主位+跳跃主位+跳跃主位。因此,从源语语篇和译文语篇的语篇话题链的组成来看,译文完整地转换了源语的信息。

　　下面具体分析第二篇汉法语篇的主述位推进情况以及相关的信息类型和衔接手段。

　　汉语语篇第一个句群的主位推进程序为连续主位。在"围棋是四艺之一,其审美观念体现了古代的美学思想"的话题中,"围棋"始终是主位,述位发生了改变,因而是连续主位。而与此对应的是法语语篇的第一和第二个句子,其主位推进程序稍有不同。在法语译文的第一和第二个句群中,由于使用了关系从句和分词式,主位分别为"围棋"和"文人雅士",以及"审美观念"和"文人雅士",因而都构成一个跳跃主位。尽管译文对主位推进有所调整,但译文的话题保持与原文一致。在信息类型和衔接手段上,法语译文都与汉语原文保持了一致。

在汉语语篇的第二个句群中,主位推进程序为简单线性主位。在"围棋有愚型"这一话题中,"围棋"是主位,"愚型"是述位;而在"愚型是指……"这一话题中,"愚型"成为主位,因而是简单线性主位;在"围棋有愚型"这一话题中,"围棋"是主位,"愚型"是述位。在法语译文的第三个句群中,主位推进程序为连续主位。在"形式……被叫作'愚型'"的话题中,主位"形式"保持不变,述位分别有"不匀称""不和谐""与美学原则不符""被叫作'愚型'"这四个述位,因而是连续主位。在信息类型上,法语译文与汉语原文基本保持一致。在衔接手段上,虽然法语译文和汉语原文都使用了连接词和词义同现的方法,但法语译文的连接词是 c'est ainsi que,意思是"因而",与上一句群构成了一种因果关系,而在汉语原文中,并没有明确指出这一因果关系。

汉语语篇第三个句群的主位推进程序为连续主位。在"不符合审美要求的棋是……,(是)……,最终会导致失败"这一话题中,主位为"不符合审美要求的棋",述位有三个,因而是连续主位。而在法语的第四个句群中,主位推进程序为简单线性主位。首先在"愚型会导致愚笨、没有效率的棋局"这一话题中,"愚型"是主位,"……棋局"是述位;而在"……棋局会导致失败"这一话题中,"……棋局"成为主位,因而构成简单线性主位的推进程序。可以看到,法语译文用了两个概念 forme(棋形)和 jeu(棋局)来对应中文中的"棋",因而产生了不同的主位推进程序。在信息概念上,法语译文将汉语中的"棋"分解为"棋局"和"棋形"两个信息,增加了"下棋者"这一语义,并且将汉语原文中的"不符合审美原理要求的棋"替换为"愚型",以保持法语译文行文的流畅。在衔接手段上,法语译文与汉语原文基本保持一致。

汉语语篇的第四个句群为简单句,因而没有主位推进程序。而在法语的第五个句群中,由于使用了关系从句,主位分别为 jeu(棋局)和 forme(棋形),因而构成跳跃主位。在信息概念上,法语译文将汉语中的"棋"分解为"棋局""棋形""一手棋"(coup)这三个信息。在衔接手段上,法语译文增加了连接词 au contraire,与上一句群构成对立的逻辑关系。

汉语语篇的第五个句群依然为简单句,因而没有没有主位推进程序。而在法语的第六个句群中,由于使用了关系从句,主位保持不变,是 un coup(一手棋),而述位有两个,分别是"破坏了美感"和"被称为……",因而构成连续主位。在信息类型上,法语译文在汉语"棋"这一语义下又分解出一层新的含义——un coup(一步棋)。在衔接手段上,法语译文缺少了汉语中的连接词,这是因为在上一句群中,已经使用了表示对立的连接词。其余的部分与汉语原文基本保持一致。

(三)语篇 3

1. 汉语

①潮汕人有句话:"家宴大过天",其实这也很好理解。②请朋友去酒店吃饭不难,费些钱财宾主尽欢;然而将人请到家里,亲力亲为做上一桌好菜,那可真见主人的一片赤诚心意。③可见,一顿舒服的年夜饭,也一定少不了"心意"二字:一家老小提前好几日便开始在厨房忙活,用最漂亮的刀工、最花力气的搅拌、最耐心的烹调料理最好的食材,费时费力,但也正是这种集全家人之心意才有的"年味儿"。

2. 法语

①**La phrase**:"**le gros**" **Seder**,mais c'est aussi très **bien comprendre**. ②**Inviter des amis à l'hôtel dîner n'est pas difficile**, un peu de l'argent et tout joyeux;toutefois les invite à la maison,personnellement pour faire un bon repas,c'est voir maître une absolue sincérité d'avis. ③Visible, un repas bien dîner de nouvel an, ne doit pas "d'avis"; une famille bien avant quelques jours, a commencé dans la cuisine, avec un couteau de plus belle et plus de dépenser de l'énergie de mélange, plus de patience de la cuisine, de préférence des ingrédients, long et laborieux, mais C'est l'esprit de l'ensemble de la famille une "odeur".

可以发现,汉语源语语篇由三个句群组成,分别表达了"家宴大过天""家宴更显心意""有心意才有年味"的句群话题,句群间的话题链呈现派生主位—简单线性主位的推进程序。法语译文语篇同样由三个句子组成,分别表达了 le gros、inviter les amis à la maison voir maître une sincérité d'avis、C'est l'esprit de l'ensemble de la famille 的句群话题。可以看到,法语译文中各个句子的话题存在诸多错误,甚至都无法构成完整、正确的句子,无法传达明确的句意,因而我们无法判断法语语篇中句群间的话题链推进程序。

出于同样的原因,我们下面只具体分析第三篇汉法语篇的主述位推进情况。

汉语语篇第一个句群的主位推进程序为简单线性主位—连续主位。在话题"潮汕人有句话"中,"潮汕人"为主位,"有句话"为述位;在话题"(这句话是):'家宴大过天'"中,"话"成为主位,因而构成简单线性主位的推进程序;在话题"这句话好理解"中,"话"依然是主位,由此构成连续主位。

在汉语语篇的第二个句群中,主位推进程序为连续主位—跳跃主位。在话题"请……吃饭不难"中,"请……吃饭"为主位,"不难"为述位;在"费些钱财宾主尽欢"中,"费些钱财"为主位,"宾主尽欢"为述位。在这两个主位+述位的结构中,主位其实是保持一致的,因而构成连续主位的推进程序。在话题"请人到家里吃饭……见……心意"中,"请人到家里吃饭"为主位,"见……心意"为述位,这个主述结构中的主位既不同于上句的主位,也不同于上一句的述位,因而形成跳跃主位的推进程序。

汉语语篇第三个句群的主位推进程序为跳跃主位—简单线性主位。在话题"年夜饭少不了心意"中,"年夜饭"为主位,"少不了心意"为述位。在"一家老小……忙活……搅拌……料理……费时费力……才有年味"这一话题中,"一家老小"为主位,"忙活……搅拌……料理……费时费力"为述位,这个主述结构中的主位既不同于上句的主位,也不同于上一句的述位,因而形成跳跃主位的推进关系。在话题"集全家人之心意才有年味"这一话题中,"集全家人之心意"为主位,"有年味"为述位,这一主位是上一述位,因而构成简单线性主位的推进程序。

第三节 汉语语篇法语译本接受情况

本小结依此按照有声思维实验三个任务的顺序,对照上文对于汉语源语和法语语篇的静态分析结果,结合被试反馈信息,举例分析法语译文语篇的接受情况及其原因,探讨翻译有效性问题。

一、语篇1

（一）语篇大意

根据上文对汉语源语及法语译文语篇的静态分析显示,语篇1主要涉及了"凤凰预示着好事将近""凤凰是古代的风神""龙和凤凰分别象征着皇上和皇后,被绣在礼服上"以及"凤凰同青龙、白虎、黑龟形成'四灵神兽',是方位和季节的象征"这几个方面的内容。从被试的总体反馈来看,被试对语篇中的重要信息掌握得基本正确,提及了"象征""风""神""龙""凤""礼服""四灵神兽""方位""元素""季节"等关键词,这与源语和译文在语篇的整体上看话题链基本一致的,并且主位推进程序基本一致有关。但值得注意的是,并不是所有被试都捕捉到了所有的关键词,存在理解的偏差,具体见以下分析。

（二）语篇可接受情况及原因

法语译文：

On s'accorde à penser qu'il aurait été dans l'Antiquité la divinité du vent. Tout comme le dragon symbolisera l'empereur dès les Han, le phénix symbolisera l'impératrice et sera à ce titre souvent représenté sur les vêtements de cérémonie.

汉语原文：

人们普遍认为,她是古代的风神。从汉代开始,龙象征着皇帝,而凤凰象征皇后,因此他们会被分别绣在皇帝和皇后的礼服上,以显示帝王的地位。

这部分介绍了凤凰是风神的化身以及龙和凤的象征意。根据静态分析我们可以发现，第一句译文与汉语原文无论是在主述结构上，还是信息类别和衔接手段上都基本保持了一致。根据有声思维实验的结果，我们发现三位被试都很好地理解了句子。被试 A 表示，"我能理解。在古代，人们认为当凤凰出现，它就代表了风神"；被试 B 表示，"人们普遍认为，凤凰涉及某种神性"；被试 C 表示，"我认为这说明有关于凤凰的研究，研究它代表什么"。其中，特别值得注意的是，译文和原文都使用了照应(指代)这一衔接手段，且并没有给读者造成理解上的困难，这是由于该句子较短，包含的信息量较小，不存在被其他项目阻断后再出现该名词需要遵循"阻断原则"的情况[1]；也不存在三个或三个以上的事物同时出现，需要遵循"可区分原则的情况"[2]；更不存在由于句子过长导致一种心理距离，需要重复名词，而不是以代词的形式，延续上面的衔接链，从而遵循"心理距离原则"的情况[3]。此处的指代符合"复现指代原则"，因而达到了交际的目的[4]。

　　静态分析显示，第二句话在法语译文中主位推进程序为简单线性主位—连续主位，而非汉语原文中的跳跃主位—连续主位。由此，法语中句子的焦点始终停留在主位"凤凰"上，而中文原文中存在两个并列的焦点"龙"和"凤"。并且在衔接手段上，较第一句群而言重复了"凤凰"一词。根据有声思维实验的结果，我们发现被试都很好的理解了"龙和凤分别象征着皇上和皇后"这个话题，被试 A 表示，"这句话也很好理解。从这句话中我理解到，凤和龙分别是皇上和皇后的象征"；被试 B 表示，"是的，没问题，按照传统，龙代表了皇帝……凤是皇后的象征"；被试 C 表示，"(作者将)凤同龙进行类比，龙也是文化中重要的象征"。由此说明，适当调整句群的主位推进程序，集中句子的焦点，保持连续性，并且对衔接的距离，尤其是一种心理距离进行补偿，通过重复

---

[1] 张德禄：《语篇内部衔接的原则》，《解放军外国语学院学报》，2001 年第 6 期。
[2] 同上。
[3] 同上。
[4] 同上。

名词而不是代词延续上文的衔接链,从而遵循"心理距离原则",有利于读者的理解和接受①。在信息转换方面,法语译文删减了"龙被绣在皇帝的礼服上"和"绣在礼服上的龙和凤彰显帝王的地位"这两个信息。但根据有声思维实验的结果,我们发现这并不妨碍被试自行联想。被试 A 表示,"当有重大仪式的时候,他们会穿上带有龙和凤图案的衣服";被试 B 表示,"它(凤凰)会出现在仪式服饰上";被试 C 表示,"这句话是为了说明凤凰有多么重要,它代表着权力"。这是由于,译文的后一个分句再次改变了原文的主位,将"他们"改为"凤凰",并且使用了连续主位的推进程序,这尊重了中西思维方式上的差异,从而非常有利于被试的理解。原文的意图重心在凤,但会讲到龙,从龙与凤这个整体出发来对凤进行介绍,这符合中国人的思维模式。"他们(中国人)通常把事物看成两个相互对立而又相互依存,不可分割的整体。这种整体性和辩证性是中国人认知的核心。中国人认识事物习惯从整体到具体(局部),由大到小……因此其思维模式呈圆弧式"②。而译文始终聚焦于凤,使用连续主位的推进程序,这也尊重了法国人的思维模式,"西方的思维模式以线性、逻辑性、分析性为特点,西方人……认识事物从具体(局部)到整体,由点到线,一线为主,因此其思维模式呈线式"③,从而得到了被试较好的接受。

  结合对语篇的静态分析和对该句群译文的有声思维实验的结果我们可以看到,当译文的句法结构正确、时态准确、句子长度适宜、用词恰当且符合法语的表达习惯时,就非常有利于被试的理解。此外,译文想要如实而准确地传达原文的意旨,并非要与原文的句子成分保持绝对的一一对应。只要主述位在翻译中形成的迁移效果尊重了中西思维方式上的差异,同样可以获得较好的接受效果。

---

① 张德禄:《语篇内部衔接的原则》,《解放军外国语学院学报》,2001年第6期。
② 何金娥:《试探主述位在翻译中的迁移效果》,《云梦学刊》,2000年第1期。
③ 同上。

(三) 语篇接受困难情况及原因

法语译文：

Souvent assimilé à l'Oiseau rouge 朱雀，au sud et au feu，il forme avec le Dragon vert 青龙（rattaché à l'Est et au bois），le Tigre blanc 白虎（l'Ouest et le métal）et la Tortue noire 玄武 （le Nord et l'eau）les «Quatre Esprits 四灵»，symboles des points cardinaux，des éléments et des saisons（le cinquième orient dans la tradition chinoise est le centre，il représente l'élément terre et est symbolisé par un dragon jaune）.

汉语原文：

中国古代称红鸟、朱雀，为南方之神，属火，它与青龙（东方之神，属木）、白虎（西方之神，属金）和黑龟、玄武（北方之神，属水），形成"四灵神兽"，是东南西北和季节的象征（在中国传统里"中"是第五方位，属土，是由黄龙表示）。

这部分先将凤凰同青龙、白虎、玄武进行类比，然后介绍了四灵神兽的含义，最后补充说明了第五个方位的代表神兽。根据前文静态分析显示，此处译文的衔接手段有照应（il）。根据有声思维实验的结果，我们发现虽然细看全文，il 始终指代"凤凰"，但由于句子较长，难免造成误解，被试 A 就表示，"红鸟代表了火，它的形态与龙的形态相似……我认为这是在描述一种服饰，一种皇上和皇后的服饰，在这个服饰的西边，有老虎，在北部有乌龟，差不多是这个意思……这种服饰上有对四种神兽的再现，有对四个方位的再现以及季节的再现"。此外，被试 A 还表示，"这个句子非常长，不是很好理解，需要思考一下才能抓住句子所要传达的信息……有很多括号，我没法直接抓住信息"。由此可以看出，在选择衔接手段时，心理距离原则非常重要。"衔接的距离，更准确地说，是一种心理的距离，使衔接在短暂中断后，以名词，而不是以代词的形式,延续上面的衔接链①"。当句群中信息量过大,句子过长时,依旧选择代词进行指代就不利于读者的理解。对此,在此类科普宣传的文章中,应充分考虑目标读者群体的实际情况,尽可能用通俗易懂的语言形式呈现信息。具体说来就是要避免大量的指代让读者产生混乱和误读;要避免在一个句子中使用大量的括号来补充较多的文化信息,尽量调整句子的结构,划分成不同的语义段落。

二、语篇2

（一）语篇大意

根据上文对汉语源语及法语译文语篇的静态分析显示,语篇2主要涉及了"围棋是四艺之一,其审美观念体现了古代的美学思想""围棋中有'愚型'""不符合审美的围棋会失败""下得好的棋是行云流水般的"以及"下得不好的棋是滞重、扭曲的"这几个方面的内容。从被试的总体反馈来看,被试对语篇中的重要信息掌握得基本正确,提及了"四艺""美学思想""愚型""好的棋""不好的棋"等关键词,这与源语和译文在语篇的整体上看话题链基本一致的,并且主位推进程序基本一致有关。但值得注意的是,并不是所有被试都捕捉到了所有的关键词,存在理解的偏差,以下将结合语篇静态分析结果具体分析和讨论。

（二）语篇可接受情况及原因

法语译文:

Un coup qui brise les règles de l'esthétisme sera taxé de «lourd», ou de «prématuré».

汉语原文:

而一步破坏了美感的棋,则常常被称为"滞重","扭曲"。

这句话介绍了破坏美感的棋。根据静态分析,译文增加了主位推

---

① 张德禄:《语篇内部衔接的原则》,《解放军外国语学院学报》,2001年第6期。

进的程序,原文为一个简单句,而译文使用了连续主位。在信息类型上,法语译文在汉语"棋"这一语义下又分解出一层新的含义——"一步棋"。在衔接手段上,法语译文缺少了汉语中的连接词。根据有声思维实验的结果,我们发现调整主位推进程序,细分词义都能使译文达意自然、流畅,得到被试较好的接受。被试 A 说道,"这句话很简单,对于这句话我的理解是……在游戏过程中,如果有人下了一步棋,这步棋偏离了审美原则,那这步棋就会被叫作滞重或者扭曲的一步棋,也就是说,这是一步没有好好思考,好好计算的棋,一步在下手之前没有准备好的棋";被试 B 说道,"是的,是的,这很好理解";被试 C 说道,"也就是说,每一步棋应该依据审美原则来"。我们可以看到,在语篇内部的谋篇意义上,由于连续主位让语篇的发展呈线型,符合西方的思维模式,因而被试理解起来非常容易;在语篇与语境的关系上,"棋"属于汉语原文中的"空环",即那些由语境因素实现的意义[1],对于汉语母语者而言,我们了解围棋文化,知道此处的"棋"指下棋的人经过思考下的一步棋,而非棋子本身、由棋子构成的棋形或棋局,因而在汉语语篇中无需特别补充,可凭借语篇与语境的相联关系而自动达成连贯的语义。但对于法语母语者而言,围棋文化相对陌生,在此明确"棋"的内涵才能让被试理解并接受这句话。

(三) 语篇接受困难情况及原因

法语译文:

Le jeu de Go est en Chine ancienne l'un des «quatre arts» que se doit de pratiquer tout érudit et homme de lettres, avec la calligraphie, la peinture et la musique. Les considérations sur l'esthétisme qui l'accompagnent illustrent l'estime portée par ces derniers à la simplicité (deux couleurs, le blanc et le noir), au naturel, à l'élégance et à l'union de l'homme avec le ciel.

---

[1] 张德禄:《论衔接》,《外国语》,2001 年第 2 期。

汉语原文：

在古代中国,围棋是文人雅士所必修的琴棋书画"四艺"之一,其审美观念也体现了古代文人所推崇的简单(黑白两色)、自然、优雅、天人合一。

这部分介绍介绍了围棋在中国古代的地位以及它的审美观念。根据静态分析,译文将原文的一个句群拆分为两个句群,并且在主位推进程序上作出了调整,使用了关系从句和分词式。根据有声思维实验的结果,我们发现这些调整都有助于简化句子的结构,制造合理的停顿,便于读者理解。被试 A 说道,"这对我来说很好理解⋯⋯这是一项对于中国古代的知识分子来说必不可少的活动,和写作、书法、绘画、音乐一样必不可少的活动⋯⋯在进行这项活动时,需要遵循一定的美学原则";被试 B 说道,"这句话在讲一种古代中国的游戏,叫作围棋。这种游戏通常是知识分子,对文字、绘画、音乐感兴趣的人,也就是说,文人之类的人实践的游戏⋯⋯这句话讲了为什么这些人要进行这些活动,主要的原因在于美学";被试 C 说道,"对于有教养的人而言,进行这项活动是非常重要的,同时还有书法、绘画和音乐,这些都构成他们智慧的一部分⋯⋯这句话是对这项活动的描绘⋯⋯它参照了"。可以看到,三位被试都能理解这一句群的内在逻辑关系,并可以正确理解第一个小分句所有的信息,由此可以认为,对语义进行适当的切分,有利于读者的理解和接受。

但是,对于第二个小分句中"简单""自然""天人合一"这三个概念,译文采用了直译的方式,虽然看似没有丢失任何信息,但却给读者的理解造成了一定的困难。被试 A 表示,"这里的美学以黑白两色为特征,以及需要指向自然中重要的元素";被试 B 表示,"对于美学原则来说,大自然⋯⋯很重要,它谈到了颜色,黑白两色";被试 C 表示,"它还参照了'天人合一',我不知道这是什么,很遗憾"。可以看到,三位被试对这三个概念的理解多少有偏差或者困难,其中被试 A 和 B 都没有理解"简单"是指只有黑白两色这一简洁的美;并且他们把"自然"理解为大自然,理解为要尊重大自然;被试 C 直接表示不理解什么叫"天人合一"。我们认为,在翻译这些较为抽象的概念时,直译确实会给读者的理解造成一定的困难,意译或释译或许能让读者更为直接地把握句意。

以上例子说明,在翻译过程中,准确地转换句子与句子之间的逻辑关系非常重要,尤其是在中翻法的过程中,因为法语中有大量明确表示某种逻辑关系的介词、副词、连词、连词短语等表达,译者需理清中文的内部逻辑关系,准确地选择对应的表达。此外,对于具有较深的文化含义的表达,应考虑到外宣翻译的目的,选择适当的翻译方法。对于这类文化科普性的语篇,译文的主要目标在于让读者了解相应的文化内容,因而语义的准确传达应该是译者在翻译过程中放在首位的目标,对于在目的语中没有对应概念的表达,释译和意译相较于直译更容易为读者提供相关的知识背景,让他们将知识体系中的新旧信息联系起来,从而扫除他们阅读和理解中的障碍,提高信息传播的清晰度。

三、语篇 3

根据上文对汉语源语及法语译文语篇的静态分析显示,语篇 3 主要涉及了"家宴大过天""家宴更显心意""有心意才有年味"这三个方面的内容。由于法语译文存在较多语言规范上的错误,从有声思维实验中被试的总体反馈来看,被试对语篇中的重要信息都无法掌握,更不用说语篇内部的组织逻辑。例如,被试 A 说道,"这让我有些困惑,因为当我读到这句 un repas bien dîné nouvel an ne dois pas d'avis,我会觉得这里少了些什么,所以我看不懂";被试 B 除了反复阅读译文,就是不断重复"这个句子有问题""这里语法不对""这无法理解""我看不懂"等表示不接受的表达;在被试 C 的有声思维实验中也同样如此,"我不能理解""我不确定""我感觉这里少了什么连接的形式""这真的不知道在说什么""这不是一个法国人会使用的表达""我从来没有见过这种表达"等负面表达多次出现。由于整个译文"错误百出",在此我们无法对被试理解与不理解的句群进行具体的分析,但可以确定的是,这个法语译文语篇对于法语母语的读者来说,是无法接受的,仅以下列一个句子为例就足以说明问题。

> 法语译文：
> La phrase:"le gros" Seder, mais c'est aussi très bien comprendre.
> 汉语原文：
> 潮汕人有句话:"家宴大过天",其实这也很好理解。

这句话介绍了家宴大过天这个理念。根据前文静态分析显示,汉语原文这句话的主位推进程序为简单线性主位+连续主位,并且使用了连接词(其实)和照应(这)两种衔接手段。而法语译文词不达意,句法结构错误。首先,将"家宴大过天"这句话译为"le gros" Seder,实在令人困惑:其一,gros 一词虽然在法语中存在,但意为"大的",显然不能表示"家宴"或"重要"等含义;其二,标点符号使用错误,汉语中的双引号在法语中应是书名号;其三,Seder 一词根本不知为何,在法语中并不存在这个单词。其次,将"其实这也很好理解"译为 mais c'est aussi très bien comprendre 也是错误连连:其一,"其实"在此处并不表示逻辑意义上的转折,而 mais 在法语书面语中通常表示转折;其二,将"这也很好理解"译为 c'est aussi très bien comprendre 存在句法错误,正确的表达应该是 c'est facile à comprendre 或者 c'est une expression qu'on peut comprendre。被试 B 表示,"这理解起来很困难,因为有太多错误了";被试 C 表示,"我不能理解开头这句话,'le gros' Seder,这或许是个名字吧"。被试会有这样的反应可以说完全在意料之中,如果不懂中文,无论是法语母语者还是法语学习者,看到这个句子,都不可能知道它想要表达什么。

第四节 结束语

本研究运用了语篇静态分析与动态分析相结合的方式来研究三个

汉语语篇法语译文的接受情况。在静态分析中,以语篇的主位推进程序、主位和述位、信息类型和衔接手段为主要的研究对象,分析了这三个语篇的汉语原文和法语译文的语篇特征。在动态分析中,以三位以法语为母语的被试的有声思维实验的结果为依托,结合静态分析中的语篇特征,举例分析了语篇中可接受与不可接受的部分,并尝试归纳出原因,以下为主要的研究发现:

首先,保证译文的语法正确、用词准确、表达符合法语语言的基本规范是外宣翻译不言而喻的基础。语篇1的前两个句群以及语篇2的最后一个句群就是两个正面例子。当译文的句法结构正确、时态准确、句子长度适宜、用词恰当且符合法语的表达习惯时,就非常有利于被试的理解。而语篇3就是一个反例,它连语言规范的最基本的要求都没有达到,因而有声思维实验的结果毫不令人意外,三位被试均无法理解且无法接受该译文。外宣翻译的目的"是要让译文话语及其呈现方式对国际受众真正产生影响力、感召力和吸引力,让世界正面理解中国而不是误解中国"[1]。但像语篇3这样的译文显然不可能达到外宣翻译的目的。语言工作者应该具备优秀的语言功底和对于每一字、每一句认真负责的态度,像机器翻译一样的译文显然不能实现让世界正面理解中国的目标,反而可能有损于国家的形象。

其次,对于语篇这个语言单位的翻译,调整主述位和主位的推进程序,调整或补充话语范围导入词对于语篇的连贯非常必要。由于中西在思维方式、表达习惯和语篇的信息分布上都存在差异,译文想要如实而准确地传达原文的意旨,使译文和原文的读者都能得到相同的审美感受,译文常常无法在句子成分上与原文保持绝对的一一对应,往往会形成交替对应的关系[2]。这时候就需要译者调整译文的主位述位以及主位推进程序,尊重法国人"会按固定线路直接表达信息"[3]的思维方

---

[1] 陈小慰:《对外宣传翻译中的文化自觉与受众意识》,《中国翻译》,2013年第2期。
[2] 何金娥:《试探主述位在翻译中的迁移效果》,《云梦学刊》,2000年第1期。
[3] 盛南:《中法思维差异对跨文化语言写作造成的障碍》,《科学中国人》,2016年第2期。

式和法语语篇的"树形结构"的篇章组织形态①。此外,还需要译者遵循语篇内部衔接的原则和篇章的框架逻辑,从而让译文统一、流畅。语篇1的第2、3个句群就是一个很好的例子,它一方面遵循了衔接的心理距离原则,对较长的句子在信息上予以重复,以补偿读者认知成本;另一方面,它调整了句群的主位推进程序,保持句子焦点的一致,迎合了读者的思维模式,从而避免了译文中可能出现的跳跃感,让译文流畅、明晰。而语篇2译文中的第3和第5个句群就分别是话语范围导入词的使用是否符合法语思维方式和表达习惯的一个反例和正例。第3个句群的话语范围导入词"c'est ainsi que"使用得过于随意,不符合西方"常用分析和逻辑推理寻求事物内在的差别和对立"②的注重逻辑性和分析性的思维方式,从而成为被试理解上的障碍。而第5个句群话语范围导入词"au contraire"补充得非常及时,减轻了读者认知上的成本,帮助读者进行推理并与上文建立起正确的联系。

最后,从翻译策略上来说,汉语语篇法语译文的接受情况如同前文汉语文化负载词法语译本的接受情况一样,再次提醒我们译者应具备受众意识并且应意识到"'译+释'并举的翻译策略是外宣翻译的'必须'"③。在语篇2中我们可以看到相应的例子:其一是,"棋"的多层含义在中文语境中形成了空环,这是由于"由原形式预设的情景意义关系的一端'伸向'语境中,另一端是语言形式的项目"④。由于译文处于不同的语境,法语译文读者无法同汉语原文读者一样根据其中一端语言形式的项目伸向另一端的语境中,因而需要译者清楚读者所处的语言环境,对此进行相应的补充说明,以解释其内在含义,否则会造成读者理解上的困难;其二是对于"天人合一""行云流水"等词的翻译同样存在解释不清,补充信息不足的情况。段连城教授认为,"我们不可低估

---

① 盛南:《中法思维差异对跨文化语言写作造成的障碍》,《科学中国人》,2016年第2期。
② 何金娥:《试探主述位在翻译中的迁移效果》,《云梦学刊》,2000年第1期。
③ 卢小军:《外宣翻译"译+释"策略探析》,《上海翻译》,2012年第2期。
④ 张德禄:《论衔接》,《外国语》,2001年第2期。

外国读者或听众的智力,但也切勿高估一般外国人对我国的了解水平"①。沈苏儒也表达过类似的意思,"我们宁可认为他们可能不了解,而不要认为他们不可能不了解"②。徐明强教授也曾告诫从事外宣翻译的工作者,"还有一点特别重要,那就是中国特色词汇的翻译,也就是只有中国才用的那些词汇……这些词在英文中没有对应的,而直接翻译过去,国外读者绝对看不懂。怎么办?我们的做法是尽量采用解释性的翻译"③。"行云流水"显然是负载中国文化特色的词汇,对于这类成语的外宣翻译,如果目标语中没有类似的表达,直译通常不是最佳选项。为了方便外国受众的理解和接受,对此类他们不太了解的事物、现象、概念做解释性翻译,添加背景材料,做到"译 + 释"并举,才能提高对外宣传的清晰度和传播效果。

---

① 段连城:《对外传播学初探》,五洲传播出版社,2004年,第78页。
② 沈苏儒:《对外报道教程》,五洲传播出版社,2004年,第101页。
③ 尹佳:《从读者接受理论看外宣翻译中的读者关照——黄友义、徐明强访谈录》,《中国翻译》,2016年第5期。

第六部分
多语种外宣译本海外受众接受情况与翻译有效性探究

第十一章 汉语文化负载词多语种译本接受情况与翻译有效性比较研究

本章在英语、阿拉伯语、德语、俄语和法语汉语文化负载词译文接受情况所得结果的基础上进行比较研究,包括各个语种文化负载词的研究语料、接受情况和翻译有效性三个方面。比较研究既包括这三个方面的总体情况,又分别将各个语种一词一译和一词多译中译文的接受情况与对应的翻译方法相结合,探讨翻译有效性问题,为翻译实践提供参考建议。同时,特别聚焦各个语种中共同的语料,如不同语种的文化负载词都有"春节"(英语、德语、俄语)、"宣纸"(英语、德语、俄语、法语),本章将逐一比较和讨论这些词语译文的接受情况与所对应的翻译方法的有效性问题。

第一节 研究语料

英语、阿拉伯语、德语、俄语和法语五个语种的研究语料均选自《孔子学院》期刊汉语版本,所涉及的栏目均能集中体现中国社会与文化,包括"印象九州""中国风尚""文化博览""说古论今""本期人物""汉语课堂""漫步中国""万花筒"等。这些栏目在不同语种系列期刊中都是主体栏目,能够较好地为传播中国文化服务,同时也确保了本研究不同语种语料之间的可比性。具体到文化负载词,五个语种分别依据各自语种对应的汉语期刊文化负载词的实际数量、分类情况、高低词频情况、排除词频受话题出现频率的影响,以及考虑到实证研究的可操作性,最终各自确定了研究语料。英语、阿拉伯语、德语、俄语和法语的文化负载词及其所属类型及数量分别见本书前面各章,各个语种文化负载词研究语料对比情况见表11-1。

表11-1 英、阿、德、俄、法五个语种六大类型文化负载词对比

语种	类型	各类文化负载词占比(%)	名物词、社会词占比(%)
英语	生态词	6	
	名物词	64	76
	社会词	12	
	宗教词	6	
	语言类词	6	
	历史典故词	6	
阿拉伯语	生态词	7	
	名物词	27	67
	社会词	40	
	宗教词	7	
	语言类词	7	
	历史典故词	12	
德语	生态词	0	
	名物词	44	88
	社会词	44	
	宗教词	6	
	语言类词	6	
	历史典故词	0	
俄语	生态词	6	
	名物词	35	76
	社会词	41	
	宗教词	6	
	语言类词	6	
	历史典故词	6	

续表

语种	类型	各类文化负载词占比(%)	名物词、社会词占比(%)
法语	生态词	0	76
	名物词	58	
	社会词	18	
	宗教词	8	
	语言类词	8	
	历史典故词	8	

从表11-1可以发现,五个语种中,属于名物词和社会词的文化负载词占比都最高,其他类型的文化负载词则相对较低。名物词指反映物质文化的词语,包括产品、事物、器具、技术、建筑、服装服饰等,与中国人的日常生产生活密切相关,而社会词反映人们的行为习惯、传统习俗,汉语社会词反映了中国社会独特的生活方式和习俗文化。这两类文化负载词在五个语种中都是占比最高的,从一个侧面反映出这两类词在文化负载词中的重要性,也体现了不同语种通过文化负载词反映中国社会文化方面的一致性。下面各个语种不同类型文化负载词译文的接受情况也重点对比名物词和社会词。

第二节 一词一译文化负载词接受情况及翻译有效性

截至2021年止,尚未找到专门针对外宣翻译中文化负载词类型与翻译可接受性相关性的研究。鉴于此,本课题首先就各个语种不同类型汉语文化负载词译文的接受情况展开了质性研究,其目的是运用话语分析方法,即采用评价系统的分析框架考察被试对译文的接受情况是如何通过该系统的态度、介入和级差次系统得到具体体现的。本小节将进行各个语种一词一译文化负载词的对比。这里将选取各个语种运用评价理论进行话语分析中的态度词语和介入词语进行定量统计和分析。

通过量化分析被试话语中的评价性词语可以发现,文化负载词英译中,名物词和社会词的接受情况较好,而语言类词、历史典故词和生态词的接受情况不好,有的甚至不理解或理解错误。在 7 个一词一译文化负载词中,5 个采取了意译方法,其中 3 个接受情况不佳;2 个采取音译的译文接受情况都比较好。从源文本类型可以发现,3 个采用意译法接受情况不佳的词语分别是生态词、语言类词和历史典故词。这些词语所涉及的文化内涵具有明显的中国特色,尤其富有历史内涵,意译的方法虽然侧重于语义的转换,但是文化内涵在目标语的缺失没有得到有效弥补。建议通过增加释义,填补文化缺失,提升接受效果。

通过对阿拉伯语译文的量化分析发现,从文化负载词类型来看,名物词"筷子"接受情况较好,而"饺子"的接受情况不好;社会词中"中医""针灸"和"属相"的接受情况好于"气"和"川剧";生态词"牡丹"的负向评价性词语高于正向词语,接受情况较差;语言类词"论语"正负向评价性词语相同;两个历史典故词语接受情况均不佳。结合翻译方法来看,同为名物词,"筷子"采用了意译法,而"饺子"则采用了音译与释义相结合的方法,前者接受情况好于后者。此结果与其他语种的结论一致,只要语境信息清楚充分,同时译者能够充分了解目标语和源语言文化特点,意译方法在处理文化负载词翻译中不失为一种有效的方法。接受情况不佳的语言类词和历史典故词均采用了直译或直译加释义的方法,虽然释义有助于翻译中信息的传递,但是由于语言类和历史典故词更多体现了文化的民族性和独特性,翻译效果仍然不太理想。

德语译文量化分析显示,从文化负载词类型来看,名物词中"香云纱"和"刺绣"的正向评价性词语高于负向评价性词语,说明接受情况较好,而"编钟"的接受情况不佳;社会词中"春联"接受情况好于"压岁钱";宗教词语接受情况不好,语言类词语中"一方水土养一方人"接受情况好于"温故而知新"。结合翻译方法来看,这里以"编钟"为例,谈一谈意译的方法。一般而言,意译法在处理不同语言之间的语义转换时效果较好,也符合跨文化传播的特点,但是如何在具体翻译中继续意译还需要译者更多的思考。被试对于采用意译法处理的"编钟"接受情况不佳,原因在于该译文虽然采用了意译方法,突出了其作为乐器的特点

(Glocken),但是这种简单的对等处理没有弥补文化缺失,被试很难从中看出与中国的关联。被试给出的修改建议仍然采用意译法(Chinesisches Glockeninstrument/Chinesisches Glockenspiel),但是与原本的译文相比,既突出了乐器的概念,又强调了中国特色。

俄语译文量化分析显示,名物词的接受情况均为较好,社会词、语言类词和历史典故词的接受情况均不太理想。这里结合翻译方法,探讨一下接受情况不好的社会词"舞狮"、"'花儿'"、语言类词"甲骨文"和历史典故词"杏坛"。首先,这四个词语均采用了直译的方法。一般而言,直译法在文化对等比较明显的情况下效果较好,既能够保持源文本的语言特点,又不会因为文化差异造成误不理解和误解。这里的三个词语运用直译法,均没有为受众提供必要的信息以补充文化缺失,因此,被试均提出可以采用"直译+释义"的方法。

法语译文量化分析表明,名物词中"功夫茶""宣纸"和"龙袍"的接受情况均不理想,而"四合院"被试均表示不理解;社会词"红包"和历史典故词"茶马古道"的接受情况均较好。结合翻译方法来看,"茶马古道""红包"都使用了直译法,效果都不错,原因有两个方面。第一,这两个词出现的上下文都提供了非常充分的相关信息,能够帮助读者了解"古代一条用马匹交换茶叶的通道"和"过年时装送给小朋友的钱,然后相互送祝福"的语境,再加上简单明了的直译,产生了很好的效果。相比之下,"宣纸""四合院"和"功夫茶"虽然都采用了意译法,接受情况均不理想。这里重点讨论"四合院"和"功夫茶","宣纸"将在下文"案例分析"中结合其他语种的翻译讨论。"四合院"意译为"方形的房子",读者在理解这个译文时产生了不少困惑,有的认为这是一种长、宽、高完全相等的正方体房子,有的认为这是一栋房子。这些理解显然与"四合院"的语义有较大的出入。"功夫茶"意译为"经过精心加工的茶",导致读者认为这种茶可以直接饮用,而其他的茶就必须经过加工。这样的认知显然也不符合事实。因此,针对这样的情况,译者可以根据语境情况,要么仍然采用意译法,但是进一步补充信息,避免误解,或者采用音译、直译加上释义的方法,也能够取得比较好的效果。

将不同语种被试谈论对六大类文化负载词接受情况的话语中所使用的表示正向和负向的评价性词语(包括态度词和介入词)进行统计和对比后显示,总体而言,六大类文化负载词中名物词和社会词的接受情况略好于生态词、语言类词和历史典故词。名物词指反映汉民族特有的物质文化词语,包括器物、服饰、食物、建筑、运动项目,文艺项目等①;社会词反映了人们在漫长的历史发展进程中形成的生活习惯、风俗、审美②。这两类词在文化负载词中占有相当大的比重,也比较集中地体现了文化的民族性和普适性。几个语种译文接受情况的对比发现,名物词和社会词接受情况总体好于其他类型的文化负载词,该结论进一步说明不同文化之间的共性为翻译实践的可译性奠定了基础,不同文化背景的人们是可以实现文化的交流与传播的。从翻译方法来看,意译法在翻译名物词和社会词时效果较好,而在翻译其他类型的词语时音译、直译及释义相结合的方法不失为一种较好的尝试。

第三节 一词多译汉语文化负载词接受情况及翻译有效性

由于各个语种的文化负载词都存在一词多译的现象,并且被试对于不同译文的接受情况不同,甚至有截然对立的情况,本小节将首先根据各个语种同一源文本的不同译法中评价性词语的使用情况统计接受情况,方法与一词一译的情况相同,随后,结合不同译法的接受情况,基于翻译实例讨论翻译有效性问题。

1. 英语

英语17个文化负载词中有10个是一词多译词语,不同的译法接受情况不同,采用的翻译方法也不尽相同。统计发现,首先,在一词多译所涉及的不同翻译方法中,意译的接受情况最好,该结果与大多数翻译方法研究的结论一致,也符合跨文化传播的基本规律,这里不做更多

---

① 梅立崇:《汉语国俗词语刍议》,《世界汉语教学》,1993年第1期。
② 王德春:《国俗语义学和汉语国俗词典》,《辞书研究》,1991年第6期。

讨论。其次,某些词如"旗袍""四合院"和"景泰蓝"的不同译法中,总体上看,混合式翻译方法更能够被接受,如"旗袍"的四种译法中,采取音译加解释的方法比单纯意译或音译的方法更容易被接受;采用了意译加音译方法的"四合院"译文接受效果也更好;而采用了音译加直译的"景泰蓝"译法也同样更容易被接受。

由于外宣翻译在本质上是一种跨语言、跨文化的交际活动,目标语受众无论是思维习惯、认知背景、价值观等都与汉语使用者有较大差别,翻译中译者需要考虑到受众的潜在需求,通过混合式多种方法并举的策略。这些措施包括增加解释,即通过提供必要的背景知识以填补信息传播中的空缺,以确保充分的语境效果,使译文与译文读者产生充分的关联,为目标语读者扫除理解障碍,同时,使得"译文的表达方式能够在译文读者付出最小努力的情况下产生预期的理解"[1],提升信息传播效果。具体实现的方法可以是解释、夹注、集注之类的附加的交际方式[2]。第二种措施是一方面采用音译的方法以保留源文本的原汁原味,同时增加意译法或者直译,帮助读者进一步了解源文本的语义。第三,本研究也揭示了某些译文不被接受的原因,为今后的翻译实践提供了有益的借鉴。例如,对于"篆刻"的三种不同译文"seal engraving""seal cutting"和"Zhuanke",被试认为,"stamp cutting"更合适,因为该译法更符合英文表达习惯,而音译则完全不可理解。而对于"弄堂",被试倾向于将汉语拼音和英文的译文糅合在一起,译成"Longtang(alleyway)"。关于被式提出的汉语拼音加英文表达的建议,正好与研究语料中"四合院"接受情况较好的译法(即意译加汉语拼音)相一致,说明翻译与汉语拼音并举是可行的。

2. 阿拉伯语

统计显示,阿拉伯语译文中,"门神""剪纸""相亲"和"行书"的接受

---

[1] Gutt, E., *Translation and Relevance: Cognition and Context*, Blackwell, 1991, p.107.
[2] Ibid., p.187.

情况存在不同译文接受情况极端对立的现象,即对同一文化负载词某一译文高度认同,而对另一译法完全不接受。在"门神"的两个译法中,第一个译法不如第二个译法,前者采用了直译,后者为意译。被试指出,直译使他们误认为门就是神。导致该误解的原因是伊斯兰教对于神的理解与中国文化中神的理解完全不同,前者信奉"信主独一"的信条,认为真主安拉是不可见的,因此反对多神和偶像崇拜①。而中国是一个多神教国家,门神在民间多神教体系中具有悠久的历史,士人庶民都可以祭拜门神,影响深远②。因此,对于信仰无形一神的伊斯兰教读者而言,采用直译方法翻译"门神"(门神)就很难为这些母语者所理解,以为是直接把门当成神,而采用意译方法"门神"被译为"两大守护神",比较贴切,更容易理解。"剪纸"的三个译文中第一个采用了直译法,接受情况最好,相比较之下,后两个均采用了意译法,接受情况不太理想。这是因为直译更直观,也更为准确,意为"被剪碎的纸",而后两个分别是"小块儿的纸张"和"中国被剪碎的东西",不够精确。"相亲"的两个译文均采用了意译法,相当于"大厅婚礼"的语义,而该表达源自阿拉伯语的固定搭配,是一种阿拉伯国家的习俗,即适婚男女经过熟人介绍在公共场合见面,与中国"相亲"的习俗类似。因此,这个意译方法接受情况比较理想。但是第二个译文将"相亲"意译为"第一次的见面",比较含糊,与源词语内涵差异较大。"行书"的第一个译文采用的是意译法,对应汉语"字体模型"的语义,而阿拉伯语中"字体模型"是固有的表达,是一种书法体的名称(mashq体),该书法体在阿拉伯国家日常生活中不多见,并且与行书差别也比较大。第二种译法为音译加上释义,即"行"的音译,然后在括号中补充说明是"鲁格阿体",该书法体形态和功能与中国的行书相当。总体而言,之所以会在不同译文之间出现截然不同的接受情况,关键不在翻译方法,而在于译者是否能充分考虑和正

---

① 马肇椿:《伊斯兰教简介》,《中国穆斯林》,1981年第1期。
② 段塔丽:《中国古代门神信仰的由来与嬗变》,《陕西师范大学继续教育学报》,2000年第3期。

确理解源语言与目标语文化的差异,做到语义的准确转换,尤其要善于利用目标语文化中已有的语言表达形式,再辅以其他方法,力求达到最后的翻译效果。

3. 德语

可以发现,德语一词多译中接受情况较好的意译法比例很高,这与大多关于意译方法的研究成果一致。这里以名物词"篆刻"为例,比较和探讨意译法在这两个文化负载词翻译中应用的得与失。

"篆刻"作为一词多译词同样在三种译法均采用了意译法,接受情况也出现了完全不同的结果。接受度较差的译文"Stempelkunst"和"kunstvollen ausgearbeiteten Stempeln"均是从源语言的语用习惯出发来翻译的。首先,"Stempelkunst"强调了篆刻是一种"印章艺术",是属于篆刻的一个上层概念,目的语读者无法将其与"在印章上进行雕刻"统一起来。被试指出,"篆刻"这种艺术的呈现形式在此译文中无法得到有效体现。而"kunstvollen ausgearbeiteten Stempeln"更像是一种解释性的语言,并将核心放在了印章(Stempeln)上,而没有展现"篆刻"的这种技艺,因而也无法准确转源文本的语义。相比之下,接受度较好的译文"Siegelschnitzen"强调了印章上的雕刻技艺,该词既符合目的语读者的语用习惯,且通过"Schnitzen"一词体现了"篆刻"的真正含义。从译文的整体来看,既增强了译文的可读性,也为目的语读者展示了异域文化。

我们发现,意译法尽管在处理不同语言的转换中被认为是一种常见并有效的方法,译者在具体运用中还是要谨慎处理,一方面抓住源语言所表达的核心内涵,以便在转换过程中准确锁定目标语中的对等概念,同时要预判目标语受众可能存在的理解障碍以有效填补缺失的信息,并采用符合目标语读者语用习惯的表达加以呈现。

4. 俄语

俄语文化负载词一词多译数量在五个语种中占比最高。总体来看,音译的接受情况最差,意译的接受情况最好。同时,对于涉及生态词语、社会词语的翻译,不论采取直译还是意译,如果增加释义则效果更好,能够通过解释获取更多的背景知识,弥补可能存在的文化缺失。这里分别比较生态词"鸳鸯"、社会词"科举"的不同译法。"鸳鸯"一词分别采用了"意译+直译"和"意译+释义"的方法,从接受情况看,前者不理想,后者效果更好,原因在于虽然作为术语,被试了解 мандаринка 的语义,但是该术语无法传递其中国文化的象征意义,而采用意译 утка 加解释 неразлучница 的译法则较好实现了文化意义的转换。再看"科举",三种译法分别为"意译""音译"和"意译+释义",显然第三种译法接受情况最好,不仅通过意译解释了其考试的内涵,还通过释义补充了考试的目的性。对于"胡同""相声""皮影戏",音译加意译的翻译方法效果更好,一方面通过意译传递正确信息,而另一方面,音译则既保留了源语言的特色,又能够填补目标语与源语言之间的信息不对称。

5. 法语

法语一词多译文化负载词一共9个,下面选择其中具有代表性的名物词"年糕""古琴"以及宗教词语"天人合一"和社会词语"养生"逐一分析接受情况与翻译方法。"年糕"的两个译法中,直译法对应的法语是"除夕夜的蛋糕",与采取意译方法翻译的"米做的蛋糕"相比,其语义的透明度较低,因此接受情况就不如后者。"古琴"的两个译法中,意译法的接受情况不如"音译+直译+释义法"的方法,是因为相比较之下,instrument de musique traditionnel 给出的信息较少,只笼统指出是一种传统乐器,而 instrument guquin（cithare chinoise）在直接给出与中文对应的法语发音后,指出它是一种乐器,然后补充说明是"中国的奇特拉琴"。这种处理方法既保留了汉语的语言发音,又说明了该物品的属性,同时又与法语的文化对等起来,目标语受众自然容易理解和接受。由此可见,对于名物词文化负载词而言,翻译的过程中要特别注意物质对象在不同文化中的特殊属性,如果存在不对等的情况需要进行补充说明和解释,以填补目标语受众可能缺失或不确定的信息。社会词"养生"均采用了意译法,其中 préserver sa santé 的接受情况最好,是因为这个译法更突出了汉语"照顾好身体,更健康"的语义,读者理解起来最容易,同时这个表达所使用的动词结构更符合法语的语言表达习惯,而另外两个的表达方式均不太地道。宗教词语"天人合一"在汉语中强调的是人与自然的和谐关系,这里的三个译文中,采用直译法的译文保留了"天"的概念,读者表示无法理解;而另一个虽然将"天"意译为"自然",但是该译文的表达方式不符合法语的地道表达,因此接受情况相对较差。

6. 多个语种涉及的文化负载词案例分析

这里以"宣纸"为例,分别说明该文化负载词在不同语种中的情况。

"宣纸"作为文房四宝之一,是中国国家地理标志产品,宣纸的制作技艺也成功列入人类非物质文化遗产名录。在中国文化中,宣纸"不仅是美,是哲学,还有诗意和浪漫","是对'艺术哲学'最好的诠释"[1]。在中国对外文化交流与传播中,"宣纸"作为反映中国独特文化的名物词也成为向各个不同目标语进行转换的高频词。本研究显示,英语采用了意译的方法,接受情况较好;德语有两种译文,分别采用了意译和"音译+直译"的方法,前者接受情况较好;而俄语虽然采用了直译的方法,但是接受效果较好;法语采用了意译法,接受情况不好。其中,英语、德语和法语在采取意译方法时都将制作宣纸的材料"水稻"翻译出来,这种方式在英语和德语中的效果不错,接受情况较好,但是法语母语者指出,"宣纸"意译为 papier de riz 不够准确,因为目标语读者不太了解宣纸文化,看到译文后有的误以为这种纸是用来吃的,有的认为是用来盖米的,或者认为与保存、包装大米有关,因此更倾向于 papier de paille de riz 的译法,强调"稻秆、麦秆"的语义。可见,总体来说,意译法对于处理"宣纸"的翻译是可行的,不过译者在具体采用意译法时还需要更加仔细和周全地考虑语义转换过程中如何尽可能考虑目标语受众的文化差异和信息缺失。俄语在翻译"宣纸"时没有采用意译方法,而是直接将产地"宣城"用音译方法进行转换,然后在这个词后面加上"纸"的俄语对应词语。俄语受众在看到这个译文后结合语境很容易产生"这是一种产地位于宣城的纸"的认知,因此接受情况较好。俄语的这种翻

---

[1] 赵焰:《宣纸:"天人合一"的文化理念》,《书画世界》,2021 年第 10 期。

译方法也为类似的文化负载词翻译提供了有益的尝试。

第四节 结束语

本章基于前几章英语、阿拉伯语、德语、俄语和法语五个语种汉语文化负载词接受情况的研究结果进行比较研究。首先,根据文化负载词各自的分类情况对比了各个语种的研究语料。对于文化负载词而言,五个语种根据高频词、低频词和综合考虑词频与语篇主题数量的关系三个指标所得到的研究语料既呈现出共性,也有一定的差异。名物词和社会词的数量在各个语种中所占比例都最高,说明这两类词在文化负载词中十分常见,是体现文化的重要词语,而生态词、宗教词、语言类词和历史典故词比例较低,有的语种则没有。

其次,五个语种根据译文一词一译和一词多译的情况,分别运用量化方法统计了被试话语中使用的表达态度立场和介入的所有评价性词语,以最终判断被试对这些译文的接受情况,并同时结合译文所使用的翻译方法进行讨论。所得结论为,对于一词一译的词语,文化负载词中名物词语社会词的接受情况较好,表现出一定的共性。从翻译方法与接受情况的相互关系来看,意译在翻译文化负载词名物词和社会词时接受情况比较好,验证并丰富了前人的研究结果,但是对于其他类型的负载词则不太理想,需要尝试运用综合的方法,比如直译加释义或者音译加释义的方法,尤其是后者既转换了语义信息,又可以保留汉语的原汁原味,不失为一种可以尝试的手段。

对于一词多译的文化负载词语,最大的特点是对于同一个源词语的不同译法,其接受度之间存在较大的差异。接受情况好坏与否的关键不在于方法,即译无定法,有时意译法效果更好,有时音译、直译辅以释义的方法更好,关键是译者需要充分了解源语言和目标语的语言和文化,如果二者之间本身就有语义对等的表达方式,直译法的效果就很好;如果存在一定的信息不对等,可以采用意译法准确表达词语的内涵,或者采用直译、音译辅以释义的方法,既保留源语言的特色,又尽可能填补缺失的信息。

最后,本章还专门探讨了多个语种共同涉及的文化负载词接受情况与翻译有效性问题。所得结论再一次证实,翻译的有效性是相对的,关键要根据源语言的特点以及目标语文化和受众的认知情况具体分析和处理,即翻译实践是译者、译文、目标语受众之间的交往关系,对于这种交往关系的认知、理解和由此产生的翻译理念、策略和方法将最终影响翻译有效性问题。第十三章将进一步从理论层面对此进行探讨。

第十二章 汉语语篇多语种译本接受情况与翻译有效性比较

本章基于多语种译文语篇接受情况的研究结果进行比较研究。由于各个语种译文语篇研究侧重于语篇的静态分析以及结合被试反馈对译文语篇接受情况和翻译有效性,聚焦点比较具体和细致,这里将着重从源语和译语语篇结构的角度进行比较,同时将细节的研究结论放在语篇结构的框架中加以讨论。本章分为两个小节,首先,由于阿拉伯语译文和俄语译文的汉语源语语篇中有一篇关于中国瓷器的语篇是完全相同的,将对这个语篇的阿语和俄语译文语篇接受情况以及翻译有效性问题进行对比讨论;其次,德语和俄语译文的汉语源语语篇中各有一篇关于中国美食的语篇,主题相似,而英语、阿拉伯语和法语也各有一篇关于中国围棋的语篇,主题也相似,因此分别进行对比分析。

第一节 "青花瓷"阿俄译文语篇比较

阿俄译文语篇中有一篇关于青花瓷的汉语源语语篇完全相同,这里将这个语篇的阿拉伯语和俄语译文的接受情况及翻译有效性问题进行对比讨论。

一、汉语源语语篇主题及语篇结构

"青花瓷"汉语源语语篇一共包含四个句群,第一到第三个句群分别从"青花瓷工艺""青花瓷图案"和"青的文化含义"三个方面介绍了青花瓷,第四个句群是对第三个句群的总结。从主位结构来看,第一到第三个句群为标题之下的三个并列的派生主位,第四个句群与第三个句群之间呈现连续主位推进模式。按照马丁语篇宏观主位结构的框架来看,这个语篇具有清晰的语篇主位即语篇中心思想、段落主位和各个句群的主位结构[①]。

二、阿俄译文语篇接受情况及翻译有效性

第四章阿语译文语篇研究结果显示,被试对于语篇的核心内容理解正确。尤其是译文在语言形式上强化了句子之间的逻辑顺序,凸显了目标语的线性特点,有助于读者理解内容的推进。例如,源语在提及中国古代青色的特殊含义时使用了冒号,冒号后面的句子表示解释的内容,具有非常鲜明的汉语特色。译文将源语冒号的功能进行了恰当的转换,用阿拉伯语中表示解释逻辑的连接词ف替代,很好地实现了语篇的连贯。同时,对于某些比较专业的概念,如"瓷胎"的处理,译者也考虑到读者的需求,通过释义法加以说明,降低了读者认知理解的难度。而对于"青出于蓝而胜于蓝"这句古语则采用了"释义+直译"的方法,有助于被试理解源语的语义。

根据第八章俄语译文语篇研究结果,被试对语篇整体大意的理解没有问题。从细节来看,译者通过增译法调整了关于青花瓷工艺中使用颜料的内容,增加了"含钴"的信息,被试表示这个信息有助于他们将不熟悉的中国青花瓷与熟悉的格热利陶瓷联系起来,弥补了文化不对等可能造成的空环,降低了他们对未知事物的认知和理解难度。同时,对于源语语篇的最后一个总结性的句群,译者对主位结构做了较大调

---

① 见方琰:《汉语语篇主位进程结构分析》,《外语研究》,1995 年第 2 期。

整,将源语的述位"可见一斑"改为译文的语篇主位,即通过增加衔接手段的方法与前一个句子形成连贯,有助于被试理解前后句子的逻辑关系。

同时,这个语篇也存在理解困难的地方,主要涉及"青"的文化内涵。译者显然预判到这个内容可能会造成一定的理解障碍,因此,为了帮助读者更清楚地了解"青"的含义,采取了释义法,增加了几个较长的句子解释"青出于蓝而胜于蓝"和"青云直上",并且因此改变了源语的词汇、句子结构、句子的主位情况,同时还增加了隐喻修辞格和关于"退伍军人"的信息,以帮助被试通过类比产生关联和联想。被试认为,补充的信息有助于帮助他们理解源语,但是使用的句子太复杂,有些术语比较生僻,还是造成了一定的阅读障碍。但是,被试就译文语篇结构也提出了修改意见。汉语源语为一个段落构成的语篇,译文也保留了相同的布局安排。但是被试认为,这样的结构安排不太符合俄语母语者的阅读习惯。按照俄语思维模式,这里的三个派生小主题应该分布在三个不同的段落里,使得彼此之间有适当的停顿,界限更加分明。

三、小结

汉阿和汉俄源语语篇内容一致,只是在语篇开始的地方有一处标点符号不同。汉阿源语语篇在"经过 1200 度高温烧制"的信息前为逗号,因此前后句子属于同一个句群,而汉俄源语语篇此处使用了句号,前后句子分属两个句群。语篇其他部分完全一致。从接受情况来看,阿语译文结构和内容的展开更符合目标语的思维习惯,体现了阿语线性的语篇结构特点,而俄语译文语篇结构则需要改进,使层次更清晰,不同小主题之间界限更明确,以便更符合俄语母语者的思维模式。两个译文在翻译文化负载词如"青出于蓝而胜于蓝""瓷胎"时,都采用了释译、增译的方法,帮助读者更好地理解源语语义,提升了翻译的有效性。

第二节 "中国美食"德俄译文语篇、"围棋"英阿法译文语篇比较

一、"中国美食"德俄译文语篇对比

在俄语和德语语篇接受情况的研究中都有与"中国美食"主题相关的语篇。这里从两个语篇汉语源语的静态分析框架出发，对比两个源语语篇的各自特点，并结合被试反馈对比分析两个主题相似的语篇的译文接受情况以及翻译有效性问题。

(一) 汉语源语语篇主题及语篇结构

汉译俄的汉语源语语篇的核心内容是中国美食中的中国文化，汉译德的汉语源语语篇的核心内容是介绍粤菜食材新鲜而丰富的特点。从语篇结构来看，汉译德源语语篇的第一个句群从"粤菜"开始，逐渐导入到第三个句群"食材新鲜"的关键词，随后用第四和第五个句群通过对比和举例的方法进一步说明主题。这种语篇结构比较明显地体现了从整体到局部，从大到小，从总体到一般的汉语语篇结构特点[①]。相比较之下，汉译俄的源语语篇则采用了开门见山直点主题的方式开篇，随后的篇章发展围绕"中和""调和"分别引用古文和详细介绍烹饪中的各个环节说明其中的辩证关系，再用一个"鸳鸯锅"的例子做进一步的说明。也就是说，这两个汉语源语语篇在结构上体现了不同的特点，一个体现了"汉语话语过程中基本的、惯用的、自然的"归纳式结构，一个体现了在汉语语篇中不太常见的演绎式结构[②]。

(二) 德俄译文语篇接受情况及翻译有效性

第六章汉德语篇接受情况及翻译有效性研究结果显示，对于这篇

---

① 王扬：《英汉语篇思维模式与结构》，《内蒙古大学学报（人文社会科学版）》，2000年第6期。

② 刘齐生：《汉德宣传性语篇结构差异的政治语法因素——汉、德"企业介绍"语篇研究》，广东外语外贸大学外国语言学与应用语言学博士学位论文，2009年。

关于美食的德语译文语篇,被试无论对于语篇的主题还是细节理解情况没有太大问题。如上文所述,这个语篇以粤菜这个较为宽泛的话题开始,讲到粤菜"食不厌精,脍不厌细"的精神,再指出食材新鲜与丰富的关键,并采用对比的写作方法进一步点明粤菜的特点以及与季节的关联。原因可以归纳为主题熟悉度较高、篇章结构相似以及恰当的翻译方式。首先,"饮食"的主题对于被试而言文化对等性较强;其次,篇章结构也比较清晰,符合德语语篇的习惯,尤其是"粤菜"作为开篇的关键词,在行文过程中重复出现,并且与中国的其他菜系相比较,增加了语篇的关联性,遵守了语篇连贯的密度性、相近性等宏观原则,有助于读者理解语篇。同时,译者在翻译过程中重新调整了主述位的表达。例如,在翻译"所谓食不厌精,脍不厌细——热爱生活的广州人/把这种精神发挥到了极致"一句时,德语译文互换了源语的主位和述位,即将 Keine Mühen scheuen, kulinarische Köstlichkeiten zu erzeugen—diese Lebenseinstellung(不遗余力地制作美食的这种生活态度)作为话题主位,将 haben die lebenslustigen Kantonesen丨 auf die Spitze getrieben(被热爱生活的广东人发挥到了极致)作为述位,体现了主述位在翻译中的迁移现象,有效体现了基于目的语的结构特点、考虑其文本生成的具体要求的翻译策略,不仅考虑到内容的转换,也在语篇结构上充分考虑了目标语受众的思维和语用习惯。

第八章俄语译文研究结果显示,关于中国美食的语篇是三篇中阅读体验最好的。主要原因可以归纳为以下三点。首先,汉语源语语篇的篇章结构与俄语的语篇结构布局非常一致,即包含了引言、主体和结论三个部分,各个小主题界限明确,符合俄语母语者的思维习惯;其次,关于"饮食"的主题既容易懂,也很有趣;第三,译者在处理细节概念和信息时预判到受众会遇到的障碍,如增加了俄语母语者所熟悉的关于"阴阳"的信息以及用日常词汇替换比较专业的词汇,如"选材""刀口""质感",以弥补上下文中出现其他信息不对等的情况,取得了较好的效果;最后,译者在衔接方法大量使用词义同现的方法,增加了语篇中相似信息的密度,强化了语义。同时需要注意的是,俄语译文对于语篇最后出现的用以进一步说明主题的"鸳鸯锅"的翻译处理不当,关键是没有凸显源语在这个概念上的隐喻义,采取了直译的方法,造成读者的疑惑和困扰。

(三) 小结

总体来看,两篇主题相似的汉德、汉俄译文接受情况与翻译效果比较好。其中最为重要的原因是语篇的主题对于目标语读者而言比较熟悉,其文化熟悉度较高,客观上让读者感觉容易理解、有趣。对于美食而言,不同文化的人基于他们相似的日常生活实践而具有相似的认知模式,因此,当美食这一熟悉度较高的主题出现时,被试关于美食的世界图景容易被激活,并通过语言形式加以具体体现。也就是说,语篇生成者通过关于美食主题语篇中的一系列心智操作指令(语言)成功激活了语篇接受者的心智表征(对美食的认知),这一过程借助于包括语篇内语境(语言语境)以及语篇外语境(物理语境、文化语境、世界知识、认知模式、推理能力)的各个部分得以实现①。可见,"语篇的意义不是先定的、等待语篇接受者去发现的客观存在,而是语篇接受者的认知与语篇之间互动的结果。这是'将语篇的理解纳入人类的一般认知模式'的先决条件"。②

二、"围棋"英阿法译文语篇对比

(一) 汉语源语语篇主题及语篇结构

首先,汉英源语语篇的标题为"围棋的和谐与平衡",表达的意义较为抽象;其次,结构呈现出从大到小、从笼统到具体的特点:铺垫(用比喻谈论围棋)——铺垫(围棋不仅仅是游戏)——铺垫(围棋的深层含义)——点题(围棋追求和谐与平衡)——举例(赢)——举例(输)——举例(赢)——举例(棋子)——举例(棋手)——举例(棋子)。可以发现,语篇开头的三个句群都在做铺垫,没有直奔主题,体现了比较明显的归纳式语篇结构特点。

---

① 朱长河、朱永生:《认知语篇学》,《外语学刊》,2011年第2期。
② 同上。

汉法源语语篇的特点如下。首先,标题是"围棋的美学思考",与英语源语语篇类似,该标题也比较抽象;其次,从语篇布局来看,第一个句群开门见山,直接点明主题,指出围棋的审美观。随后第二个句群举例说明了不符合围棋审美观的情况,并进而在第三个句群进一步指出不符合审美的棋注定会失败,从而说明符合审美对围棋的重要性。第四个句群则采用了对比的方法来说明符合美学的围棋,随后语篇在最后重新强调了破坏美感的棋。总的来说,汉法源语语篇基本符合演绎式语篇特点,呈现出比较直接的思维特点。该特点与法语语篇结构一致,因为法语人具有"按固定线路直接表达信息"①的思维方式,因此,法语语篇呈现出"树形结构"②的篇章组织形态。

汉阿源语关于"围棋"的语篇与英语和法语相比较有一个突出的特点,该语篇分为两个段落,第一个段落包括第一到第三个句群,第二个段落包括第四到第九个句群。从语篇结构上看,该语篇的主题为"围棋简介",第一个段落的三个句群围绕"围棋的起源和发展"展开,作为整个语篇的铺垫,第二个段落共有七个句群,介绍了"围棋的道具"以及"围棋的下法"。两个段落之间为连续主位的推进程序。从语篇的整体逻辑发展来看,呈现出先宏观后微观、先笼统后具体的特点,语义范围逐渐缩小,是比较典型的汉语语篇结构。而与此相比较,阿语语篇一般先出现核心关键信息,语篇的语义发展往往由核心向外围逐步扩展。相较于汉语源语语篇由九个句群构成,阿语整个语篇则只有两个句子构成,句子中的各个组成部分由各种衔接手段如连接词、指称词等将零星的小句融为一个语义—逻辑的环环相扣的链条,体现了阿拉伯语语篇"线性"的结构特点,即语篇随着其建构者的逻辑链条持续推进,且反映在句法形式上。该语篇结构特点反映了阿拉伯人思考问题先抓问题核心的思维特点③。

---

① 盛南:《中法思维差异对跨文化语言写作造成的障碍》,《科学中国人》,2016年第2期。
② 同上。
③ 朱立才:《从汉语、阿拉伯语的不同句法结构看汉、阿心理文化差异》,《阿拉伯世界》,1997年第1期。

(二) 英阿法译文语篇接受情况及翻译有效性

根据第二章对这个语篇的汉语源语语篇和英语译文语篇的接受情况的分析可以发现,汉英译文语篇的接受情况较差。综合被试反馈可以发现,造成理解障碍的主要原因可以归结于语篇中的几个反映语篇中心思想的关键信息,如 poetic styles、harmony 和 balance。而这几个关键词除了具有语义笼统、模糊的特点以外,从语篇结构角度来看,译文的处理也存在需要改进的地方。静态分析对比可以发现,英语译文在结构上完全保留了源语的布局。汉语语篇的第一个句群"围棋本以精确擅长,但在讨论它时,人们却巧用各种比喻,若吟若叹"在主位结构上采用了跳跃主位突进模式,以"围棋"作为话题主位,"以精确擅长"作为述位,紧接着通过一个转折词"但"引出了与"精确"相对立的语义——"人们谈论围棋时若吟若叹"。语义的转折为后面的主题"和谐与平衡"做第一次铺垫。英语译文在主位结构上做了微调,将跳跃主位改为连续主位,始终以"围棋"作为话题主位。但是,我们发现,作为该译文语篇的第一个句子,"Go is a game of precision, but that has not discouraged people from talking about it in poetic styles using all kinds of metaphors"似乎应该是主题句,而 poetic styles 应该是关键词。按照英语思维习惯和语篇布局,这个语篇似乎应该围绕这个关键词展开,否则,至少在语篇的其他地方应该出现一个表述语篇主题的主题句。但是,英语译文语篇的整体结构完全保留了汉语的结构,与汉语第一和第二个句群对应的英语第一到第三个句子也完全是铺垫,分别提到了 poetic styles、metaphors、not a game of intelligence 以及 a unique way of thinking and of understanding life and the universe。到了第四个句子才出现语篇的主题 its essence is about harmony and balance。根据被试反馈,我们发现,被试对这里的局部信息 poetic 和 harmony and balance 表示困惑,除了在第二章中提到的对抽象、模糊概念采取直译的方法欠妥以外,语篇结构上的直接转换也可能是进一步造成被试理解障碍的原因。

与英语译文接受情况相比较,阿语关于"围棋"话题的语篇接受情况较好。归纳起来有两个原因:首先,汉阿语篇整体结构的处理更加贴切目标语受众的思维习惯。根据源语和译文语篇静态分析可以发现,译语保持了源语两个段落的语篇布局,但在每一个段落的句子处理上做了较大变动。源语第一段有两个句群,第二段有七个句群,但是转换成阿拉伯语后,两个段落都分别只对应阿语的两个句子。这样的转换既保留了源语的信息内容,又完全符合阿语母语者的思维习惯,即译文通过大量增加衔接手段的方法将源语块状、分散的信息融合成一个完整的语义—逻辑链条,将汉语注重"意合"有效转换为阿拉伯语的"形合",有助于目标语读者顺利理解语篇。第二,汉阿语篇的汉语源语语篇本身运用了比较的写作手法,将中国象棋与国际象棋进行比较,以帮助读者理解中国象棋的不同之处。阿语译文对这个比较细节进行了增译,进一步突出围棋棋子的与众不同,有利于帮助读者理解围棋的基本特点。

根据第十章汉法语篇静态分析结果以及被试对法语译文语篇的接受情况,我们发现总体上看被试对该语篇的接受和理解情况较好,其主要原因在于源语的语篇结构为演绎式,与法语母语者思维方式基本一致,而译文在语篇结构的处理上也保留了源语的话题链,并且在关键的地方调整了主位推进程序,采用连续主位推进模式使语篇发展呈线性形式,更自然流畅,更符合西方的思维习惯。同时通过增译法,将汉语原本比较笼统、含糊的语义(如"棋")更加明确细化("一手棋""棋局""棋形""棋手"等),有助于帮助目标语读者降低认知障碍,弥补理解中的空幻,以便更准确地理解中国围棋的文化和内涵。但是该译文也存在比较明显的失误。如在语篇衔接方面,第三个句群由于使用导入词过于随意,不符合西方"常用分析和逻辑推理寻求事物内在的差别和对立"的注重逻辑性和分析性的思维方式,从而成为被试理解上的障碍[1]。而概念认知方面,对于语篇中的文化负载词"天人合一""行云流水"等词的翻译同样存在解释不清,补充信息不足的情况。此外,这两

---

[1] 何金娥:《试探主述位在翻译中的迁移效果》,《云梦学刊》,2000年第1期。

个词都属于语言类型的文化负载词,赋有特定和丰富的中国文化内涵,翻译的过程中需要格外重视,采用必要的策略,降低目标语读者的认知障碍。一般来说,这些具有中国特色词汇的翻译不能采用直接翻译的方法,要尽量采用解释性的翻译,做到"译+释"并举,才能提高翻译的效果。

(三) 小结

综上所述,围绕"中国围棋"这个十分具有中国文化特色和内涵的语篇翻译,汉英、汉阿和汉法译文语篇的接受情况显示出了一定的差异。从阿拉伯语和法语比较成功的做法可以发现,语篇翻译不仅要关注词汇、语法细节,更要关注语篇结构的整体布局。如果源语语篇布局与目标语布局特点有较大差异,译者需要在保留内容和信息不变的前提下适当调整句子之间的连接方式,使译文更加符合目标语读者的思维习惯;其次,对于富有文化特殊性、有可能造成认知障碍的概念,需要做出适当的补充和解释,形成较为完整的语境,即帮助受众在他们的认知领域中建立某种类属空间(generic space),并在与已知相关概念的输入空间(input space)共同构成的合成空间(blend)里经过组合、完善、扩展三个步骤,最终形成层创结构(emergent structure),构成一个概念整合网络(conceptual integration network)[①],以弥补文本和语境之间可能存在的空环,提升翻译的有效性。

第三节　结束语

英语、阿拉伯语、德语、俄语和法语译语语篇接受情况及翻译有效性的对比研究进一步揭示了翻译的局限和语言间转换的潜力[②]。一方面,翻译具有局限性。不同民族、不同文化的思维模式各异,语言作为

[①] Fauconnier, G. & M. Turner, "Conceptual Integration Networks", *Cognitive Science*, 22, 1998, pp.133–187. doi:10.1207/s15516709cog2202_1.
[②] 乔治·斯坦纳:《巴别塔之后:语言及翻译面面观》,孟醒译,浙江大学出版社,2020年。

附着在思维之上的结构体,受到思维的支配,是思维的载体①。翻译不仅仅是不同语言形式的转换,还是不同思维方式的转换。思维、文化之间的差异造成语言转换中不可避免的不对等性,给译者带来了挑战,也造成了读者的理解障碍。语篇研究中比较典型的例子包括概念理解、句子和语篇结构三个层面。如俄语译文中与"太极拳"相关的术语、"鸳鸯锅"的隐喻义、阿拉伯语译文中文化负载词"青云直上"、英语译文中有关"围棋"概念的理解、法语译文中"天人合一""行云流水"的翻译以及德语译文中文化负载词"旗袍""丝袜"的理解障碍都涉及与文化密切相关的概念转换问题。译者自身对源语文化的了解程度、转换过程中对源语的理解程度以及读者意识都会影响翻译有效性;在句子层面,造成理解和接受困难的情况主要与译文句子结构过于复杂及语篇类型有关。前者包括句子太长,结构错综复杂;后者体现在语篇属于科普类型等非大众化体裁,内容比较陌生。比较典型的例子有俄语的"太极拳"和法语的"神话动物"。被试均明确表示译文句子太长、太复杂,译文应当充分考虑目标读者群体的实际情况,尽可能用通俗易懂的语言形式呈现信息;语篇结构层面,在源语和译语在语篇结构上差异不大的情况下,语篇结构一般不会给读者带来困扰,但是如果二者存在较大差异,比如在汉语语篇呈现出典型的归纳式特点并与译语语篇结构特点存在较大差异时,译者在进行语篇转换时就需要考虑结构上的调整,使之更符合目标语受众的思维和阅读习惯。本研究比较典型的例子是俄语的"青花瓷""太极拳"以及英语的"围棋"三个语篇,被试表示其语篇布局不太符合母语者的思维习惯,造成了一定的理解障碍。

而另一方面,不同语言之间的转换又具有潜力,是可行的。本研究结果显示,绝大多数语篇的转换是成功的,成功的转换得益于译者对源语的正确理解、恰当的调整和重置以及对语篇接受者的"他者"视角。例如汉阿语篇转换中译者的变更意识就比较突出,也取得了不错的效

---

① 见王扬:《英汉语篇思维模式与结构》,《内蒙古大学学报(人文社会科学版)》,2000年第6期。

果。由于汉语和阿拉伯语分别属于典型的"意合"和"形合"两种差异较大的语言,译者在保留源语信息内容的前提下,打破源语语言形式的局限,将汉语零星的、隐性逻辑关系的小句通过增加大量显性衔接手段的方法整合为符合目标语表达习惯、更注重逻辑性的语言形式,大大降低了目标语读者的阅读难度,提升了翻译有效性。再如汉德、汉法语篇转换中译者对于主述位结构的调整和衔接手段的灵活运用也极大增强了语篇的内在逻辑性,使译文更符合目标语读者的思维习惯,有助于提升译文的接受度。

关于翻译中的变更、重置问题,这里仅结合实证研究的实例在翻译层面进行总结。其进一步的理论探讨见第十三章。

第十三章 外宣翻译有效性的宏观探究

本研究在运用实证方法分别考察了多语种外宣翻译海外认知情况以后,将在本章尝试从宏观的视角论述外宣翻译的有效性问题。这些宏观视角从翻译的本质这一根本问题出发,再由外宣翻译的特殊性论述中国对外文化传播与交往思想和对外文化交流中的交往话语权范畴等话题,进一步探讨外宣翻译有效性的根本问题。

第一节 从翻译的本质到翻译"暴力"

翻译是不同语言、文化交互活动与作用的过程,这一过程必然存在不同语言、不同思维与文化传统的碰撞。美国学者乔治·斯坦纳(George Steiner)认为,翻译不仅仅是从一种语言转化为另一种语言的过程。"理解即破译,听取意义即翻译"[1]。人类的交流、交往等同于翻译。翻译涉及的问题并非语言学家所能独立回答的[2]。因此,他立足解释学立场,从更为宏观的视角解答翻译的本质问题,并将翻译从传统的逐字翻译——转述——自由模仿三分式模型发展为解释学的"最初

---

[1] 乔治·斯坦纳:《巴别塔之后:语言及翻译面面观》,孟醒译,浙江大学出版社,2020年,第 vii 页。
[2] 乔治·斯坦纳、孟醒:《〈巴别塔之后〉(再版)》,《工会博览》,2021年第18期。

的信赖——侵入——合并——互惠/偿还四步模式"①。首先,译者在翻译之初要用宽容之心对待译文,对译文的信赖是翻译——解读的基础。其次便是侵入,他指出,"在语际翻译中,理解这个手段具有明显的侵略性,也非常彻底"②。第三步的合并指侵入的结果,即对原文造成的"潜在的解离或重置"③。正因为存在这种被调整、改变,第四步的补偿才尤为重要。"偿还"即恢复原文和译文之间的容易遭到翻译本身破坏的平衡,有了这个环节才能确保整个解释学的过程完整而平衡,否则翻译将剥夺"他者",造成倾斜。"互惠行为是翻译技艺和伦理的关键"④。

斯坦纳的四步模式中侵入和合并两个阶段都涉及翻译过程中译者对源语文本的破坏、重构问题。他认为,"侵入"阶段是对译文"暴力"的认知过程,而"合并"阶段存在源语文本"被转化的风险"。⑤关于翻译过程中的这一个问题,学界长期以来就存在争议,尤其对于"暴力"的表述方式存在不同的声音,对于翻译"暴力"也有不同维度的探讨⑥。目前翻译学界认为,"翻译暴力"概念最早可以追溯到19世纪法国作家雨果的观点,即翻译在受众国那里往往被视为暴力行为。而引发国内学界较大争议的是美国学者韦努蒂(Venuti)在其著作 *The Translator's Invisibility: A History of Translation* 中提到的 violence 概念。对于该英文概念,绝大多数中国学者都将其译为"暴力",并就此进一步展开论述。曹明伦则根据辞典的定义,认为韦努蒂在使用 violence 一词时并

---

① 乔治・斯坦纳:《巴别塔之后:语言及翻译面面观》,孟醒译,浙江大学出版社,2020年,第 xi 页。
② 同上书,第 298—299 页。
③ 同上书,第 299 页。
④ 同上书,第 300 页。
⑤ 同上书,第 298—299 页。
⑥ 对于"暴力"的表达方式学界持不同观点,本书将其置于引号之中,一方面是为了沿用目前大家普遍接受的语言表达形式,以免引起读者的困扰,另一方面也表达了本研究对"暴力"一词的不同观点。

不是表达与汉语"暴力"一词对应的语义①,而是取其"故意改动"和"过度变更"的语义,因此应该译为"删改"或者"歪曲"更合适②。本研究赞同曹明伦的观点,认为将 violence 理解为"改变""变更"的语义更为贴切,比汉语"暴力"一词更符合翻译过程中发生在译者与源语文本之间的事实,即译者由于自身与外部条件的制约以及受翻译理念的影响,势必存在对源语文本的更改、调整和重置,有时这种改变到了破坏性的、暴力的程度。

目前在中国翻译学界,关于是否应该用"暴力"一词来表述翻译的本质以及如何理解翻译"暴力"问题大致可以归纳为以下几个方面。第一,学理依据及研究价值研究。张景华针对曹明伦教授对"翻译暴力"一词提出的观点论述了该术语的学理依据及其研究价值,认为将 violence 译为"暴力"不是对韦努蒂理论术语 violence 的误读,"暴力"一词既"考虑了术语翻译的基本要素,也充分考虑了韦努蒂的语言观以及各种后现代社会思潮对其翻译思想的影响,还体现了韦努蒂对翻译理论与实践中'政治无意识'现象的超越",因此有充分的学理依据和研究价值③。第二,关于翻译"暴力"本体的进一步研究。对于翻译"暴力"的本体研究,学界除了上述对该术语翻译方法的辩论,还进而探讨了翻译"暴力"的类型、表现形式等问题。孙艺风将翻译"暴力"划分为柔性暴力和危害暴力,前者因文化的不可译问题导致,后者则是因各种不同的动机而产生的形式或(和)语义的有意识改写。孙艺风认为,翻译"暴力"的结果既可能是正面的,也可能是负面的④。陈达、陈昱霖将翻译

---

① 根据新华字典,暴力有以下词义:1.政治名词,不同政治利益的团体,如不能用和平方法协调彼此的利益时,常会用强制手段达到自己的目的,称为暴力;2.泛指侵害他人人身、财产的强暴行为;3.国家的强制力量,如军队、警察、法庭;4.强制的力量,武力;5.强悍的力量;6.特指为本阶级的利益而对敌对阶级使用的强制力量。
② 曹明伦:《"翻译暴力"从何而来?——韦努蒂理论术语 violence 探究》,《中国翻译》,2015 年第 3 期。
③ 张景华:《论"翻译暴力"的学理依据及其研究价值——兼与曹明伦教授商榷》,《中国翻译》,2015 年第 6 期。
④ 孙艺风:《论翻译的暴力》,《中国翻译》,2014 年第 6 期。

"暴力"划分为强制"暴力"和软"暴力",前者表现为宗教压力、政治操纵、社会环境影响、强制归化、过度文化适应,后者表现为妥协、补充和自译①。邹常勇、朱湘军从翻译策略、文化塑造和美学诉求三个方面对文学自译中的"暴力"表现形式进行了论述,认为文学自译集创作主体、审美主体及翻译主体于一身,因此,文学自译具有特殊的意义。自译者的翻译"暴力"表面上使译文偏离了原文,却有助于突破"不可译"的局限性,"在不同文化中重新定义自己的作品,进而提升作品的美学意蕴"②。第三,成因研究。翻译"暴力"在一定程度上是无法避免的,它是翻译过程中所固有的。栗长江从译者的文化身份、翻译对文化身份的塑造、翻译的流向以及翻译的策略四个方面阐释了翻译中不能避免操纵和"暴力"③。王东风从历史根源、具体方法和政治背景三个方面分析了韦努蒂有关翻译"暴力"观点的本质,认为该术语的出现是对英美霸权传统的挑战,并指出应该采用异化翻译的方式"真实地再现源语文化的差异价值观,抵制美国主流语言文化价值观对翻译文本的暴力归化"④。郭建中认为,翻译"暴力"实际上是翻译的归化与异化问题,是译者的道德态度,翻译应该符合译入语的语言规范⑤。孙艺风认为,翻译"暴力"是激进改写、文化疏离、文化改造,与文化差异、意识形态、译者主体和翻译策略有关⑥。李小均⑦、赵朋⑧、朱义华⑨、

---

① 陈达、陈昱霖:《笔下解不开的结——浅析翻译暴力对翻译实践的影响》,《上海翻译》,2016年第4期。
② 邹常勇、朱湘军:《文学自译中的翻译暴力》,《浙江外国语学院学报》,2019年第3期。
③ 栗长江:《文化·操纵·翻译的暴力》,《湖南人文科技学院学报》,2006年第5期。
④ 王东风:《帝国的翻译暴力与翻译的文化抵抗:韦努蒂抵抗式翻译观解读》,《中国比较文学》,2007年第4期。
⑤ 郭建中:《异化与归化:道德态度与话语策略——韦努蒂〈译者的隐形〉第二版述评》,《中国翻译》,2009年第2期。
⑥ 孙艺风:《论翻译的暴力》,《中国翻译》,2014年第6期。
⑦ 参见李小均:《翻译暴力与属下话语》,《天津外国语学院学报》,2006年第6期。
⑧ 赵朋:《中国翻译实践中的暴力操纵思辨》,《闽江学院学报》,2008年第6期。
⑨ 朱义华:《外宣翻译的政治暴力性探究——从黄岩岛的译名篡改谈起》,《太平洋学报》,2016年第9期。

刘满芸①等学者则从话语强权、意识形态、主体性哲学影响下的翻译伦理、互文性等方面对翻译暴力的成因进行反思。其中，朱义华专门论述了外宣翻译中的政治暴力性问题，指出"外宣翻译不等于一般意义上的翻译活动，它是一种用外语进行'再创造'的跨文化政治行为与传播实践活动，其中往往涉及政治宣传性、政治操控性、政治对抗性与政治殖民性等政治暴力维度"。

以上对所谓翻译"暴力"的论述一方面凸显了翻译本质中一个十分根本而重要的议题，即译者应该如何处置源语文本的问题，它涉及了对翻译是什么、为什么的问题的思考，而另一方面也进一步提出了如何做的问题。斯坦纳从解释学视角所提出的四步模式的最后一个阶段对此提出了解答。他认为，

> 如果没有第四个步骤——它就像活塞的最后一个冲程，完成了整个循环——解释学过程就是危险而不完全的，其危险正来自不完全。先验的信赖让我们失去了平衡。我们"信赖"自己面对的文本（每个译者都切身地体验过这种靠向目标、向目标出发的感觉），我们有意地包围并侵入。我们满载而归，因此又失去了平衡——我们剥夺了"他者"，加入了私货（虽然其后果不明），让整个系统变得不再均衡。解释学过程必须对现在的倾斜做出补偿。为了使自己真实可信，它必须介入到交换当中，使平衡重新得到确立②。

斯坦纳为翻译"暴力"指出了解决的方案，即"暴力"之后的互惠行为。有了这个补偿环节，"暴力"即得以削弱和修正，"暴力"不再是暴力，"暴力"成了一个隐喻，它映射的是翻译过程中的冲突和更改，而这

---

① 刘满芸：《翻译研究文化转向以来的主体滥觞之反思——从"翻译暴力"谈起》，《上海理工大学学报（社会科学版）》，2017年第1期。
② 乔治·斯坦纳：《巴别塔之后：语言及翻译面面观》，孟醒译，浙江大学出版社，2020年，第300页。

种冲突不论类型、性质、程度如何都可以在补偿的环节得以解决。第十三章基于实证研究的多语种译文语篇接受情况及翻译有效性的探讨显示,翻译中的重置、修正(所谓的"暴力")问题十分重要,这个环节在斯坦纳提出的四步模式中起到承上启下的作用,是译者对文本侵入后的结果,也是最后达成与文本平衡的前提。以下将从外宣翻译的特质出发,立足外宣即中国对外文化传播与交流,从宏观层面探讨外宣翻译如何实现重构、互惠和补偿的问题。

第二节　从外宣翻译的特质到中国对外文化交流与传播

一、外宣翻译的特质

目前就外宣翻译研究而言,学界主要从外宣翻译的界定、本质、特性、目标及重要性等方面进行了研究。达成的共识包括外宣翻译的特殊性就在于"外宣"二字。"外"指的是外宣翻译活动的对象,"宣"指的是外宣翻译活动的手段。与其他翻译相比,外宣翻译最根本的区别在于目的不同,即实现信息的有效传播。

关于外宣翻译的有效性问题,大部分的关注点侧重外宣翻译方法、原则、策略、存在的相关问题以及在翻译理论指导下的实践探索。这些研究有的将外宣翻译作为一个笼统的领域进行总体研究,有的则具体就不同的语域,如政治新词、流行语、文化负载词等的翻译进行探讨。从外宣翻译的原则来看,学界仍存在不同的声音。如黄友义教授提出的"外宣三贴近原则"虽然深受译界认同,但在实际翻译中还会引起异议。① 有学者认为,在通过汉译英宣传中华文化时,应"以我为准",即力求以最原汁原味的语言完整介绍中国文化。但这种"不妥协不让步"的翻译原则似乎与"外宣三贴近原则"的"以目的语为依归"相悖,形成了

---

① 黄友义:《坚持"外宣三贴近"原则,处理好外宣翻译中的难点问题》,《中国翻译》,2004年第6期。

一种对立关系。在实际的翻译过程中,两种翻译原则都具有合理性,所以最佳的翻译策略是将两者融合,从二者对立到二者共存,共同为翻译有效性服务。袁晓宁将这种融合策略阐述为语言表达层面以目的语为依归,体现在句法结构、逻辑、语言表达风格、语篇构成符合受众的习惯与需求,在文化层面采取"以我为准"的翻译策略。① 总而言之就是,先保障英语读者能理解、接受,再保障文化层面的完整性、纯正性。

与此同时,外宣翻译有效性的研究方向发生了转向,开始从翻译本体转向翻译目标受众,从目标语受众角度研究外宣翻译的接受情况。这是因为在我们判断翻译有效性时,目标语读者对于译文能否理解和接受具有举足轻重的作用。早期对译文接受情况的研究主要从学理角度探讨翻译的可接受性问题,包括翻译可接受性的界定、可译性的学理基础以及重要性等问题。其中关于翻译可接受性的探讨为外宣翻译进一步明确了目标语读者理解和接受译文的重要性,指出译者和读者的双主体地位,认为翻译研究应该从完全集中在译文上转移一部分到译文读者的接受上,译者应该意识到接受者的地位和作用,从而在从源文到译文的转换过程中关注译文接受者的理解和接受问题。同样,翻译接受理论也强调翻译的中心应该从围绕文本的翻译行为转向读者。并且有越来越多的翻译研究者以接受理论为出发点,从译本读者视角研究翻译。"将接受理论引入翻译理论研究,就是要将翻译研究的注意力从完全集中在译文上转移一部分到译文读者的接受上,提醒译者注意接受者的地位和作用,从而确定从原文到译文的转换过程中应该注意的问题和可能采取的对策。"② 可喜的是,近十多年来学界开始运用实证方法研究目标语受众对外宣翻译的接受情况,取得了不少成果。一方面,这些研究运用多种实证方法分析目标语受众对外宣翻译中常见的官方口号、政治新词、文化负载词、流行语的翻译接受情况;另一方面,结合实证研究结果,从读者回归译者,进一步指导外宣翻译实践。

---

① 袁晓宁:《论外宣英译策略的二元共存》,《中国翻译》,2013年第1期。
② 穆雷:《中国翻译教学研究》,上海外语教育出版社,1999年,第10页。

综上所述，围绕外宣翻译问题，有效性是根本，如何在译者的解读和读者的解读之间架起通畅的桥梁，是实现外宣翻译有效性的关键。

二、中国对外文化传播与交流研究现状

外宣翻译服务于中国对外宣传，是中国对外文化交流与传播的重要一环。探讨外宣翻译的有效性问题的重要性毋庸置疑。如前所述，外宣翻译的特质决定了外宣受众如预期的那样理解和接受外宣内容是外宣的关键，这也是外宣翻译的关键。这就要求我们回归到外宣，回归到文化传播与交流的问题上，从而从根本上探讨外宣翻译有效性问题。

外宣指"中国向国际社会介绍中国的政治、经济、社会生活以及中国关于国际事务的立场的活动"[1]。外宣活动在中国历史悠久，与中国对外文化传播与交流具有高度的一致性。到了 21 世纪，更是因为"一带一路"倡议的提出得到迅速发展，受到广泛关注，相关研究也成为热点，在取得显著成绩的同时也出现了一些问题，比如：较多关注传播中国传统文化，较少以发展的眼光看待中国传统文化；多立足于"自我"，强调文化输出和单向宣传，其强烈的传播者主体性难免造成传播对象的抵触心理，甚至是疑虑和紧张感[2]。中国对外文化传播在坚持让世界了解中国、认同中国的"了解第一"原则的同时，也应该从他者的视角和话语体系来进行文化沟通，了解他者的感受和需求[3]。中共中央总书记习近平 2016 年 5 月 17 日在哲学社会科学工作座谈会上强调：要构建对外话语体系，提高传播艺术；要采用贴近不同区域、不同国家、不同群体受众的精准传播方式，推进中国故事和中国声音的全球化表达、区域化表达、分众化表达，增强国际传播的亲和力和实效性；要广交朋友、团结和争取大多数，不断扩大知华友华的国际舆论朋友圈；要讲究舆论斗争的策略和艺术，提升重大问题对外发声能力。

---

[1] 刘建明主编：《宣传舆论学大辞典》，经济日报出版社，1992 年，第 227 页。
[2] 李建军：《中国与中亚的文化交流力建构》，《中南民族大学学报（人文社会科学版）》，2013 年第 1 期。
[3] 张昆：《重视国家形象的对外宣传与传播》，《今传媒》，2005 年第 9 期。

新中国对外文化交往与传播的研究大致始于 1949 年新中国成立以后,进入 21 世纪以来,尤其是上海合作组织的成立以及"一带一路"倡议的提出使文化传播研究成为热点。这些研究随着时间的推移表现出鲜明的时代特征,大体可以分为两个阶段。第一阶段为 1949 年至 20 世纪八九十年代,这一时期研究的目标国家主要集中在东南亚地区,考察中国对这些国家物质、精神、制度等层面的影响[①]。同时期还有关于汉语对其他国家语言文字、文学创作影响的研究[②]。相比较而言,针对东南亚各国对中国影响的研究极少。

第二阶段为 21 世纪以后,在中国国家战略的影响下,中国对外语言文化传播的研究呈现出继承性和开拓性的特征。继承性主要体现在研究的目标国家上,针对东南亚地区的研究仍在继续[③]。这些研究旨在以史为鉴,呼吁结合新时代的要求,进一步推动文化传播。开拓性的特征则表现在研究目标国和研究维度两个方面。研究目标国从东南亚拓展到中亚等地区,既有对汉唐时期中国与中亚地区文化融合的历史回顾[④],有近年来中国与中亚等各国文化交往的介绍[⑤],也有研究分析了中亚东干文学对中国汉语言文化的继承及渊源关系[⑥]。研究维度的开拓性体现为:汉语传播与推广,介绍国外语言推广经验,为汉语的国际推广献计献策[⑦];综述东南亚汉语传播研究,指出关注度低、缺乏独立研究范式、教学设置等问题[⑧];分析东南亚各国语言政策对汉语传播

---

① 参见刘芝田、周一良、杨焕英、朱昌利等学者的研究成果。
② 颜保:《中国传统小说在亚洲》,国际文化出版公司,1989 年。
③ 参见张成霞、贺圣达、于营的相关研究。
④ 戴小江:《汉唐时期中国文化对中亚的影响》,《菏泽师范专科学校学报》,2004 年第 3 期。
⑤ 参见许尔才:《略论中国与中亚的文化交流》,《新疆大学学报(哲学社会科学版)》,2012 年第 3 期;胡振华:《我所见证的中国与中亚五国文化交流合作纪实》,《中国穆斯林》,2014 年第 6 期。
⑥ 参见孟长勇、杨建军、常立霓、常文昌的研究。
⑦ 张西平、柳若梅:《研究国外语言推广政策,做好汉语的对外传播》,《语言文字应用》,2006 年第 1 期。
⑧ 罗骥、钱睿:《东南亚汉语传播历史研究:现状与思考》,《云南师范大学学报(对外汉语教学与研究版)》,2014 年第 3 期。

的影响以及由此产生的汉语推广市场①;探讨汉语国际推广中的文化融合问题②。研究维度的开拓性还体现在对外文化传播的学理探讨上。单波阐释了文化与传播的关系、人与人的传播关系、他者的意义等文化传播的基本理论③;李建军从他信力、合作、对话和在场四个方面分析了建构中国文化交流力的问题④;焦一强分析了中国文化走向中亚的障碍因素及特征表现⑤;同心则构建了跨文化传播的评估指标体系,进而指导跨文化传播的实践⑥。

目前的研究从研究视角上来看总体呈现出单向度的特征,即以"我"为主,针对文化传播对象的研究不多,比如传播对象对中国文化影响的研究极少,传播对象对中国文化传播接受度的实证研究主要有窦卫霖等学者的研究成果(见绪论),有待进一步深入。针对研究存在的不足,学界在理论上进行了探讨,指出通过构建合作共赢、平等对话,可以克服不同文化传播与交流中出现的民族中心主义的单向度倾向以及由此产生的对"圈外人"的消极、刻板甚至是恐惧的心理;同时,"他者"是主体建构自我意义的必备要素,而"他信力"将有助于引进传播对象国的优秀文化,从而克服传统对外文化传播过于看重文化输出和单向强势宣传思想的缺陷⑦。本研究在此基础上进一步提出,第一,如果

---

① 相关研究有周倩的《"一带一路"视野下的东南亚汉语推广市场分析》[《云南师范大学学报(对外汉语教学与研究版)》,2015年第5期]和吴应辉的《东南亚汉语传播研究》(北京语言大学出版社,2021年)等。
② 樊荣:《语言推广与文化融合问题研究》,东北大学汉语言文字学博士学位论文,2012年。
③ 单波:《跨文化传播的基本理论命题》,《华中师范大学学报(人文社会科学版)》,2011年第1期。
④ 李建军:《中国与中亚的文化交流力建构》,《中南民族大学学报(人文社会科学版)》,2013年第1期。
⑤ 焦一强:《中国文化走向中亚障碍因素分析》,《新疆大学学报(哲学社会科学版)》,2013年第1期。
⑥ 同心:《中国国家形象跨文化传播的评估指标体系研究》,复旦大学广播电视学博士学位论文,2014年。
⑦ 参见单波的《跨文化传播的基本理论命题》以及李建军的《中国与中亚的文化交流力建构》。

合作、对话可以消除文化传播与交流中传播对象的抵触心理,那么其学理依据是什么？第二,如果"他信力"有助于克服传统对外文化传播的单向度倾向,那么应该如何构建"他信力"？第三,如果主体建构离不开"他者",那么如何理解和处理"他者"与"自我"的关系？研究尝试以交往思想为依据,从中国对外语言文化传播中传播者与传播对象的双主体地位及主体间性两个方面探讨交往思想对中国对外语言文化传播研究的启示,从而解答上述问题。

第三节 中国对外文化传播与交流研究的主体间性视角——交往思想

一、交往思想的历史发展脉络

自从有了人和人的社会,就有了人与自然、人与人之间的交往。可以说,交往是人类社会固有的存在方式,交往是人的社会本性的体现,同时它又确证和实现着人的本质。"交往"已从一个日常生活用词逐渐演变成为西方哲学和社会学领域的研究课题,并已全面走向思想上的公共化、政治上的国际化和学术上的科际整合化[①]。从洛克到休谟、孟德斯鸠、康德、黑格尔、费尔巴哈、马克思,直到现代的雅斯贝尔斯、哈贝马斯、巴赫金,思想们从各自的立场论述了交往,其中较具影响力、值得关注的有马克思、哈贝马斯和巴赫金的交往思想。通过梳理他们的交往思想,我们发现,"主体""联系""关系""对话""互动""自我""他者"等概念成为阐述这些交往思想的重要范畴,同时,这些范畴呈现出从"主体性"向"主体间性"的转变。"主体性"和"主体间性"范畴并非交往理论首创,但二者经过发展成为交往思想不可或缺的重要组成部分,交往被赋予了主体性和主体间性的特征。

纵观交往研究的历史,我们发现,关于交往的讨论并非西方独有,

---

① 曹卫东:《Communication(交往)》,《读书》,1995年第2期。

也不是近现代的专利。古今中外思想家们对交往的论述充分反映了交往是人类的一种存在模式。中国古代思想家们对交往的探索集中反映了人与自然和谐统一、"天人合一"的自然发展说。其中,儒家提倡的"礼尚往来。往而不来,非礼也;来而不往,亦非礼也"就是通过交往有序化制度,即礼制来规约人与人交往的行为规范,其中以礼治国的理念强调,如果每个人都具备了完美的社会理性,并依照交往规则行事,社会一定是和谐有序的。儒家交往思想从人的本体角度关注了实现人与人和谐交往的道德标准,倡导人与人之间的亲情以及礼仪制度,对后代中国人的交往行为产生了深远的影响[①]。

与中国古代交往思想相比较,西方关于交往的研究最为突出的特点就是将交往上升为概念和范畴,从本体论角度分析交往主客体的变化及其活动机制。这些研究成果大致分布在哲学、社会学、教育学、心理学、人类学、伦理学等领域。在哲学史上,从洛克的认识论到休谟的情感论,从霍尔马赫的功利主义交往观到康德的辩证对立统一交往原则,从费尔巴哈的感性回归到马克思的交往社会实践性本质,这些论述无不展现了早期西方哲学家对交往思想立体和深入的探索。现代交往思想则以同处于后工业化时代的雅思贝尔斯和哈贝马斯的交往理论为代表,二者都超越了交往的客观性和物质性,用主体间观念代替主客体观念,从精神、思想层面探索交往的意义。同样对现代交往思想做出贡献的是巴赫金,他的交往对话理论对个体独立性和个体间交往对话关系的论述充分体现了"存在就意味着进行对话的交往"的思想[②]。

二、现代交往思想的核心内涵

尊重人的主体性是交往思想的核心理念之一,也是交往思想的基石。人的主体性即"运用自身本质力量,能动地作用于客体的特性"[③]。

---

① 丁大同:《儒家道德中的交往理论》,《天津社会科学》,1997年第1期。
② 巴赫金:《巴赫金全集》(第五卷),钱中文等译,河北教育出版社,1998年,第340页。
③ 洪波:《主体性的诉求与困境——基于马克思哲学视点的分析》,《社会科学战线》,2009年第12期。

具有主体地位的人在交往实践中具有能动性、自主性、创造性等属性，能够按照自己的需要通过自主的、能动的实践活动去改造环境，实现超越现实的目的。同时，主体性还包含人在交往实践中与交往对象、交往环境的对话、互动和价值认同，它体现了以人为本的理念和人文关怀的思想。现代交往思想产生于人对自身的深切关怀，反映了人的主体性及主体间性的交往特点和交往的本质。首先，由于交往是人的存在方式，它体现了人的社会本性，又确证和实现着人的本质。交往思想以人的主体性为出发点，以人的独立、自由、平等为最终目标，对主体性的尊重体现了人对自我发展和自我实现的诉求，是对人的自由、解放和理性精神的张扬。正是出于对人的主体性的重视，哈贝马斯力图建构交往理性，以对抗旧的工具理性对人的主体意志的压迫。与此同时，他赋予话语新的交往意义，认为话语作为交往的语言符号工具，具有协调人类交往和相互理解、达成行为一致和共识的功能，是一种交往资源①。他进而主张，为了促进人的交往，解放人的主体性，人的交往应该在话语方式上实现从控制式和劝导式话语向对话式话语的转变，在话语内容上贴近人的生活世界，在话语之中融入人的情感。哈贝马斯作为一名从事社会批判理论的学者，他的交往行为理论立足于现实社会，从宏观社会学视角探索人的生活世界，指出现代西方社会的基本特征就是制度与生活世界的严重脱节，技术、科学及金钱、权力等中性媒介侵入和强占了人作为主体的生活世界，抵消了生活世界对于社会整合应起的作用②。

交往思想同时也强调主体间性的意义。主体间性是交往思想的另一个重要理念。主体间性是主体间的性质，是两个主体间的相互交往和交流的特性，是与主体性相对应的重要概念。主体间性首先建立在对主体性的认可之上，强调具有独立意识的自我，即人的主体性，但它

---

① 哈贝马斯：《交往与社会进化》，张博树译，重庆出版社，1989年，第35页。
② 傅永军：《哈贝马斯交往行为合理化理论述评》，《山东大学学报（哲学社会科学版）》，2003年第3期。

又超越了单一主体的局限性,以"主—主"模式取代了"主—客"模式,是对多个主体关系的关照,体现了"他者"与"自我"的交往对话关系。主体间性是两个主体之间在语言和行动上相互平等、相互理解和融合以及双主体之间互动、对话的特性,是交往思想的本质特征,与交往思想相互印证,缺一不可①。自我的独立存在是以他者的独立存在为条件的,没有他者就没有自我的意识,"自我"与"他者"是相互依存、相互依赖的对话交往关系,是主体间性。

主体间性涉及两个或两个以上的主体,反映了自我与他人、个人与环境、个体与群体之间的交往关系。如果说主体性是人相对于自然和社会对人自身的理性思考,主体间性则突破了传统主客二分的交往模式,实现了从主—客模式向主—主模式的转化,为探索我与他者、我与环境的交往关系奠定了理论基石。巴赫金在论述交往对话语言观时指出,形式主义语言学的缺陷在于隔绝了语言与人的关系,隔绝了说话人与受话人两个主体之间的联系,因而只是主体—客体的、静态的、非交往动态的关系,而他的语言哲学观则"超越了形式与内容这个僵死的二分法",运用文化阐释模式,将文化看作是由多重话语构成的、拥有各种独立主体即"自我"和"他者"的东西,"从而开拓了一条融符号意识、话语理论和交往精神为一体的语言哲学道路"②。

三、交往思想与跨文化传播的契合性

跨文化传播是人类悠久的历史中长期存在的交往方式,这是由文化的交往性所决定的。交往是文化的核心,文化的独特发展规律只有通过交往互动才能被感知,由此决定了文化传播的交往性③。同时,人作为传播关系的总和,其地位是第一位的,人的交往本质自然也成为文

---

① 李明:《从主体间性理论看文学作品的复译》,《外国语》,第 2006 年第 4 期。
② 托多罗夫:《巴赫金、对话理论及其他》,蒋子华、张萍译,百花文艺出版社,2001 年,第 173 页。
③ 霍尔:《沉默的语言》,上海人民出版社,1991 年,第 206 页。

化传播的本质特征①。跨文化传播是来自不同文化的社会群体间的传播,由此决定了人在其中的重要地位。因此,跨文化传播研究必须以文化与人的交往为基础,体现交往的本质。交往是人类社会自古以来的重要活动,交往促进了文明的交流与沟通,促进了不同文化间的借鉴与吸收,在漫长的人类交往活动中形成了许许多多的交往智慧,这些智慧应当成为跨文化传播研究的重要思想资源。因此,交往思想既体现了人的本质特征,也反映了文化传播的本质,二者的契合性决定了交往思想对跨文化传播研究的学理意义。

与此同时,跨文化交流与传播的实践成果也证明了交往思想与跨文化传播的契合性。中国的"一带一路"倡议本质上就是交往,这种交往既是国际的又是区域的,既是双边的又是多边的,既是陆上的又是海上的,既是跨国的又是跨洲的,是跨文明、跨文化的交往。"一带一路"倡议正是遵循着交往思想,在共建共享中不断加深经贸、基础设施建设、国家安全和生态建设、科技、教育、文化、卫生、民间交往等各领域的广泛交往和合作,合作共赢理念已经转化为行动,愿景正在转变为现实。这种美好的未来需要建立在交往互动、共同发展的基础上,不仅是中国的项目和工程在共建国家落地生根,共建国家人民也有了越来越多的实际收益。上海洋山港借助"一带一路"倡议的东风,正在实现"东方大港"的百年梦想,希腊比雷埃夫斯港作为地中海地区重要的集装箱中转港、海陆联运桥头堡、国际物流分拨中心,也在"一带一路"倡议下重新焕发活力,成为希腊和中国在"一带一路"框架内通力合作的结晶②。作为全球发展合作的交往新平台,"一带一路"倡议不仅促进了中国走向世界、重构对外开放,而且在交往中与世界各国分享了中国的发展机遇,让各方搭乘中国发展的"快车"和"便车"。

---

① 单波:《跨文化传播的基本理论命题》,《华中师范大学学报(人文社会科学版)》,2011年第1期。
② 参见刘咏秋的综述《"一带一路"建设让希腊最大港口焕发活力》,新华网,2018年8月30日。

四、交往思想对中国对外文化传播研究的启示

（一）解决中国对外文化传播单向度缺陷的学理依据

按照霍尔(Hall)的"文化地图"，文化的交往性是"文化的核心，文化的独特发展规律只有通过交往互动才能被感知"①。如果我们仅把文化理解成某种先验的东西，就会导致文化理解和接受的片面化和僵化，妨碍文化传播效果。不论是同质文化内部还是异质文化之间，交往互动都是形成共有价值观以及文化认同的关键，而文化的后天学习性、选择性、符号依赖性以及变化性更印证了文化的交往互动性在文化传播中的核心地位。同时，人作为传播关系的总和，其地位是第一位的，人的交往本质自然也成为文化传播的本质特征②。因此，语言文化传播具有其特定的性质和目的，可以说，语言文化传播起源于交往，它本身就是交往，交往与文化传播具有高度的契合性。这种契合性可以从文化传播研究的一个重要术语"濡化"中得到验证。首先，"化"指二物相接，其一方或双方改变形态性质③。对于"濡化"，学界的理解不尽相同，贝瑞(Berry)认为，"濡化"应建立在"更为宽泛的社会和心理互动过程和结果的层面上"④。张美伦认为，"濡化"是"两个或两个以上不同文化体系间由于持续接触和影响而造成的文化变迁"⑤。不论是哪一种理解，该术语都体现了文化传播的交往本性。因此，文化传播的研究应该在交往思想的观照之下，这就找到了学理依据，也由此确定了中国对外文化传播中"以我为主"的传统传播理念问题之所在，明确了单向灌输和宣传的传播实质上就是忽视了交往性，尤其是作为"他者"的传

---

① 霍尔：《沉默的语言》，上海人民出版社，1991年，第206页。
② 单波：《跨文化传播的基本理论命题》，《华中师范大学学报(人文社会科学版)》，2011年第1期。
③ 冯天瑜：《文化守望》，武汉大学出版社，2006年，第20页。
④ Berry, J., "Immigration, Acculturation, and Adaptation", *Applied Psychology: An International Review*, 1997, 1, pp.5-68.
⑤ 张美伦：《濡化否？涵化否？——"跨文化传播学关键术语解读"介评》，《河北理工大学学报(社会科学版)》，2012年第5期。

播对象的主体性,剥夺了其作为主体的话语权,由此造成了传播对象的疑虑和紧张感,影响了传播的效果。为此,交往思想成为解决中国对外语言文化传播单向度问题的学理依据。

(二)主体性对构建中国对外文化传播"他信力"的贡献

"他信力"指"正确信任他人的一种能力"①。中国的对外文化传播不仅仅包含中国文化"走出去",还应该包含传播对象文化"走进来",文化的双向交往、互动需要建立在对自我文化的自信和对他者文化的"他信力"之上。而对他者的信任需要建立在对他者的尊重之上,交往思想对人的主体性的尊重为构建"他信力"提供了学理依据。

由于"人的本质不是单个人所固有的抽象物,在其现实性上,它是一切社会关系的总和"②,文化传播应该关注以人为本的精神,即把人作为主体,关心人的感受,关心人的现实需求,促进人在文化传播中的自主建构和发展,这是文化传播的本质规定。传播不仅仅是单向的传递,还是双向的交流。这样的对外文化传播是一个生态系统,包括人和环境两大要素。人既指对外文化传播者,也指传播受众;环境既包括对外文化传播中国际社会的大环境,也包括传播者和传播受众之间所形成的小环境。对外文化传播所形成的生态体系应该体现互动性、交往性。对外文化传播活动中的人既包括传播者,也包括传播对象,两者共同构成文化传播活动的主体。然而当前的中国对外文化传播却呈现出传播对象主体缺失的现象。传播对象主体性的缺失导致了传播行为以我为主,过于关注由此及彼的单向传播,忽视传播对象的差异性、对传播内容的接受心理,也缺乏了解和接受传播对象文化的意识。马克思在交往实践观形成之初就一再强调人的主体地位。他明确提出,作为有意识的存在物,"人使自己的生命活动本身成为自己意志和自己意识的对象"③。这种对象性是人与动物的本质区别,它决定了人的生命活

---

① 李建军:《中国与中亚的文化交流力建构》,《中南民族大学学报(人文社会科学版)》,2013年第1期。
② 《马克思恩格斯选集(第一卷)》,人民出版社,1995年,第60页。
③ 同上书,1995年,第45页。

动是自由的活动,是能动的类生活。对外文化传播必须关注传播对象的主体性,关注传播对象的心理。参与者心理因素是构成人的主体性特征的一个相当重要的组成部分。在对外语言文化传播实践中,传播者要充分考虑和尊重参与者即传播对象的心理因素,具体体现为传播对象从身心特点、人格需求和所处的社会、文化特征等方面体现的需求,这种需求在对外语言文化传播中就表现为来自外界的他信力。片面单向度的灌输无法满足传播对象较高层次需求的满足,是对他信力的消解,从而无法引发传播对象接受传播内容的主动性,无法在彼此间产生信任心理并对传播内容做出积极的应答,从而使对外文化传播事倍功半。

(三) 主体间性对中国对外文化传播中"他者"与"自我"关系的启发

当交往本质与对外文化传播本质相一致的时候,由此构建的以交往为根基的对外文化传播就抓住了关键点,即通过主体间性实现对外文化传播。在交往过程中,人与人之间通过心灵的理解、精神的唤醒、思想的相通、情感的体验、灵魂的感悟、平等的对话等多种方式进行主体间性的文化交往活动,这就弥补了单向度灌输的缺陷。同时,用交往来观照整个中国对外语言文化传播的实践,对象性文化传播就实现了向交往式文化传播的转化,"他者"与"自我"的关系实现了由"主—客"模式向"主—主"模式的转化。"他者"被赋予主体地位,另一个主体的登场使独唱成为二重唱。巴赫金曾用复调性来描述人与人的交往关系,指出"复调性,即对话性,是多重具有各自独立意识的不同声音的同时存在"①。如果说巴赫金的交往对话强调"生活在对话之中,在人中间,发现他人"②,那么在对外文化传播的语境中,不仅有"自我"的存在,还有"我们"的存在,构成"我们"的"他者"即传播对象也同样具有主体性,对外文化传播者必须承认"他者"作为具有独立意识的主体价值

---

① 巴赫金:《巴赫金全集(第五卷)》,钱中文等译,河北教育出版社,1998年,第27页。
② 托多罗夫:《巴赫金、对话理论及其他》,蒋子华、张萍译,百花文艺出版社,2001年,第173页。

的存在,承认"'自我'和'他者'共在一个'生态圈'之中"①。由此,我们认为,中国对外文化传播的目的不仅仅是让世界了解中国,还要通过不同文化中人的主体性来促进双主体的主体间性,更好地实现文化交往和传播,这与"一带一路"合作共赢的精神也是不谋而合的。正如雅斯贝尔斯(Jaspers)所指出的,主体间的交往既不丧失于他人之中,又不与他人相对立,而是在彼此保持自己的个性、人格、自由的同时又把自己的心揭示给他人,并领悟他人的心,生存的交往是不可替代的主体间的交往②。

"一带一路"倡议为中国对外文化传播带来了新的发展契机,而中国对外文化传播所面临的西强我弱的国际生态格局以及"中国威胁论""文化折扣"的国际社会大环境,加之中国对外文化传播实践中存在的单向度传播问题更对学界提出了新的问题和挑战,促使学界做出新的思考。中国对外语言文化传播应以人为核心,交往思想对人的主体性和主体间性的关注使其成为中国对外语言文化传播研究的学理依据,为构建"他信力"和正确处理"他者"与"自我"的关系夯实了理论基础。在交往思想关照下,中国对外语言文化传播研究应关注传播者和传播对象的双主体问题,主张文化传播是体现主体间性的交往,从而克服了以往单向度灌输的缺陷。交往思想为中国对外语言文化传播研究提供了新的思考视角,也为进一步探讨二者的关系提供了探索的空间。下一小节继续针对中国对外语言文化传播实践中存在的问题,围绕交往思想,探讨交往话语权问题,以消除对外文化传播实践中面临的传播对象紧张感,创建更加融合的对外文化传播氛围。

第四节 交往思想视角下的外宣翻译有效性探究

由于外宣翻译,"尤其是国家层面上的外宣翻译,作为国家意志

---

① 鲁洁:《道德教育的当代论域》,人民出版社,2005年,第195页。
② Jaspers, K., *The Perennial Scope of Philosophy*, Routledg and Kegen Paul limited, 1950, p.174.

在全球化语境背景下的输出与地缘政治的国际传播形式,本身已不再是单纯意义上的翻译实践活动,而是一种注重宣传效果的对外传播形式,具有翻译学与传播学的双重特征"①。本节将继续围绕交往思想,从理论层面对外宣翻译的有效性问题进行探讨。这种探讨将遵循从抽象的思维回归到具体实践的逻辑,从价值有效性和工具有效性两个方面探讨外宣翻译有效性问题,阐述实现外宣翻译有效性的途径。

一、翻译有效性理论研究现状

乔治·斯坦纳指出,相较于翻译理论,翻译实践才是大家更应该关注的领域②,而外宣翻译的有效性问题正体现了翻译的实践本质。外宣翻译的本质特征决定了外宣翻译的有效性是整个外宣翻译实践的本真和终极目标。什么是外宣翻译的有效性?根据《现代汉语词典》,"有效性"指"实现预期目标的程度"③。那么什么是外宣翻译的有效性?它具有什么特殊的内涵?实现外宣翻译有效性的关键是什么?

在进一步论述外宣翻译有效性问题之前,我们先对翻译有效性的研究进行回顾。截至 2021 年止,在中国知网上大约可以搜索到近 100 篇国内学界专门针对翻译有效性或翻译效果的成果。这些成果大多从翻译理论、策略及外宣传播角度探究如何提升翻译有效性以及意义,少数运用实证研究方法考察受众的接受情况。也有不多的研究专门探讨翻译效果本体问题。杜龙鼎认为,"语言是满载文化底蕴与文化内涵的一组符号,而译者要对付的至少是这样的两组内涵截然不同的符号。怎样把一组符号准确地转化为另一组符号以达到跨文化交际的有效性,这本身就是一个关于翻译效度(validity)的问题。我们习惯上把它

---

① 朱义华:《外宣翻译的政治暴力性探究——从黄岩岛的译名篡改谈起》,《太平洋学报》,2016 年第 9 期。
② 乔治·斯坦纳:《巴别塔之后:语言及翻译面面观》,孟醒译,浙江大学出版社,2020 年,第 iv 页。
③ 《现代汉语词典》,商务印书馆,1986 年,第 1403 页。

称之为翻译的有效性"①。这是目前为数不多的对"翻译有效性"进行明确定义的文献。周领顺教授认为,就翻译效果的探讨,"总体看来,泛论的较多,可操作的标准较少;宏观评述的较多,微观透视的较少"。同时,他引用李宏印对翻译效果"译作本身的成就得失"和"译作的社会效用"的划分方法以及两者的相辅相成的关系,进一步从译者主体出发,强调了译者的语言和社会的双重属性,认为如果不能两者兼顾,则"译文可能会用而无效或无最大的效果"。因此,周领顺教授提出了"译内效果"和"译外效果"的评价术语,"前者求原文之真,后者求译文之用"。二者互为补充,共同影响翻译有效性②。谢旭升指出,翻译的有效性涉及系统工程,包括译者的跨语言和跨文化思维,同时,译者要避免强制性灌输,而要按照目标语受众的接受习惯完成语言形式和内容的重新编码,是与原文作者合作所完成的二度创作③。魏向清从"中华思想文化术语"的英译问题出发,论述了文化术语翻译的有效性原则。原则依据哈贝马斯言语行为交往的三个有效性主张,即真实性、正当性、真诚性,结合"中华思想文化术语"英译实践,分别阐述了翻译有效性的"真实性原则""正当性原则"和"真诚性原则"④。这些研究提出的系统观点和以交往思想为依据的翻译有效性三原则是对翻译有效性理论探究的有益尝试,对本研究具有启发意义。

二、外宣翻译有效性探究

(一)外宣翻译有效性的内涵

本研究认为,外宣翻译有效性是外宣翻译实践本质的诉求,是外宣翻译活动成功与否的重要问题,或者说是外宣翻译的现实功能与期望

---

① 杜龙鼎:《从语言与文化的角度诠释翻译的有效性》,《湖南医科大学学报(社会科学版)》,2009年第3期。
② 周领顺:《"译内效果"和"译外效果":译文与译者行为的双向评价——译者行为研究(其六)》,《外语教学》,2011年第2期。
③ 谢旭升:《翻译的政治性与有效性》,《翻译界》,2018年第2期。
④ 魏向清:《从"中华思想文化术语"英译看文化术语翻译的实践理性及其有效性原则》,《外语研究》,2018年第3期。

功能的吻合程度。它既指外宣翻译的内在效果,即从译者出发,无论在形式、内容以及功能等诸多要素上努力实现从源文本到目标语文本的转换,同时指外在效果,即目标语受众在多大程度上接受译本,以实现外宣目标。也就是说,外宣翻译有效性也是译内效果与译外效果的辩证统一。因此,对外宣翻译有效性的理论探讨应该将内在效果与外在效果相统一,将外宣翻译的价值所在及终极目标相统一。依据本书绪论对外宣翻译的有关阐释,我们认为外宣翻译具有价值理性,它应该体现中国对外文化交流与传播的预期目标与效果,外宣翻译的本原就是中国对外文化交流与传播的本原,外宣翻译是具体的体现形式,离开了后者外宣翻译就是无源之水,无本之木。在这一过程中,各个环节都要把好关。其中,"译者身处文化输入和输出的风口浪尖,输入时须对信息进行甄别,放行有益信息、拦截有害信息,守好祖国的文化边关"[1]。同时,外宣翻译也具有工具理性,即科学、合理地运用各种翻译理论、策略和方法从事具体翻译实践活动、全面提升自身认识和素养、实现翻译有效性的功能。本研究认为,对于外宣翻译有效性的理论探讨既要包括外宣翻译的价值理性,也要包括它的工具理性,它通过二者共同实现,是两者共同张力的结果。因此,本章将从外宣翻译价值实效和工具实效两个方面论述外宣翻译有效性问题。

1. 价值实效

"实效"即"实际的效果",与"有效性"同义[2]。外宣翻译的价值实效是中国对外文化交流与传播目标与外宣翻译实际效果的高度统一,它要求从国家战略到具体翻译实践的转换,从具体实践到国家战略的还原,这种转换和还原应建立在外宣工作者的自觉意识之上,即提升外宣工作者,包括从事外宣翻译实践的译者的自我修养,实现自我觉解。"觉解"是冯友兰先生的哲学术语,"觉"是"自觉","解"是"了解"。人的自我觉解程度决定了其精神境界[3]。王佐良先生也指出,翻译工作者

---

[1] 谢旭升:《翻译的政治性与有效性》,《翻译界》,2018年第2期。
[2] 《现代汉语词典》,商务印书馆,1986年,第1036页。
[3] 彭未名:《交往德育论》,山西教育出版社,2005年,第57页。

需要修养、经验、历史感、想象力，需要随时根据不同情况调整自己①。这个调整、调和的过程就是自我觉解、自我构建的过程。他们个人的思想、政治、品德、知识、能力等素质水平都会影响外宣翻译实践，影响外宣翻译的效果。因为觉解的过程本质上是外宣工作者对外宣内容的理解和解释过程。

解释学（Hermeneutik）一词来源于赫尔墨斯（Hermes）。赫尔墨斯是希腊神话中诸神的信使，负责将诸神的指示传递给人类。由于神的语言和人的语言不同，信使在传递信息时需要翻译和解释。因此，解释就是将一种语言转换成另一种语言。在外宣翻译实践中，译者就承担着这种解释的任务，并且在解释的过程中需要在理解、内化的基础上将受众不熟悉的内容，尤其是与中国特有社会、文化相关的信息尽量转换成受众能够理解和接受的形式。这就要求译者首先要维护自身的主体地位，正确理解外宣内容，在内化为自身观念的基础上进行转换。谢旭升形象地指出，"译者身兼政治家和技术专家的双重角色，翻译文本应是政治性和有效性的有机统一"②。正如当代解释学所倡导的，我们要"承认并充分肯定前理解结构或前见在理解中的作用，但是……文本的意义理解必须从文本的存在方式出发，不能漠视文本自身的存在"③。这就要求译者正确理解国家外宣政策，研究翻译内容，真正理解文本的思想观点，而不是仅作表面、机械的翻译，以消解译者与文本间的交往障碍，从而真正实现翻译的价值实效。

2. 工具实效

如前所述，外宣翻译有效性包括价值实效和工具实效两个部分，价值实效是内核，离开了价值理性讨论外宣翻译有效性是空洞的，甚至是危险的，但是，外宣翻译的价值理性也离不开工具理性，外宣翻译是否能实现其预期的价值功能具有终极意义。本节将重点探讨实现外宣翻

---

① 王佐良：《文学翻译中的语言问题》，《中国翻译》，1993年第2期。
② 谢旭升：《翻译的政治性与有效性》，《翻译界》，2018年第2期。
③ 李建盛：《理解事件与文本意义——文学诠释学》，上海译文出版社，2002年，第135页。

译工具实效的可能性条件。

外宣翻译工具实效指外宣翻译实践的工具理性意义,就是通过译者的翻译活动实现外宣在内容、形式的转换,实现对外文化传播与交流的功能,它体现的是对外宣传的终极意义。语言是人类特有的交际工具,这是语言最根本的社会功能。人类运用语言进行交际的过程,就是人们以语言作为交际工具相互交往,彼此交流思想的过程。而语言各有不同,实现不同语言之间的交流需要翻译的转换。翻译活动不仅是微观的语言转换,也是一种跨文化的交际活动。翻译学的研究视角也渐渐从微观考察转入宏观分析,翻译被界定为"一定社会语境下发生的交际过程"[1],译者"不仅具有双语能力,而且具有双文化视角"[2]。外宣翻译不同于一般意义的翻译,它以提升国家形象为目标,以国家利益和国际环境判断、译介效果评估与策略调整为基本内容,其目的是让世界各国、各地区的使用不同语言、处于不同社会文化背景的人们通过多语种译文及时、正确、全面地了解中国,因此,外宣翻译中说什么、怎么说至关重要,只有当译文能够为各国受众理解和接受时,外宣翻译乃至外宣才能真正发挥作用。为了实现这一目标,译者在坚持外宣翻译政治性的前提下应该遵循交往原则,即基于主体间性思想,一方面充分调动自身作为译者的主体性,在忠实与自由之间寻求平衡点,在重置与补偿之间完善译者行为;另一方面关注翻译实践中作者及源文本、译者、译文及受众的相互交往,尤其是跨文化交际双方可能存在因语境缺失产生交际障碍时,必须随时进行翻译策略和方法的调整,即必须对源文本符号进行处理,而不仅仅是平行转移。这种对交往规则的遵守和由此激发的调整意识和能力是译者在外宣翻译实践过程中必须遵守的首要前提。本研究涉及的语篇翻译接受情况的实证结果尤为突出地体现了这一点。当译者能够充分意识到目标语特点及受众思维习惯时,其译文的接受情况就比较理想,翻译有效性也得到提升,反之亦然。其次,

---

[1] Hatim, B. & I. Mason, *Discourse and the Translator*, Longman, 1990, p.3.
[2] Ibid., p.223.

译者行为还应该具备构建功能,即通过成功的翻译活动影响,甚至构建他人思维的能力。外宣翻译的目的就是通过翻译活动帮助中国及中国文化更好地"走出去",其关键要素就是使外宣受众理解和接受外宣的内容和形式,并在此基础上逐渐形成和构建对中国以及中国文化的认识。这实际上是一种通过翻译行为实现的多主体间的交往行为。哈贝马斯认为,人类的语言不仅仅是沟通的工具,它还具有"人们借以达成行为共识、相互理解的普遍结构"①。这种建立在交往思想之上的言语行为具有以言取效的功能,它将语言功能与主体、客观世界、主观世界集于一体,促使主体在交往中以一种双向的、平等的关系理解和接受信息。交往有可能将来自主体之外的强加信息转化为被主体接受的信息,以消解抵触和压抑。

(二) 外宣翻译有效性的实现途径

正因为外宣翻译的有效性体现了其现实价值和最终归宿,外宣翻译的接受情况成为外宣翻译有效性最重要的考量之一,具有终极意义。离开了对接受实效的考察和更深层面的理论探讨,外宣翻译有效性研究是难以想象的,这是由外宣翻译实践性的特殊性所决定的。针对目前中国对外文化传播与交流中存在的诸如"威胁论"等所引发的受众疑惑、焦虑及误解,在理论层面,尤其是结合翻译自身的特质拓展思路,进行各种理论的探索显得尤为迫切和重要。本章将从交往思想出发,探讨提升外宣翻译有效性的实现途径。

外宣翻译不仅仅是单纯意义上的翻译实践活动,更是一种注重宣传效果的对外传播形式,具有翻译学与传播学的双重特征。对于外宣翻译有效性实现途径的探讨不能局限于已有翻译学领域,还需要拓展思路。对外文化传播的对象是人,应该以人为核心。因此,在探讨外宣翻译有效性实现途径时也应该关注人的主体性和主体间性,关注人的交往本质。

交往是人类社会固有的存在方式。雅斯贝尔斯曾指出,"交往是人

---

① 哈贝马斯:《交往与社会进化》,张博树译,重庆出版社,1989年,第35页。

的真正存在的普遍条件。人的本质、人之所是与交往有着本体的联系"①。当今的世界更是一个交往的世界,社会交往、文化的输入与输出无处不在。同时,当今复杂的国际局势又对各国的文化传播与交流提出了挑战。度的把握很重要,既要有文化自信,也要避免产生文化威胁。因此,在探讨外宣翻译有效性时也要关注交往思想所提倡的主体间性,处理好外宣翻译中他者与自我的关系,实现由"主—客"模式向"主—主"模式的转化。体现主体间的翻译观在保持自我与兼顾他者之间保持平衡,在保持自我文化和努力了解和领悟他者文化之间保持平衡。美国翻译家奈达(Nida)认为,"对于真正成功的翻译来说,双文化能力甚至要比双语能力更为重要"②。从交往视角来理解,双文化能力就是不同文化之间的交往能力,是不可替代的主体间的交往。

正如乔治·斯坦纳所指出的,从翻译解释学的视角出发,翻译的过程包含了信赖——侵入——具现——补偿四个步骤,其中侵入和具现阶段不可避免地造成译者对文本的破坏与重置。在外宣翻译中,对外宣传的使命更有可能使译者翻译的产物与目标语受众之间产生冲突,而翻译界对此问题的讨论大多涉及翻译策略的归化和异化。这一对概念最早由韦努蒂提出,归化提倡以译文读者接受度为归宿,异化则主张保留源文本的特点。韦努蒂提出的这一对概念是在英美文化作为强势文化的背景下。他认为,"任何语言运用都是各种权力关系之场,因为在特定的历史阶段语言就是强势形式(major form)统治少数变体(minor variables)",后者即为"语言剩余"③。翻译的过程就存在强势语言与少数语言的相互关系问题。归化翻译的实质就是"强势形式"压抑"语言剩余",而异化翻译作为"少数化翻译"(minoritizing translation),其

---

① Jaspers, K., *Reason and Existenz*, Milwaukee Marquette University Press, 1997, p.79.
② Nida, E. A., *Language, Culture and Translating*, Shanghai Foreign Language Education Press, 1993, pp.27—30.
③ Venuti, L., *The Scandals of Translation: Towards an Ethics of Difference*, Routledge, 1988, p.10.

目的就是在话语策略上释放"语言剩余",即语言的"少数变体"①。这样看来,韦努蒂的以译文读者可接受为归宿的归化,实质上是以具有英美强势文化的读者为中心,在这样的背景下,受众的文化因为其强势地位而得以兼顾,却削弱了代表弱势文化的源文本特质。因此,韦努蒂提倡异化,主张保留源文本的语言及文化特征,以反对归化引发的对源文本的破坏。如果从翻译实践中译者与受众的话语权角度看归化和异化,那么,翻译的过程就始终存在强势语言与弱势语言的相互关系问题。韦努蒂反对归化、主张异化的主张体现了他对英美强势文化的抵抗,但是,他号召英美译者用异化来抵抗英美的文化霸权本质上也是一种对源语语言的重制,因为异化有可能因为保留源文本语言、文化特征而致使目标语读者不知所云,从而无法实现翻译的有效性。不论是归化还是异化不能成功实现翻译任务,即两种语言和文化的转换,是翻译实践中的两个极端。而译者正是连接两端的中间环节,是桥梁。因此,译者应该树立交往翻译观,既充分了解源语言及文化,又充分了解目标语语言和文化,在正确理解源语言及文化的基础上运用恰当的方式将其转换为目标语读者能够理解的形式和内容,即归化。如果不能实现对等,则可以采用"异化+解释"的策略,实现对源语文本的补偿。

因此,归化、异化问题只是翻译策略问题,而译者在归化或异化的选择中则起着至关重要的作用,反映了译者的翻译观、文化主张和意识形态。例如《红楼梦》中《好了歌》的"世人都晓神仙好",霍克斯(Hawkes)将其译为 Men all know that salvation should be won。原著宣扬的是以生为乐、重生恶死的道教思想,霍克斯的归化翻译却宣扬一种上帝解救苍生的基督教立场。西方译者类似的"文化无意识"现象可以说屡见不鲜②。同样是《红楼梦》,中国译者杨宪益的翻译充满了中国文化特色,但是英语国家受众却感觉理解起来有困难。这样的现实充分说明,译

---

① 张景华:《论"翻译暴力"的学理依据及其研究价值——兼与曹明伦教授商榷》,《中国翻译》,2015年第6期。
② 同上。

者在翻译实践中处于两种不同文化之间的交往之中,译者对于两种文化转换的度的把握很重要,也很不容易。当韦努蒂提出翻译"暴力"议题时,他意识到了英美译者出于民族文化优越感而在翻译外来语言时更主张归化的现象,虽然译文更符合文化更优越的目标语读者的习惯,却削弱了源文本的文化特征和文化差异,多少有些以自我为中心。在这样的语境下,提倡异化实质上体现了译界从"自我"向"他者"的转向,体现了对他者的尊重,是交往思想的体现。"容忍乃至欣赏他者是跨文化交际的要义。"①译者不是工具,译者行为不是工具性的行为。译者是具有主体思想的人。译者如何通过自身的努力化解对源语文本的侵入和破坏是关键。在主体性哲学理性至上思想的指导下,翻译成为"单声""自我独白"式的实践,他者消失在视野之外,自我成为中心和最终目的。巴赫金所主张的"复调""对话"被完全摒弃。

翻译就是两种不同语言以及其背后不同社会、文化的转换,那么,转换的度十分关键。归化偏重于目标语,会牺牲源文本的差异性,而异化注重保留源文本的原汁原味,可能会让目标语读者难以理解。两种策略都有可能造成转换的失败。因此,寻求度的平衡很重要,有必要在译者的翻译伦理中树立双主体、主体间性,平衡"自我"和"他者"的关系,确立交往式的翻译观。交往式的翻译观在承认冲突不可避免的同时认为,语言、文化的转换不一定总是要么强加于人,要么被动接受。翻译实践完全可以建立在双方交往的意愿之上。因此,以交往思想为指导的翻译观有助于从学理上消解翻译——解释过程中对源语文本的侵入和整合重构,引导译者产生更有效的译者行为。交往思想同时承认和关注自我和他者,并且在翻译实践中实现二者的平衡。作为译者,在充分了解目标语对象性特征后,对源文本作适当的调整,使之既保留源文本的社会、文化特点,又能为目标语读者接受,实现互惠互利,是体现交往精神的译者行为。

---

① 孙艺风:《论翻译的暴力》,《中国翻译》,2014年第6期。

第五节　结束语

　　课题以《孔子学院》英语、阿拉伯语、德语、俄语和法语系列期刊的多种栏目作为研究语料,借助问卷、访谈、有声思维实验方法,运用社会文化和功能语言学、语篇分析理论框架,从词汇、语篇层面展开了译文接受度的研究,获得的发现比较真实地反映了海外受众对于我国外宣翻译译本的接受情况。同时,基于五个语种在文化负载词以及语篇方面的实证研究结果,在对比的基础上进一步论述了翻译有效性问题。

　　本章作为整个课题的总结,在实证研究的基础上尝试对外宣翻译有效性问题做进一步的宏观探讨。首先从翻译的本质出发,着重关注了翻译的"暴力"问题,为下文如何弥补和修正该问题进行了铺垫。其次,从外宣翻译的任务规定出发,把它放在中国对外文化交流与传播的视野下,指出讲好中国故事、传播中国文化不是单向度的灌输,而是在交往思想指导下的双主体的、主体间性的行为,既要坚持中国的立场,也要兼顾传播对象的特点,这其中也涉及交往式话语权问题。外宣翻译担负着中国对外文化交流与传播的重任,翻译的有效性问题具有终极意义。交往思想视角下的交往翻译观能够从外宣翻译的价值理性和工具理性两个角度解决外宣翻译有效性问题,处理好外宣翻译有效性的译内效果和译外效果的辩证关系。

　　与此同时,课题研究存在一定的不足,后续可以在此基础上做进一步的完善。首先,实证研究部分因受到各个语种母语者被试条件的限制,尤其受到俄、法、德、阿四个语种母语者研究被试人数及国籍的局限性,未能实现较大规模的量化研究,因此,所得结论需要后续进一步定量研究的支持。

参考文献

中　文

安新奎:《国际会展指南误译评析——以〈欧亚经济论坛会议手册〉译文为例》,《西安外国语学院学报》,2006 年第 1 期。
巴赫金:《巴赫金全集》(第五卷),钱中文等译,河北教育出版社,1998 年。
巴赫金:《马克思主义与艺术话语》,《巴赫金全集》第 2 卷,河北教育出版社,1998 年。
白洁:《目的论视角下乌兰察布旅游资源外宣俄译研究》,《作家天地》,2019 年第 19 期。
包惠南:《文化语境与语言翻译》,中国对外翻译出版公司,2001 年。
曹继阳、李泉:《汉语口语语篇衔接手段与衔接成分——基于经典情景喜剧〈我爱我家〉的研究》,《语言文字应用》,2019 年第 2 期。
曹明伦:《"翻译暴力"从何而来?——韦努蒂理论术语 violence 探究》,《中国翻译》,2015 年第 3 期。
曹卫东:《Communication(交往)》,《读书》,1995 年第 2 期。
陈达、陈昱霖:《笔下解不开的结——浅析翻译暴力对翻译实践的影响》,《上海翻译》,2016 年第 4 期。
陈凡:《茶名对宣翻译问题与对策探讨》,《福建茶景》,2016 年第 2 期。
陈洁:《俄汉超句统一体对比与翻译》,上海外语教育出版社,2007 年。
陈清华:《关于海外受众接受心理的外宣策略》,《江苏社会科学》,2010 年第 4 期。
陈小慰:《对外宣传翻译中的文化自觉与受众意识》,《中国翻译》,2013

年第 2 期。

陈小慰:《文化外译受众意识的样本分析——以〈中国文化读本〉英译为例》,《中国翻译》,2015 年第 4 期。

陈中耀:《新编阿拉伯语语法》,上海外语教育出版社,2000 年。

程琪龙:《复杂述位》,《汕头大学学报》,1994 年第 2 期。

程珊、叶兴国:《基于大型电子词典与语料库的文化词汇模型认知对比研究——以"HAND"和"手"为个案研究》,《外语电化教学》,2016 年第 4 期。

褚敏:《俄罗斯的饮茶文化》,《俄罗斯文艺》,2001 年第 1 期。

崔建周:《外宣翻译研究述评》,《语文学刊(外语教育教学)》,2012 年第 10 期。

戴小江:《汉唐时期中国文化对中亚的影响》,《菏泽师范专科学校学报》,2004 年第 3 期。

单波:《跨文化传播的基本理论命题》,《华中师范大学学报(人文社会科学版)》,2011 年第 1 期。

邓艳芝:《韩汉语篇翻译的衔接手段比较研究》,《现代语文》,2019 年第 8 期。

丁大同:《儒家道德中的交往理论》,《天津社会科学》,1997 年第 1 期。

丁衡祁:《对外宣传中的英语质量亟待提高》,《中国翻译》,2002 年第 4 期。

窦卫霖、祝平:《对官方口号翻译有效性的实证研究》,《中国翻译》,2009 年第 5 期。

窦卫霖:《如何提高中国时政话语对外传译效果——基于认知心理学角度》,《探索与争鸣》,2016 年第 8 期。

杜龙鼎:《从语言与文化的角度诠释翻译的有效性》,《湖南医科大学学报(社会科学版)》,2009 年第 3 期。

段连城:《对外传播学初探》,五洲传播出版社,2004 年。

段世骥:《用作次要谓语的俄语副动词》,《外语教育与研究》,1962 年第 2 期。

段塔丽:《中国古代门神信仰的由来与嬗变》,《陕西师范大学继续教育学报》,2000年第3期。

樊荣:《语言推广与文化融合问题研究》,东北大学汉语言文字学博士学位论文,2012年。

范勇:《〈纽约时报〉涉华报道对中国特色词汇翻译策略之研究》,《解放军外国语学院学报》,2010年第5期。

方琰、艾晓霞:《汉语语篇主位进程结构分析》,《外语研究》,1995年第2期。

方琰:《汉语语篇主位进程结构分析》,《外语研究》,1995年第2期。

方琰:《试论汉语的主位述位结构——兼与英语的主位述位相比较》,《清华大学学报(哲学社会科学版)》,1989年第2期。

冯天瑜:《文化守望》,武汉大学出版社,2006年。

傅永军:《哈贝马斯交往行为合理化理论述评》,《山东大学学报(哲学社会科学版)》,2003年第3期。

高雅古丽·卡德尔、金莉:《时政文本的汉俄翻译机制及策略研究》,《中国俄语教学》,2015年第4期。

郭纯洁:《有声思维法》,外语教学与研究出版社,2007年。

郭建中:《异化与归化:道德态度与话语策略——韦努蒂〈译者的隐形〉第二版述评》,《中国翻译》,2009年第2期。

郭静:《基于功能对等理论分析〈洗澡〉英、法译本中文化负载词的翻译策略》,北京外国语大学外国语言学及应用语言学硕士学位论文,2014年。

哈贝马斯:《交往与社会进化》,张博树译,重庆出版社,1989年。

韩岚:《汉语文化负载词英译的识解转换探析》,《吉林广播电视大学学报》,2017年第1期。

韩礼德:《功能语法导论》,彭宣伟等译,外语教学与研究出版社,2010年。

韩斋:《〈酒国〉法译本中汉语文化负载词翻译案例分析》,《文学教育》,2017年第2期。

韩悦:《〈论语〉英俄译本中核心概念文化负载词"义"的翻译对比研究》,

《中国俄语教学》,2019年第3期。

何金娥:《试探主述位在翻译中的迁移效果》,《云梦学刊》,2000年第1期。

何清强、王文斌、吕煜芳:《汉语叙述体篇内句的特点及其二语习得研究——基于汉英篇章结构的对比分析》,《语言教学与研究》,2019年第6期。

何魏魏:《汉语文化负载词的英译》,《山西农业大学学报(社会科学版)》,2009年第8卷第3期。

何西茜:《对外汉语国俗词语教学研究》,山东师范大学汉语国际教育硕士学位论文,2013年。

何云波、任晨:《毛泽东军事策略与围棋——兼评〈旷日持久的游戏——毛泽东军事策略的围棋阐释〉》,《湘潭大学学报》(哲学社会科学版),2021年第2期。

贺金山、付欢:《外宣翻译中"内外有别"和"以我为准"的统一》,《现代语文(语言研究版)》,2014年第3期。

洪波:《主体性的诉求与困境——基于马克思哲学视点的分析》,《社会科学战线》,2009年第12期。

侯松华:《谈太极拳的节节贯穿》,《健身科学》,2006年第2期。

侯旭:《社会语言学》,东南大学出版社,2010年。

胡芳毅:《操纵理论视角下的外宣翻译——政治文本翻译的改写》,《中国科技翻译》,2014年第5期。

胡兴文、张健:《外宣翻译的名与实——张健教授访谈录》,《中国外语》,2013年第3期。

胡振华:《我所见证的中国与中亚五国文化交流合作纪实》,《中国穆斯林》,2014年第6期。

胡壮麟、刘润清、李延福主编:《语言学教程》,北京大学出版社,1988年。

黄亚琴、芮渝萍:《接受美学视角下的文学翻译》,《现代语文(学术综合版)》,2014年第5期。

黄衍:《试论英语主位和述位》,《外国语(上海外国语学院学报)》,1985

年第 5 期。

黄友义:《坚持"外宣三贴近"原则,处理好外宣翻译中的难点问题》,《中国翻译》,2004 年第 6 期。

霍尔:《无声的语言》,刘建荣译,上海人民出版社,1991 年。

贾慧:《翻译美学视角下的外宣翻译——〈舌尖上的中国〉英法译版对比研究》,北京外国语大学法英汉同声传译专业硕士学位论文,2015 年。

姜秋霞:《翻译的文化书写:有形与无形》,《中国社会科学报》,2015 年 11 月 17 日。

姜雅明:《中央文献词语文化特色的俄译问题》,《中国俄语教学》,2016 年第 2 期。

焦一强:《中国文化走向中亚障碍因素分析》,《新疆大学学报(哲学社会科学版)》,2013 年第 1 期。

孔德明:《德语常用语篇连接词语》,《江苏外语教学研究》,1997 年第 2 期。

《〈孔子学院〉多语种系列期刊创刊十周年》,《孔子学院》,2020 年第 1 期。

赖祎华:《文化全球化背景下中国国际话语权的提升——以 CCTV-NEWS 外宣语言及策略为例》,《江西社会科学》,2011 年第 10 期。

雷美玲:《莫言〈蛙〉英、法译中文化负载词的比较研究》,南京大学汉语国际教育硕士学位论文,2018 年。

黎金娥:《英汉数字习语的国俗语义比较》,《湖北中医学院学报》,2010 年第 2 期。

李飞武、邓琳超:《体裁视阈下的外宣语篇汉英翻译研究》,《语文学刊(外语教育教学)》,2013 年第 3 期。

李红海、李雯倩:《关于汉、英中颜色词的国俗语义的比较》,《无锡职业技术学院学报》,2005 年第 3 期。

李红红、刘颖:《余华小说〈兄弟〉文化负载词翻译策略研究》,《南昌教育学院学报》,2018 年第 5 期。

李虹霖:《浅析钱锺书〈围城〉中文化负载词的翻译方法》,《译苑新谭》,2016年第1期。

李建军:《中国与中亚的文化交流力建构》,《中南民族大学学报(人文社会科学版)》,2013年第1期。

李建盛:《理解事件与文本意义——文学诠释学》,上海译文出版社,2002年。

李杰、钟永平:《论英语的情态系统及其功能》,《外语教学》,2002年第1期。

李卡宁:《从汉德民族社交语用看东西方思维方式的差异》,《内蒙古大学学报(人文社会科学版)》,2005年第2期。

李玲君:《俄语语篇分析中的衔接与连贯》,《内蒙古大学学报(人文社会科学版)》,2008年第1期。

李明:《从主体间性理论看文学作品的复译》,《外国语》,2006年第4期。

李锡奎、史铁强:《语篇衔接与连贯研究进展及趋势分析》,《中国俄语教学》,2015年第3期。

李小均:《翻译暴力与属下话语》,《天津外国语学院学报》,2006年第6期。

李嫒、李心驰:《德国努力提升德语地位》,国家语言文字工作委员会组编,《世界语言生活状况报告(2019)》,商务印书馆,2019年。

李战子:《评价理论:在话语分析中的应用和问题》,《外语研究》,2004年第5期。

李智、赵子先、郑君:《动量梯度下降法训练BP网络》,《内蒙古科技与经济》,2006年第12期。

栗长江:《文化·操纵·翻译的暴力》,《湖南人文科技学院学报》,2006年第5期。

梁艺蓝:《〈论语〉中文化负载词"信"的俄译研究》,《北方文学》,2020年第6期。

廖七一:《当代西方翻译理论探索》,译林出版社,2002年。

林纪诚:《英语语篇中词汇衔接手段试探》,《外国语(上海外国语学院学报)》,1986年第5期。

刘宝玉、陈娟:《基于平行语料库的〈生死疲劳〉俄译本中国文化负载词翻译策略与方法研究》,《中国俄语教学》,2018年第1期。

刘朝晖:《评〈红楼梦〉两个英译本的可接受性——以美国亚利桑那州立大学学生的抽样调查为例》,《中国翻译》,2014年第1期。

刘鸿庆、张晓光:《布拉格学派信息流处理方法对语篇翻译的启示》,《齐齐哈尔大学学报(哲学社会科学版)》,2021年第1期。

刘慧丹、胡开宝:《基于语料库的莎士比亚戏剧中情态隐喻汉译研究》,《当代外语研究》,2015年第3期。

刘建明主编:《宣传舆论学大辞典》,经济日报出版社,1992年。

刘金鹏:《〈丰乳肥臀〉中汉语文化负载词汉译法赏析——以杜莱特夫妇的法译文为例》,《法国国家与地区研究》,2019年第4期。

刘开会:《"格式塔"——一个哲学的再思考》,《社会科学》,1988年第3期。

刘立华:《评价理论研究》,外语教学与研究出版社,2010年。

刘满芸:《翻译研究文化转向以来的主体滥觞之反思——从"翻译暴力"谈起》,《上海理工大学学报(社会科学版)》,2017年第1期。

刘齐生:《汉德宣传性语篇结构差异的政治语法因素——汉、德"企业介绍"语篇研究》,广东外语外贸大学外国语言学与应用语言学博士学位论文,2009年。

刘珊珊:《从生态翻译学视角看汉语文化负载词的口译》,《黑龙江教育(理论与实践)》,2014年第3期。

刘亚猛:《追求象征的力量:关于西方修辞思想的思考》,生活·读书·新知三联书店,2004年。

刘咏秋:《"一带一路"建设让希腊最大港口焕发活力》,新华网,2018年8月30日。

卢小军:《外宣翻译"译+释"策略探析》,《上海翻译》,2012年第2期。

鲁洁:《道德教育的当代论域》,人民出版社,2005年。

陆莺:《论异化翻译的最优化》,《四川外语学院学报》,2004年第5期。

罗骥、钱睿:《东南亚汉语传播历史研究:现状与思考》,《云南师范大学学报(对外汉语教学与研究版)》,2014年第3期。

《马克思恩格斯选集(第一卷)》,人民出版社,1995年。

马肇椿:《伊斯兰教简介》,《中国穆斯林》,1981年第1期。

梅立崇:《汉语国俗词语刍议》,《世界汉语教学》,1993年第1期。

孟凡茂、孟凡艳:《probably与maybe的用法比较》,《英语知识》,2002年第7期。

穆雷:《中国翻译教学研究》,上海外语教育出版社,1999年。

彭春霞、曾剑平:《论文化差异对语言可译性的制约作用和文化词语的翻译》,《新余学院学报》,2004年第9卷第4期。

彭未名:《交往德育论》,山西教育出版社,2005年。

诺曼·费尔克拉夫:《话语与社会变迁》,殷晓蓉译,华夏出版社,2003年。

齐光先:《现代俄语中的次要主语》,《外语教育与研究》,1980年第1期。

钱乃荣:《现代汉语的特点》,《汉语学习》,1990年第4期。

乔治·斯坦纳、孟醒:《〈巴别塔之后〉(再版)》,《工会博览》,2021年第18期。

乔治·斯坦纳:《巴别塔之后:语言及翻译面面观》,孟醒译,浙江大学出版社,2020年。

任晨:《围棋语词的译介与意义建构》,《中国围棋论丛》,2020年第5辑。

任绍曾:《语篇的多维分析》,《外国语(上海外国语大学学报)》,2003年第3期。

阮玉慧:《汉语语篇衔接手段与英译策略探析》,《安徽工业大学学报(社会科学版)》,2008年第5期。

邵彦舒:《生态翻译学视阈下〈边城〉文化负载词维译研究》,《中国民族博览》,2019年第1期。

沈苏儒:《对外报道教程》,五洲传播出版社,2004年。

盛南:《中法思维差异对跨文化语言写作造成的障碍》,《科学中国人》,2016年第2期。

史铁强:《超句统一体的基本属性及其界限划分》,《中国俄语教学》,1990年第3期。

司守奎、孙玺菁:《数学建模算法与应用》,国防工业出版社,2011年。

宋健:《〈红楼梦〉法译本文化负载词翻译策略研究》,《法语学习》,2013年第6期。

孙清兰:《高频词与低频词的界分及词频估算法》,《中国图书馆学报》,1992年第2期。

孙清兰:《齐夫定律若干理论问题探讨与发展》,《情报学报》,1992年第11期。

孙艺风:《翻译规范与主体意识》,《中国翻译》,2003年第3期。

孙艺风:《论翻译的暴力》,《中国翻译》,2014年第6期。

孙艺风:《文化翻译》,北京大学出版社,2016年。

陶诗怡:《国俗词语的语义特征与认知分析——以"春"为例》,《辽宁工程技术大学学报(社会科学版)》,2012年第5期。

田俊雷:《语言篇章研究的传承与发展论述》,《三峡论坛》,2019年第2期。

同心:《中国国家形象跨文化传播的评估指标体系研究》,复旦大学广播电视学博士学位论文,2014年。

托多罗夫:《巴赫金、对话理论及其他》,蒋子华、张萍译,百花文艺出版社,2001年。

汪成慧:《俄汉文化差异与思维方式》,《重庆师范大学学报(哲学社会科学版)》,2004年第2期。

王柏童:《目的论视角下文化负载词的外宣翻译——以〈习近平谈治国理政〉中的用典为例》,《汉字文化》,2020年第18期。

王崇德:《关于齐夫第二定律的研究》,《情报学报》,1995年第1期。

王达:《接受美学视域下庄子〈逍遥游〉德译本中文化负载词对比分析》,《今古文创》,2020年第41期。

王德春:《国俗语义学和汉语国俗词典》,《辞书研究》,1991年第6期。

王德春主编:《汉语国俗词典》,河海大学出版社,1996年。

王东风:《帝国的翻译暴力与翻译的文化抵抗:韦努蒂抵抗式翻译观解读》,《中国比较文学》,2007年第4期。

王佳惠:《论溥仪自传〈我的前半生〉德译本中文化负载词的翻译策略》,青岛大学德语语言文学硕士学位论文,2018年。

王建平:《汉诗英译中的格式塔艺术空白处理》,《外语学刊》,2005年第4期。

王京平:《德语语言学教程》,外语教学与研究出版社,2003年。

王静静:《认知图式和文化负载词的翻译》,《安徽文学(下半月)》,2009年第10期。

王丽慧:《文化等值视角下中国文化负载词的翻译》,《河南科技大学学报(社会科学版)》,2014年第2期。

王文斌、何清强:《汉英篇章结构的时空性差异——基于对汉语话题链的回指及其英译的分析》,《外语教学与研究》,2016年第5期。

王文斌、何清强:《论汉英篇章构建的时空性差异》,《山东外语教学》,2017年第2期。

王秀丽:《当代法国语言学研究动态》,北京语言大学出版社,2010年。

王秀丽:《法语语言学教程》,外语教学与研究出版社,2006年。

王秀丽:《篇章分析中的概述回指》,《当代语言学》,2012年第3期。

王扬:《英汉语篇思维模式与结构》,《内蒙古大学学报(人文社会科学版)》,2000年第6期。

王有勇:《中华典籍阿拉伯语翻译的问题、原则与任务》,《中国社会科学报》,2019年10月25日第6版。

王振华:《评价系统及其运作——系统功能语言学的新发展》,《外国语(上海外国语大学学报)》,2001年第6期。

王佐良:《文学翻译中的语言问题》,《中国翻译》,1993年第2期。

魏向清:《从"中华思想文化术语"英译看文化术语翻译的实践理性及其有效性原则》,《外语研究》,2018年第3期。

文旭:《词汇空缺的发现程序和认知理据》,《四川外语学院学报》,2003年第5期。

吴文艳:《外宣翻译中文化负载词的英译原则与方法》,《湖南科技大学学报(社会科学版)》,2014年第6期。

吴贻翼、雷秀英、王辛夷等:《现代俄语语篇语法学》,商务印书馆,2003年。

吴瑛:《对孔子学院中国文化传播战略的反思》,《学术论坛》,2009年第7期。

吴应辉:《东南亚汉语传播研究》,北京语言大学出版社,2021年。

肖姝:《译者主体性与对外传播中标语、口号翻译》,《外国语文》,2011年第(S1)期。

谢旭升:《翻译的政治性与有效性》,《翻译界》,2018年第2期。

徐盛桓:《隐喻的起因、发生和建构》,《外语教学与研究》,2014年第3期。

徐盛桓:《主位和述位》,《外语教学与研究》,1982年第1期。

许尔才:《略论中国与中亚的文化交流》,《新疆大学学报(哲学社会科学版)》,2012年第3期。

薛娇娇:《论中国典籍文化负载词的可译性——从认知语言学视角》,《海外英语》,2014年第5期。

颜保:《中国传统小说在亚洲》,国际文化出版公司,1989年。

杨波林:《概念隐喻视角下〈围城〉文化负载词英译研究》,辽宁师范大学外国语言学及应用语言学博士学位论文,2015年。

杨莉:《〈呐喊〉两英译本中文化专有项的翻译及其补偿研究》,沈阳师范大学外国语言学及应用语言学博士学位论文,2012年。

杨莉藜:《英汉互译教程》,河南大学出版社,1993年。

伊薇:《高行健〈灵山〉英语、德语和立陶宛语译本中的文化负载词翻译研究》,浙江大学汉语国际教育硕士学位论文,2017年。

尹佳:《从读者接受理论看外宣翻译中的读者关照——黄友义、徐明强访谈录》,《中国翻译》,2016年第5期。

于晓杰:《文化负载词的汉法翻译研究:以〈西游记〉三个法语译本为例》,《法国研究》,2021年第1期。

于鑫:《从符号学视角看汉俄政治文献翻译》,《解放军外国语学院学报》,2019年第3期。

于鑫:《汉语成语俄译时的翻译补偿——以政治文献为例》,《中国俄语教学》,2016年第1期。

于鑫:《中国特色政治词语俄译的归化与异化》,《天津外国语大学学报》,2015年第4期。

余力涵:《探微〈三国演义〉法译第一版——从文化负载词出发》,《法国国家与地区研究》,2021年第1期。

袁晓宁:《论外宣英译策略的二元共存》,《中国翻译》,2013年第1期。

袁晓宁:《外宣英译的策略及其理据》,《中国翻译》,2005年第1期。

袁晓宁:《以目的语为依归的外宣英译特质——以〈南京采风〉翻译为例》,《中国翻译》,2010年第2期。

袁晓宁:《语篇翻译中的重构现象探讨》,《东南大学学报(哲学社会科学版)》,2008年第2期。

袁卓喜:《西方传统劝说机制与外宣翻译的相融性研究》,中国人民大学出版社,2022年。

张德禄、刘汝山:《语篇连贯与衔接理论的发展及应用》,上海外语教育出版社,2003年。

张德禄、刘世铸:《形式与意义的范畴化——兼评〈评价语言——英语的评价系统〉》,《外语教学与研究》,2006年第6期。

张德禄:《论衔接》,《外国语(上海外国语大学学报)》,2001年第2期。

张德禄:《语篇连贯的宏观原则研究》,《外语与外语教学》,2006年第10期。

张德禄:《语篇连贯与语篇的信息结构——论语篇连贯的条件》,《外语研究》,1992年第3期。

张德禄:《语篇内部衔接的原则》,《解放军外国语学院学报》,2001年第6期。

张德禄:《主位结构与语篇连贯》,《外语研究》,1994年第3期。

张健:《全球化语境下的外宣翻译"变通"策略刍议》,《外国语言文学》,2013年第1期。

张洁:《亚欧博览会俄语门户网站外宣文本的误译评析》,《新闻研究导刊》,2017年第20期。

张景华:《论"翻译暴力"的学理依据及其研究价值——兼与曹明伦教授商榷》,《中国翻译》,2015年第6期。

张静华、刘改琳:《美国人眼里的中国文化——基于CECCHD和COCA语料库的高频中国文化词透视》,《前沿》,2012年第6期。

张昆:《重视国家形象的对外宣传与传播》,《今传媒》,2005年第9期。

张磊、宋起慧:《语篇分析对译者视角的导向作用》,《现代语文(语言研究版)》,2015年第11期。

张璐:《国俗词语中的植物词汇之中外对比研究》,《临沂师范学院学报》,2010年第32卷第4期。

张美芳:《文本类型理论及其对翻译研究的启示》,《中国翻译》,2009年第5期。

张美伦:《濡化否?涵化否?——"跨文化传播学关键术语解读"介评》,《河北理工大学学报(社会科学版)》,2012年第5期。

张西平、柳若梅:《研究国外语言推广政策,做好汉语的对外传播》,《语言文字应用》,2006年第1期。

张耀灿等:《思想政治教育学前沿》,人民出版社,2006年。

张征、刘世铸:《情态及情态隐喻与学术话语对话空间建构》,《语言学研究》,2016年第2期。

赵朋:《中西翻译实践中的暴力操纵思辨》,《闽江学院学报》,2008年第6期。

赵焰:《宣纸:"天人合一"的文化理念》,《书画世界》,2021年第10期。

曾利沙:《从对外宣传翻译原则范畴化看语用翻译系统理论构建》,《外语与外语教学》,2007年第7期。

曾利沙:《从认知角度看对外宣传英译的中式思维特征——兼论应用翻

译技术理论范畴化表征与客观理据性》,《广西民族大学学报(哲学社会科学版)》,2009年第6期。

查明建、田雨:《论译者主体性——从译者文化地位的边缘化谈起》,《中国翻译》,2003年第1期。

中国社会科学院语言研究所辞典编辑室:《现代汉语词典》,商务印书馆,2002年。

钟雪、王金凤:《对比分析〈论语〉英俄译本中文化负载词"仁"字的翻译》,《时代文学(下半月)》,2015年第7期。

周海燕:《俄语副动词(短语)的半述谓性研究》,《语言学研究》,2016年第2期。

周烈、蒋传瑛:《阿拉伯语篇章语言学》,外语教学与研究出版社,2001年。

周领顺:《"译内效果"和"译外效果":译文与译者行为的双向评价——译者行为研究(其六)》,《外语教学》,2011年第2期。

周倩:《"一带一路"视野下的东南亚汉语推广市场分析》,《云南师范大学学报(对外汉语教学与研究版)》,2015年第5期。

周晓康:《韩礼德的〈语篇与语境〉简介》,《国外语言学》,1988年第2期。

周忠良:《政治文献外译须兼顾准确性和接受度——外交部外语专家陈明明访谈录》,《中国翻译》,2020年第4期。

朱磊:《基于BP神经网络的软件可靠性模型选择研究》,重庆大学计算机软件与理论专业硕士学位论文,2006年。

朱立才:《从汉语、阿拉伯语的不同句法结构看汉、阿心理文化差异》,《阿拉伯世界》,1997年第1期。

朱心飚、丁洪、杨叔子:《人工神经网络简介》,《机床》,1993年第9期。

朱义华:《外宣翻译的政治暴力性探究——从黄岩岛的译名篡改谈起》,《太平洋学报》,2016年第9期。

朱永生:《主位与信息分布》,《外语教学与研究》,1990年第4期。

朱长河、朱永生:《认知语篇学》,《外语学刊》,2011年第2期。

邹常勇、朱湘军:《文学自译中的翻译暴力》,《浙江外国语学院学报》,2019年第3期。

左飚:《文化翻译的策略及其制约因素——以〈红楼梦〉两个全译本对原文本文化信息的处理方式为例》,《上海翻译》,2009年第1期。

英　文

Beaugrande, R. D. & W. Dressler, *Introduction to Text Linguistics*, London: Longman Group Ltd., 1981.

Bloomfield, L., *Language*, New York: Holt, Rinehart & Winston, 1933.

Bussmann, H., *Dictionary of Language and Linguistics*, London: Routledge, 1996.

Chu, Celine PY, "Supporting New Arrival Students' Engagement with Picture Books: Analysis of Teacher Talk Using the Appraisal Theory", *Functional Linguistics*, 2014, p.1.

Eggins, S., *An Introduction to Systemic Functional Linguistics*, London: Pinter Publishers Ltd., 1994, p.116.

Ericsson, K. & H. Simon, *Protocol Analysis: Verbal Reports as Data*, A Bradford Book, London: The MIT Press, 1993.

Fauconnier, G. & M. Turner, "Conceptual integration networks", *Cognitive Science*, 22, 1998, pp.133-187.

Firth. J., *Papers in Linguistics*, Oxford University Press, 1951.

Fishman, J. A.(ed.), *Readings in the Sociology of Language*, Hague: Mouton, 1968.

Fontaine, L. & T. Bartlett, *Functional Linguistics: Exploring Choice*, Cambridge: Cambridge University Press, 2013, pp.15-36.

Gambier, J. Y. & R. Stolze, "Doubts and directions in translation studies: Selected contributions from the EST congress", Amsterdam: John Benjamins, 2004.

Geeraerts, D., G. Kristiansen & Y. Peiersman(eds.), *Advances in

Cognitive Sociolinguistics, Berlin/New York: Mouton de Gruyter, 2010.

Goodfellow, I., Y. Bengio & A. Courville, *Deep Learning*, Cambridge: MIT Press, 2016.

Granato, L., "Appraisal in media interview, International Conference on Evaluation and Text Types", 2005.

Groudelaers, S., D. Speelman & D. Geeraerts, "National variation in the use of 'There'", In G. Kristiansen & R. Dirven, *Cognitive Sociolinguistics—Language Variation, Cultural Models, Social Systems*, Berlin, New York: Mouton de Gruyter, 2008.

Gutt, E., *Translation and Relevance: Cognition and Context*, Oxford: Blackwell, 1991.

Guy, J., *Design and Creativity*, New York: Berg Publishers, 2009.

Halliday, M. A. K. & C. Mathiessen, *An Introduction to Functional Grammar*, Beijing: Foreign Language Teaching and Research Press, 2008.

Halliday, M. A. K., *Language as Social Semiotic: The Social Interpretation of Language and Meaning*, London: Edward Arnold, 1978.

Halliday, M. A. D. & R. Hasan, *Language, Context and Text*, Victoria: Deakin University Press, 1985.

Halliday, M. A. K., *An Introduction to Functional Grammar*, London: Arnold, 1994.

Halliday, M. A. K., *An Introduction to Functional Grammar*, Beijing: Foreign Language Teaching and Research Press, 2000.

Halliday, M. A. K. & R. Hasan, *Chesion in English*. London: Longman, 1976.

Halliday, M. A. D. & R. Hasan, *Language, Context and Text*, Victoria: Deakin University Press, 1985.

参考文献

Harris, Z., "Discourse analysis", *Language*, 28, 1952, pp.1-30.
http://en.wikipedia.org/wiki/Publicity.
Humboldt, W., *Selected Works in Linguistics*, Moscow: Progress, 2000.
Jääskeläinen, R., "Investing translation strategies", *Recent Trends on Empirical Translation Research*, 1993, pp.99-120.
Kaplan, R., "Cultural thought patterns in intercultural education", *Language Learning*, 16(1-2), 1966, pp.1-20.
Kelleman, E., "Cross-linguistic influence: Transfers to nowhere", *Annual Review of Applied Linguistics*, 15, 1995, pp.125-150.
Koffka, K., *Principles of Gestalt Psychology*, London: Routledge and Kegan Paul Ltd., 1935.
Kristiansen & Y. Peirsman (eds.), *Cognitive Linguistics Research: Advances in Cognitive Sociolinguistics*, Berlin, DEU: Walter de Gruyter, 2010, pp.265-290.
Kristiansen, G. & R. Dirven(eds.), *Cognitive Sociolinguistics: Language Variation Cultural Models, Social Systems*, Mouton de Gruyter, 2008.
Kubryakova, E.S., *On the Way of Learning About the Language: Parts of Speech from A Cognitive Point of View. The Role of Language in the Knowledge of the World*, Moscow: Yazyki Slavyanskoy Kultury Publ., 2004.
Langacker, R. W., "Reference point in construction", *Cognitive Linguistics*, 4, 1993.
Li, J., Cheng, J. H., Shi, J. Y. et al., *Brief Introduction of Back Propagation (BP) Neural Network Algorithm and Its Improvement*, Springer Berlin Heidelberg, 2012, pp.275-304.
Martin, J. R., "Discourse of science: Genesis, intertextuality and hegemony", In J. R. Martin & R. Veel(eds.), *Reading Science: Critical and Functional Perspectives on Discourse of Science*,

London: Routledge, 1998.

Martin, J. R., "Beyond exchange: Appraisal systems in English", In S. Hunston & G. Thompson (eds.), *Evaluation in Text: Authorial Stance and the Construction of Discourse*, Oxford: Oxford University Press, 2000.

Martin, J. R., "Close reading: Functional linguistics as a tool for critical discourse analysis", In L. Unsworth(eds.), *Researching Language in Schools and Communities: Functional Linguistic Perspective*, London: Cassell, 2000, pp.275 – 304.

Martin, J. R. & D. Rose, *Working with Discourse: Through Context, Beyond the Clause*, London: Continuum, 2002.

Martin, J. R. & D. Rose, *Working with Discourse*, London & New York: Continuum, 2003.

Martin, J. R. & P. R. R. White, *The Language of Evaluation—Appraisal in English*, London/New York: Palgrave Macmillan, 2005.

Martin, J. R. & P. White, *The Language of Evaluation: Appraisal in English*, Beijing: Foreign Language Teaching and Research Press, 2008.

Mona, B., *In Other Words: A Coursebook on Translation*, Beijing: Foreign Language Teaching and Research Press, 2000.

Newmark, P., *A Textbook of Translation*, New York: Prentice Hall, 1988.

Newmark, P. A., *Textbook of Translation*, Shanghai: Shanghai Foreign Language Education Press, 2001.

Nida, E., *Toward a Science of Translating*, Leiden: Brill, 1964.

Nida, E., *Principles of Correspondence*, Leiden: Brill, 1964.

Nida, E. A., *Language, Culture and Translating*, Shanghai: Shanghai Foreign Language Education Press, 1993.

Nida, E., *Language and Culture: Contexts in Translating*, Shanghai:

Shanghai Foreign Language Education Press, 2001.

Nida, E. A., *Toward a Science of Translation*, Shanghai: Shanghai Foreign Language Education Press, 2004.

Nida, E. A. & Charles R. Taber, *The Theory and Practice of Translation*, Shanghai: SFLEP, 2004, p.203.

Nord, C., *Translating as A Purposeful Activity: Functionalist Approaches Explained*, Shanghai: Shanghai Foreign Language Education Press, 2001.

Perls, F. S., *Gestalt Therapy Verbatim*, Gouldsboro: The Gestalt Journal Press, 1992.

Redeker, G., "Evaluation and stance in public and commercial broadcasters, International Conference on Evaluation and Text Types", 2005.

Serebrennikov, B.A., E.S. Kubryakova, V. I. Postovalova, V. N. Telija & A. A. Ufimtseva, *The Role of Human Factor in the Language. Language and World View*, Moscow: Nauka, 1988.

Susan, B., *Translation Studies*, London: Routledge, 1993, p.14.

Swadesh, M., General: "The psycho-biology of language: An introduction to dynamic philology by George Kingsley Zipf", *American Anthropologist*, 38(3), 2010, pp.505–506.

Thompson, G., *Introducing Functional Grammar*, London: Arnold, 1996.

Wolf, H. A., "Cognitive linguistic approach to the cultures of world Englishes: The emergence of a new model", In G. Kristiansen & R. Dirven (eds.), *Cognitive Sociolinguistics: Language Variation, Cultural Models, Social Systems*, Berlin: Mouton de. Gruyter, 2008, pp.353–385.

Wolf, H. & F. Polzenhagen, *Review of Cognitive Linguistics* 10: 2, 2012, pp.373–400.

Xu, X. M. & Zhou, X. X., "An analysis of external publicity text translation from the perspective of Eco-translatology—A case study of Huai'an external publicity translation", *Theory and Practice in Language Studies*. May, Vol. 5 Issue 5, 2015.

阿拉伯文

الهنداوي، هدى فتحي عبد المنصف محمد، أبوشهبة، منصور هاشم عجمي. *اللغة وسيلة تواصل عبر الثقافات*. مجلة بحوث كلية الآداب. جامعة المنوفية. 2019 30(118): 377 - 391.

بن مريحة مريم. *إشكالية ترجمة الألفاظ الاجتماعية الثقافية من الفرنسية إلى العربية*. جامعة أبو قاسم سعد الله الجزائر. 2014.

حفناوي بعلي. *الترجمة الثقافية المقارنة - جسور ومعابر التفاعل*. عمان: مجموعة اليازوري العلمية للنشر والتوزيع. 2018.

حفناوي بعلي. *الترجمة وجماليات التلقي المبادلات الفكرية الثقافية*. عمان: مجموعة اليازوري العلمية للنشر والتوزيع. 2018.

شريفة بلحوتس. *الترجمة والثقافة ما بين التجنيس والتغريب*. الممارسات اللغوية، 2014(25): 129 - 140.

عماد عبد اللطيف. *البلاغة والتواصل عبر الثقافات*. القاهرة: شركة الأمل للطباعة والنشر. 2012.

德 文

Bachmann-Medick, D., „Multikultur oder kulturelle Differenzen? Neue Konzepte von Weltliteratur und Übersetzung in postkolonialer Perspektiv", *Deutsche Vierteljahrsschrift für Literaturwissenschaft und Geistesgeschichte*, 68, 1994, S.585 - 612.

Bußmann, H., *Lexikon der Sprachwissenschaft*, Mitarbeiterinnen und Mitarbeiter: Claudia Gerstner Link et al. 3., aktualis. u. erw. Aufl. Stuttgart: Kröner, 2002, S.187.

Edlinger, C. V., „Kulturunterschiede. Interdisziplinäre Konzepte zu kollektiven Identitäten und Mentalitäten", *Informationen Deutsch als Fremdsprache*, 28, 2001, S.221 - 223.

Gülow, W., „Interkulturelle Kommunikation zwischen Deutschen und Chinesen auf der Geschäftsebene", *Zeitschrift für Management*, 6, 2011, S.315-340.

Harweg, R., *Pronomina und Textkonstitution*, München: Fink, 1968.

https://www.dwds.de/wb/Borte (31-7-2022)

https://de.wikipedia.org/wiki/Kohäsion_(Linguistik)(22-7-2022)

https://de.wikipedia.org/wiki/Rekurrenz_(Linguistik)(22-7-2022)

Kvam S., „Translatorische Relevanz und Übersetzungsstrategie. Eine Fallstudie zur Übersetzungsdidaktik", *HERMES-Journal of Language and Communication in Business*, 2017 (33), S.71-88.

Vgl. Brinker, K., *Linguistische Textanalyse. Eine Einführung in Grundbegriffe und Methoden*. 4, durchges. u. erg. Aufl, Berlin: Erich Schmidt. (Grundlagen der Germanistik; 29), 1997, S.18.

Vgl. De Beaugrande, R./Dressler, W. U., *Einführung in die Textlinguistik*, Tübingen: Niemeyer, 1981, S.117.

Vgl. Sommerfeldt, K./Starke, G., *Einführung in die Grammatik der deutschen Gegenwartssprache*. 3, neu bearb. Aufl. Tübingen: Niemeyer, 1998, S.257-284.

Vgl. Wolf, N. R., „Funktionale Grammatik und Korpus. Notitzen nach erneutem Lesen", *Sprache, System und Tätigkeit*. Hrsg. v. K.-H. Siehr et al., 1996, S.256.

Viehweger, D., „Textlinguistik", *Kleine Enzyklopädie-Deutsche Sprache*. Hrsg. v. Wolfgang Fleischer/Wolfdietrich Hartung/Joachim Schildt/Peter Suchsland. Leipzig: Bibl. Institut. 1983, S.211-237.

俄 语

Алексеева И. С., *Введение в переводоведение*, М., Издательский центр Академия, 2004.

Алхасов Я. К., "Актуальное членение сложноподчиненного предложения со придаточным времени в русском языке", *Иностранные языки в высшей школе*, № 5, 2007, с.86 - 90.

Болотнова Н. С., *Филологический анализ текста*, М., Флинта, 2009.

Верещагин Е. М., Костомаров В. Г., *Язык и культура*, М., Русский язык, 1990.

Влахов С. И., Флорин С. П., *Непереводимое в переводе*, М., Вадент, 2009.

Гальперин И. Р., *Текст как объект лингвистического исследования*, М., Наука, 1981.

Гапонова Т. Н., "Актуальное членение сложносочиненных предложений с соединительным союзом И", *Наука и мир в языковом пространстве. Сборник научных трудов V Международной научной конференции*, 2019, с.31 - 35.

Зимогляд Е., *Статистика 2018 года показала спад рождаемости и рост смерти в России*, http://comandir.com/2019/01/11/278963-statistika-2018-goda-pokazala-rozhdaemosti-i-rossii.html

Костомаров Н. И., *Очерки домашней жизни нравов великорусского народа в 16 и 17 столетиях*, М., 1992.

Мамедов Н. Ш., "Проблемы актуального членения сложного предложения в русском языке", *Автореферат диссертации на соискание ученой степени д. филол. н. специальность 10.02.03*, Баку, 2012, с.69.

Оксенойт Г. К., *Женщины и мужчины России*, http://www.gks.ru/free_doc/doc_2018/wo-man18.pdf, 2018.

Похлёбкин В. В., *Чай, его история, свойства и употребление*, М., Центрполиграф, 2007.

Российский институт стратегических исследований, *Демография в Российской Империи*, [2018-11-05]. http://riss.ru/d-mography/demography-science-journal/34490/.

Солганик Г. Я., *Стилистика текста*, М., Флинта, 2001.

Тройницкий Н. А., *Первая всеобщая перепись населения Российской Империи 1897 г. Пространство, число наличного населения и плотность*, [2018-08-26]. http://www.demoscope.ru/weekly/ssp/rus1897_01.php

Фёдоров А. В., *Основы общей теории перевода (лингвистические проблемы)*, Изд. 4-е., М., Высшая школа, 1983.

Швейцер А. Д., *Теория перевода: статус, проблема, аспекты*, М., Наука, 1988.

Шичко В. Ф., *Китайский язык: теория и практика перевода*, М., Восток-Запад, 2004.

法 语

Ballard, M., *La Traduction, contact de langues et de cultures*(1), Artois: Presse Université, 2005.

Doan, P., *Calembours et subjections de la langue chinoise*, Paris: Éditions You-Feng, 2006.

Doan, P., *Florilège de locutions idiomatiques de la langue chinoise*, Paris: Éditions You-Feng, 2000.

Moulin, G., *Les problemes théoriques de la traduction*, Paris: Gallimard, 1963.

图书在版编目(CIP)数据

多语种外宣译本海外认知度及翻译有效性研究/侯旭等著.—上海:复旦大学出版社,
2024.9
ISBN 978-7-309-16814-3

Ⅰ.①多… Ⅱ.①侯… Ⅲ.①中国对外政策-宣传工作-语言翻译-研究 Ⅳ.①H059

中国国家版本馆 CIP 数据核字(2023)第 074634 号

多语种外宣译本海外认知度及翻译有效性研究
侯　旭等著
责任编辑/方尚芩

复旦大学出版社有限公司出版发行
上海市国权路 579 号　邮编:200433
网址:fupnet@fudanpress.com　http://www.fudanpress.com
门市零售:86-21-65102580　团体订购:86-21-65104505
出版部电话:86-21-65642845
江苏凤凰数码印务有限公司

开本 890 毫米×1240 毫米　1/32　印张 11.25　字数 313 千字
2024 年 9 月第 1 版
2024 年 9 月第 1 版第 1 次印刷

ISBN 978-7-309-16814-3/H·3238
定价:65.00 元

如有印装质量问题,请向复旦大学出版社有限公司出版部调换。
版权所有　侵权必究